누구나 나만의 책을 쓰고 출간할 수 있는 세상이 왔습니다.

그것도 돈을 들이지 않고 말입니다.

북 메이킹 세상으로 들어 오세요. 여러분의 꿈도 성취하고 부수익도 창출할 수 있을 것입니다.

이 도서가 여러분을 북 메이킹 세상에 발을 디딜 수 있도록 도와드리겠습니다.

Book
Making

Book
Making

초판 발행 2025년 1월 20일
지은이 안창현
펴낸이 안창현　**펴낸곳** 코드미디어
북 디자인 Micky Ahn　**교정 교열** 민혜정
등록 2001년 3월 7일　**등록번호** 제 25100-2001-5호
주소 서울시 은평구 갈현로 318-1 1층　**전화** 02-6326-1402　**팩스** 02-388-1302
전자우편 codmedia@codmedia.com

ISBN 979-11-93355-27-5　03190

정가 19,800원

이 책의 판권은 지은이와 코드미디어에 있습니다.
잘못 만들어진 책은 교환해드립니다.

1997년 첫 도서를 쓰게 되면서
출판에 발을 디뎠다.

그 후 26년 동안
도서 집필부터 출판 제작, 기획까지 접하였으며
단행본 책부터 간행물, 교과서, 수험서 등
다양한 책을 만들어 왔다.

그동안 배우면서 쌓아왔던 노하우를
이 도서에 담으려고 한다.

이 도서에는 단순히 문장 교정과
추상적인 글 쓰기 내용은 배제하였다.
다른 곳에서는 다루지 않는
진정 도서를 위한 글 쓰기를 위한
현실적인 내용을 담았다.

이 도서를 통해
저의 26년의 경험을 겪을 것이다.

어떤 부분은 일반적이기도 하고
어떤 부분은 매우 개인적인 해석일 수도 있다는 점은
참고하기 바란다.

모쪼록 이 도서를 통해
도서를 준비하는 모든 분들에게
도움이 되기를 기원한다.

안창현

1장

나도 책을 쓸 수 있다!
{책 쓰기 준비 과정}

1	책 쓰는 일이 쉽다고?	12
2	책 잘 쓰기 위한 요령	16
3	내가 만들고 싶은 도서 장르 찾기	20
4	장르별로 책 쓰기 준비하기	24
5	출판사에서 책 만드는 과정 살펴보기	27
6	책 분석하는 요령	32
7	자료 조사하는 요령	40
8	자료 관리하는 요령	42
9	저작권 관리하는 요령	45
10	상품성 있는 도서 찾는 요령	49
11	난 어떤 책을 쓸 수 있을까	54
12	출판사 투고해서 출간하는 요령	58
13	자비 출판하는 요령	62
14	전자책 도서 출간하는 요령	66
15	POD 도서 출간하는 요령	70
16	PDF 도서 출간하는 요령	74
17	책 수익 창출에 대해서	78

2장

책의 핵심은 목차!
{목차 잘 구성하는 비결}

1	목차는 도서의 핵심이다!	84
2	내용을 체계적으로 분류하는 요령	89
3	독자의 눈높이를 맞추는 요령	94
4	도서 구성 요소 살펴보기	98
5	목차 종류 살펴보기	101
6	목차 작성 잘하는 요령	106
7	문학 작품 목차 만드는 요령	112
8	섹션 이름 지정하는 요령	115
9	도서 제목 만드는 요령	118
10	도서 분량 체크하는 요령	123

3장

원고는 어떻게 쓰지?
{원고 작성 요령}

1	샘플 원고 쓰기	128
2	한컴 한글 문서 작성 요령	130
3	도서 사용 이미지 자료 준비 요령	132
4	문서에 이미지 삽입하는 요령	136
5	원고 파일 관리 요령	140
6	문장 표현 방식 선정 요령	143
7	본문 작성 요령	146
8	따라하기 본문 작성 요령	151
9	팁 구성하는 요령	155
10	처음에는 러프하게 작성하자	158
11	참고 자료 출처 표기 요령	160
12	인터뷰 요청 요령	162
13	QR 코드 활용 방법	166

4장

원고 마무리는 이렇게
{원고 검토 및 출간 노하우}

1	원고 구성 재검토하기	170
2	원고의 오류 대처하는 요령	174
3	새로운 용어 등장하면 정의하고 시작하기	176
4	불필요한 내용 정리하는 요령	178
5	원고 교정·교열하는 요령	180
6	용어 정리 요령	184
7	원고 감수 문의하는 요령	187
8	머리말과 프로필 작성 요령	191
9	도서 출판 제안서 작성 요령	195
10	기획자 원고 검토 과정 살펴보기	201
11	교정지 수정하는 요령	203
12	도서 ISBN 등록 살펴보기	206
13	도서 표지 제작 과정 살펴보기	208
14	최종 검토 작업 살펴보기	210
15	출간 도서 수정 내용 체크하기	212
16	도서 홍보 요령	215

5장

무료로 도서를 만들 수 있다!
{무료 도서 제작 스킬}

1	무료 도서를 제작해주는 POD 서비스	220
2	부크크 POD로 도서 등록 단계	224
3	부크크 도서 도서 등록 과정	235
4	시행착오 줄이는 부크크 POD 원고 작성 요령	239
5	도서 구성 꾸미는 요령	242
6	한컴 한글에서 페이지 번호와 꼬리말 등록하기	246
7	한컴 한글에서 스타일을 이용하여 도서 편집하기	250
8	문서에 삽입한 이미지 확인하기	253
9	부크크용 문서 내용 확인하고 PDF 저장하기	255
10	무료 디자인 툴로 표지 디자인하기	257
11	디자인 AI로 표지 이미지 만드는 요령	267
12	ePub과 PDF 전자책의 이해	271
13	전자책용 MS 워드 문서 정리 요령	274
14	캔바로 전자책 표지 만들기	282
15	MS 워드 문서를 ePub 전자책으로 만들기	285
16	무료로 ePub 전자책 출판하기	289
17	PDF로 전자책 등록하기	293
18	PDF로 크몽 전자책 등록하기	296
19	크몽 전자책 관련 이미지 만들기	302
20	크몽 전자책 등록하기	308
21	와디즈, 텀블벅 전자책 제작 살펴보기	312
22	도서 수익률에 대해서	324

Book
Making

1장

나도 책을 쓸 수 있다!

{책 쓰기 준비 과정}

① 책 쓰는 일이 쉽다고?

책을 좋아하는 사람이라면 한 번쯤은 내가 쓴 책을 만들고 싶은 생각을 해봤을 것이다. 문학을 좋아하는 사람이라면 시나 수필 또는 소설 책을 내고 싶은 꿈을 꿀 것이고, 기술 쪽에 종사하는 사람이라면 해당 기술에 관한 책을 만들고 싶을 것이고 은퇴할 나이가 되신 분은 나만의 이야기를 담은 자서전을 내고 싶은 생각을 할 것이다.

그러나 막상 책을 쓰려면 어디서부터 시작해야 할지 막막하고 원고를 준비해두어도 어떻게 출판을 해야할지 난감할 것이다. 편의점에서 물건을 사듯이 '책 만들어 주세요'라고 하면 툭 만들어주면 얼마나 좋겠냐마는 실제는 그렇지 않지 않다. 영화를 보면 출판사에 원고를 투고하여 책을 내기도 하더만 원고 투고는 어떻게 해야 하는지도 막막할 것이다.

책을 써서 떼돈을 벌 수 있다고?

그래도 요즘에는 다양한 출구들이 많아지면서 굳이 종이책을 내지 않아도 내가 쓴 글을 출간할 수 있는 일이 쉬워졌다. 출판 등록 없이 크몽과 같은 플랫폼에 내가 쓴 원고를 PDF로 출간하고 판매도 할 수 있다. 그러다보니 유튜브 채널을 보면 '여러분 당신만의 글을 써서 PDF 콘텐츠를 팔아 보세요. 부수익을 창출할 수 있을 거예요.'라고 영상을 많이 볼 수 있다. 그래서인지 예전보다는 많은 사람이 책 제작을 준비하는 사람들을 많이 볼 수 있다.

그럼 정말 유튜브에서 이야기하듯이 책을 만드는 일이 쉬운 일일까? 이 질문에 대해 반대로 이러한 콘텐츠를 올리는 분에게 물어보고 싶다. 이렇게 PDF로 돈을 벌기 쉽다면 유튜브를 하지 말고 PDF 책 제작일을 하라고… 이러한 영상 콘텐츠를 올리는 사람들은 두 가지 부류이다. 단순히 이렇게 해서 돈을 벌 수 있다고 정보를 알려주는 사람과 이러한 정보로 콘텐츠 판매를 하는 사람이다. 후자인 경우 '나처럼 하면 돈 번다'는 식으로 강의를 하고 PDF를 팔고 하는 사람들이다. 영향력이 큰 사람일수록 노출이 많기 때문에 이러한 현혹에 빠지는 구독자도 많다. 이러한 사람의 이야기가 완전 틀린 것은 아니다. 하지만 맞는 것도 아니고 이로 인해 피해를 줄 수도 있기 때문에 문제라고 생각한다.

사람마다 개개인의 능력이 다르므로 누구나 한다고 따라 하기 보다는 나에게 맞는 능력을 찾는 것이 중요하다. 예를 들어 정확한 답을 찾는 것을 좋아하는 사람에게 명확한 답이 없는 디자인 일보다는 명확한 답이 있는 프로그래머가 더 맞다는 이야기이다. 그러나 정작 영향력 있는 유튜버들은 이러한 이야기를 하지 않는다. '나도 했으니 여러분도 할 수 있다', '안 하면 바보'라고 선동한다.

또한 이러한 유튜버의 스토리는 '나는 원래 흙수저였는데 이래저

래해서 성공했고 PDF로 엄청난 돈을 번다'는 식이다. 대부분의 PDF 판매를 선동하는 유튜버들은 열에 아홉 이러한 스토리에서 벗어나지 못한다. 그리고 꼭 이 이야기 중심에는 PDF 책 판매가 있다.

　제작을 하는 관점으로 보면 PDF 책을 만드는 일은 그리 어렵지 않다. 그러나 팔리는 책을 만들기는 매우 어렵다. 요즘 같은 콘텐츠 범람 시대에 여러분이 아는 정보로 팔리는 책을 만들기는 여간 어려운 것이 아니다. 예를 들어 주식 전문가라면 나만의 노하우를 PDF 책을 풀어 낼 수 있을 것이다. 이를 통해 수익 창출도 발생할 것이고. 그럼 독자들이 이 콘텐츠를 왜 구매할까. 돈을 지불한 만큼의 가치가 있다고 판단하기 때문이다. 다시 말하면 이 콘텐츠는 지불한 돈만큼의 가치를 가지고 있어야 한다는 의미이다. 그러므로 저자는 이 콘텐츠의 그만큼의 가치가 담기도록 노력을 해야 한다. 문제는 이러한 점이 매우 어렵다는 것이다.

책 쓰는 일은 고된 일
그만큼 보람있는 결과를 만들어 주는 일이다.

　나에게 적성이 맞고 좋은 콘텐츠를 가지고 있다면 책 쓰기에 도전해 보자. 열정을 다한다면 그만큼의 대가가 주어질 것이다. 정말 잘 되어 큰 수익을 얻을 수도 있지만 허황된 대가에 기대지는 말자. 현실은 유튜버들이 말하는 것처럼 녹록하지는 않으니 말이다.

　그럼에도 불구하고 책을 쓰겠다면 많은 준비를 하고 여러 컨설팅을 받으며 준비하도록 하자. 마음을 단단히 잡고 책을 쓸 시간도 넉넉히 잡고 시작하기 바란다. 여기서는 책을 처음 준비하는 사람들을 위해 제대로 된 책을 만들 수 있도록 안내해 줄 것이다.

❷ 책 잘 쓰기 위한 요령

　　　　누구나 나만의 멋진 책을 쓰고 싶은 마음은 한 번쯤 가진 적 있을 것이다. 그러나 막상 재능이 없음을 느끼고 포기하기도 할 것이고 어떤 사람은 재능이 있다고 생각하고 책 쓰는 일에 도전했다가 포기하는 경우도 있을 것이다.

　책을 잘 쓰려면 분명 책을 많이 읽어야 한다는 사실은 누구나 알 것이다. 그럼 '책을 많이 읽으면 글을 잘 쓸 수 있을까?' 또는 '책을 많이 읽을수록 글을 잘 쓰게 될까?'라는 의문이 들 것이다. 내 경험에 의하면 전혀 그렇지 않다. 분명 책을 안 읽는 사람보다는 책을 많이 본 사람이 글을 잘 쓰는 것은 맞지만 책을 많이 볼수록 글을 잘 쓰는 것 같지는 않더라. 오히려 책을 많이 보지 않은 사람들이 더 미려하게 글을 잘 쓰는 사람들을 더 많이 본 거 같다. 한마디로 글 쓰는 능력은 조금은 타고나는 것 같다.

　그럼 글 쓰기 재주를 타고 나지 않은 사람들은 글을 잘 쓸 수 없는 것인가? 그냥 남들보다 더 많은 노력을 해야 할 뿐이다. '하루 글 쓰기를 실천하라'라는 말도 많이 들어 봤을 것이다. 글 쓰기를 자주 한 사람일수록 글을 잘 쓰는 것는 맞다. 그래서 매일 SNS에 게시물을 포스팅하거나 일기를 쓰는 사람 중에 잘 쓰는 사람이 많다.

그리고 책을 잘 읽는 기술은 같은 책을 여러 번 반복해서 읽는 것이다. 한 번만 보고 끝내지 말고 작가의 마인드를 이해할 수 있을 때까지 여러 번 읽는 것이다. 그러면 해당 작가의 필체가 자기도 모르게 몸에 습득될 것이다. 무조건 책을 많이 읽으려고 노력하는 사람들을 많이 보는데 그보다는 같은 책을 여러 번 반복해서 읽을 것을 추천한다. 시와 같은 짧은 글을 필사하는 것도 큰 도움이 된다. 읽는 것보다는 쓰는 것이 더 집중도 잘 되고 이해도 잘 되기 때문이다.

책을 볼 때 또 하나 추천 방법은 전자책을 활용하는 방법이다. 분명 종이책의 매력을 이길 수 없지만 보다 책을 잘 읽기에는 전자책이 더할 나위 없이 좋다. 그 이유는 전자책은 원하는 부분을 마킹하여 기록해둘 수 있는 기능 때문이다. 좋은 문구가 있다면 블록을 설정해서 마킹해두면 나중에 마킹해 둔 글만 모아서 볼 수 있다. 어려운 단어가 있는 경우에는 단어의 뜻도 메모해둘 수 있다. 이렇게 정리해두면 책을 본 후 이러한 내용만 다시 볼 수 있어서 유용하게 이용할 수 있다. 분명 종이책도 메모지에 기록하는 것으로 동일한 효과를 얻을 수 있을 것이다. 그러나 휴대성을 생각하면 종이책보다 전자책이 더 효과적이라고 볼 수 있다.

다음은 분석력이 필요하다. 이 항목은 개인적으로 많이 강조하는 부분으로 어떤 대상을 이리저리 해석하는 보고 느끼고 '왜 이럴까?'

전자책의 독서노트

라는 생각을 가지는 능력이 글 쓰기에 도움이 된다. 문학 도서에도 도움되지만 활용 도서에 더 많은 영향을 준다. 개인적으로 분석력을 키우기 위해 사진 촬영을 많이 하라고 이야기한다. 렌즈를 통해 보이는 세상은 눈으로 보는 세상과 또 다른 모습을 보여주기 때문이다. 평소에서는 제대로 보지 못했던 부분을 렌즈를 통해 보고 새롭게 생각할 수 있을 것이다.

영화 보기도 분석력 향상에 도움이 된다. 관객의 눈이 아니라 감독의 눈으로 영화를 보면 전에는 보지 못했던 이야기를 볼 수 있을 것이다. 이와 같이 습관을 들이면 갇혀 있던 생각의 한계를 깨는데 큰 도움이 될 것이다. 이러한 능력을 타고난 사람도 있지만 노력으로 능력을 키울 수도 있다. 내가 글 쓰기를 잘 하려면 이러한 능력이 있는지 확인해보고 부족하다면 능력을 키우면 좋은 글을 쓰는 데 도움이 될 것이다.

글을 잘 쓰는 능력 키우기

- 책을 많이 보자.
- 책을 여러 번 보는 것이 효과적이다.
- 매일 글쓰기를 연습하자.
- 필사도 효과적이다.
- 전자책의 마킹과 메모 기능을 이용하자.
- 사진 촬영, 영화 보기로 분석력을 키우자

❸ 내가 만들고 싶은 도서 장르 찾기

책의 종류는 어마무시하게 다양하다. 서점에서는 출간되는 도서의 장르를 지정된 구분하는데도 불구하고 어떤 책은 구분하기 어려운 경우도 비일비재하다. 그만큼 도서의 종류가 다양하다. 여기서는 도서 출간으로 많이 사용되는 대표적인 책의 종류에는 어떤 것들이 있는지 알아보자.

순수 문학

시와 수필 등 순수 문학을 추구하는 도서를 말한다. 상업적인 글과는 조금은 거리가 먼 영역이다. 유명 작가들의 시와 수필집은 판매가 이루어지는 편이지만 이는 극히 일부이며 대부분의 순수 문학은 인기가 높지 않다. 시와 수필이 베스트셀러가 되던 시기가 있었지만 요즘에는 해가 지날수록 전체 출판 영역 중 갈수록 입지가 줄어드는 장르이기도 하다. 몇몇 분들이 순수 문학을 통해 높은 판매를 기대하는 분을 본 적이 있는데 그리 쉽지 않다는 점을 알아두자.

장르 문학

장르 문학이란 대중적인 문학을 말한다. 그중에서도 장르 소설을 일컫는다. 순수 문학의 소설이 예술적인 기술을 중시한다면 장르 소설은 이야기에 중점을 둔다. 그래서 장르 소설에는 간혹 기본적인 문법도 지키지 않는 저급한 작품도 있는데 이러한 작품이 오히려 인기가 높은 경우가 있다. 요즘에는 종이책보다는 웹소설을 통해 더 인기를 끌고 있다. 웹소설은 대부분 실시간 연재를 하는 경우가 많다. 회차별로 글을 써서 올리며 이야기를 만들어가는데 일부 작품들은 이러한 회차들을 모아 나중에 종이책으로 출간되곤 한다. 종류도 로맨틱, 무협, 판타지 등 다양하다. 최근에는 웹소설이 영화나 드라마로 만들어지는 사례가 많아진 만큼 큰 인기를 실감할 수 있는 장르다.

처세, 입문, 자기 계발

요즘 가장 각광을 받는 분야이다. 예전에도 있었던 분야임에도 요즘에 인기가 있는 이유는 예전과 다르게 보기 좋고 부담없이 잘 읽히도록 제작되고 있다는 점과 요즘 독자들이 원하는 니즈에 부합되는 영역이기 때문이다. 대부분의 베스트셀러 도서가 이런 분야이다. 이 영역의 도서를 보면 글자 크기도 크고 여백도 많아 도서의 볼륨에 비해 텍스트 분량이 적으며 도서 판형도 작아 부담이 없고 요즘 트렌드에 맞게 제작되는 편이다. 인쇄 컬러도 굳이 컬러일 필요가 없기 때문에 제작비도 적게 드는 영역이다.

활용 도서

활용 도서는 특정 정보를 제공하는 도서들을 말한다. 컴퓨터 학습이나 취미, 요리 등이 이 영역에 속한다. 이 영역의 도서는 글보다는 이미지가 많이 필요하며 인쇄도 컬러인 경우가 많다. 그래서 책으로 만들때 제작비가 많이 들어가는 영역이다.

가장 대중적이면서 유행에 매우 민감하여 도서 판매 회전 사이클도 매우 짧은 편이다. 최근에는 블로그나 유튜브 등 온라인으로 정보를 제공하는 콘텐츠가 많아지면서 이쪽 영역의 도서를 찾는 사람들이 줄어가고 있는 영역이기도 하다. 해가 갈수록 줄어들고 있으며 기본적인 내용보다는 획기적이고 시대에 흐름에 맞는 콘텐츠들이 출간되고 있다. 예를 들어 엑셀 사용법보다는 인공지능 사용법이 인기가 많다는 것이다.

교재

영어 학습, 학생용 교재용 도서, 자격증 도서들을 말한다. 온라인 콘텐츠의 강세로 예전보다는 줄었지만 변함없이 많이 만들어지고 있는 영역이다. 교재 영역은 특정 출판사들만의 노하우가 집약되어 있어 일반인들이 접근하기 매우 어려운 시장이기도 한다. 작은 규모로 학원 선생님들이 교육용 교재로 많이 출간하고 있다.

간행물

월이나 연 단위 계절 등 기간마다 정기적으로 출간하는 도서로 흔히 잡지라고 부른다. 패션부터 문학, 취미, 동호회 등의 다양한 장르의 정기 간행물이 만들어진다. 보통 단체를 중심으로 협업을 통해 제작되고 있다. 도서 판매도 일반 대상보다는 해당 단체 또는 연관된 사람들을 대상으로 하는 경우가 많다. 정기간행물은 일반 도서들이 취득하는 ISBN 대신 ISSN 코드를 신청해서 사용해야 한다.

자서전

본인의 일대기를 기록한 도서로 중장년층에서 인기가 많다. 최근에는 자서전 집필을 가르치는 동호회도 많아지면서 자서전을 출간하려는 사람들이 늘어나고 있다. 판매의 목적보다 자신의 기록을 남기려는 목적이 많다.

④ 장르별로 책 쓰기 준비하기

이미 내가 만들고 싶은 책 종류를 선택한 사람도 있지만 대부분 막연하게 생각만 하는 경우도 있을 것이다. 아직 준비가 안 되어 있는 사람들을 위해 자신에게 맞는 도서 장르는 어떤 것일지 알아보자.

문학 도서

어릴 적 문학 소년의 꿈을 성인이 된 후 이루기 위해 문학에 관심을 가지고 글 쓰기에 매진하는 경우가 많다. 가장 많이 출간하는 도서는 시, 수필일 것이다. 다른 문학에 비해 분량이 짧고 접근하기 쉽기 때문일 것이다. 처음에 문학 도서를 출간하기는 어려움이 많다. 글을 쓰고 어느 정도 작품의 평가 분석도 있어야 하기 때문이다. 그래서 처음에는 글쓰기 동호회나 문화센터를 이용하면 좋다. 가까운 백화점이나 구청에 가면 문학 강좌들이 있으니 책을 내고 싶다면 먼저 강좌를 통해 학습하기를 권장한다. 그런 다음 지인들을 통해 출간을 문의하면 보다 쉽게 책을 낼 수 있을 것이다.

- 문화 센터의 글쓰기 강좌 이용
- 작가의 도움을 받는 것이 좋음

활용서

특정 기술을 가지고 있는 분은 관련 활용서를 내는 경우가 많다. 이 도서들은 가죽 공예, 커피 메이킹, 컴퓨터 기술, 주식 테크닉 등을 가지고 있고 이를 활용하여 정보를 제공해주는 목적으로 출간을 한다. 활용서는 이야기를 풀어내듯이 구성을 잘 짜는 것이 무엇보다 중요하다. 구성을 잘 짜는 것은 초보자들은 매우 어렵게 생각하는 부분이다. 일반 도서나 논문 집필과는 다른 특성을 가지고 있다. 여기서 소개하는 콘텐츠에서는 이러한 구성을 잘 다루는 방법을 안내해 줄 것이다.

- 글쓰기보다 구성력이 중요

처세, 입문, 자기 계발

이쪽 영역은 일반인보다는 작가의 유명세가 매우 중요한 영역이다. 내용 상 독자들이 동경할 수 있고 신뢰가 있는 작가이어야만 한다는 것이다. 유명한 전문인 또는 유명 SNS 스타들이 접근하기 좋다. 유명하지 않더라도 해당 분야의 권위자라면 도전할 만하다.

- 대중에게 알려진 작가가 도전하기 좋다

자서전

자서전은 중년층 이상에서 가장 많이 출간하고 싶어 하는 분야 중 하나이다. 나의 일대기를 풀어내기 위해서 이야기를 작성하고 나의 이야기를 소개할 수 있는 일기나 사진과 같은 자료를 잘 정리하는 것이 필요하다. 그리고 내가 작성한 내용 중 법에 저촉되는 부분은 없는지 검토 작업도 필요하다. 실제 인물이나 명칭 등을 사용할 경우 법적 문제가 발생할 수도 있기 때문이다. 혼자서 자서전을 준비하려면 매우 많은 시간과 노력이 필요할 것이다. 자서전 집필 강좌들을 이용하거나 전문 집필가의 도움을 받는 것도 좋은 방법이다.

- 자료 조사 필요
- 실명과 명칭 법적 문제 검토
- 사실 관계 검토
- 전문 집필가 도움 필요

교재

강의를 하는 경우라면 강의용 교재의 필요성을 느끼게 될 것이다. 교재를 제작할 때는 본인의 수업용으로도 사용할 것인지 일반 독자용으로도 판매할 것인지 생각해야 한다. 그 이유는 집필 방향에 큰 차이가 발생하기 때문이다. 본인 수업용으로 이용할 경우 교재에 필기할 수 있도록 여백을 두고 자세한 설명보다는 중요한 포인트 위주로 설명이 필요하고 일반 독자용으로 만들 경우 설명 없이 내용을 볼 수 있도록 자세한 설명이 필요로 한다. 개인 강의용으로 사용하고 싶다면 주문 도서 제작 시스템인 POD 서비스를 이용하기를 추천한다.

- 교재가 수업용인지 자습용인지 선택
- 개인 강의용인 경우 POD 서비스 제작 추천

❺ 출판사에서 책 만드는 과정 살펴보기

책을 잘 만드려면 책이 어떻게 만들어지는지 알아두면 좋다. 여기서는 가장 보편적인 방법으로 책을 제작하는 과정을 설명하고자 한다.

책은 먼저 편집자의 아이디어에서 시작한다. 현재 트렌드를 분석하고 이러한 책이 나왔으면 좋겠다 싶은 생각을 가지고 아이디어를 구상한다. 그리고 이 구상을 출판사 관계자와 회의를 통해 분석한다. 여기서는 대략적인 검토 과정이다. 긍정적인 결정이 나오면 편집자는 이 책을 집필할 수 있는 저자를 찾는다. 공신력 있는 교수, 유튜버, 개발자 또는 전문 작가 등을 찾는다. 저자를 섭외하는 작업은 정말 중요한 작업이라고 생각한다. 유능한 사람이 글을 잘 쓰리라는 보장이 없고 성실한 사람이라고 해도 일정을 잘 맞추리라는 보장을 할 수 없기 때문이다. 대부분 자기 직업이 있고 매우 바쁜 경우가 많기 때문이다. 성실하고 일정 잘 지키는 사람이면 좋겠지만 이는 편집자의 욕심일 뿐이다.

우여곡절을 거쳐 저자가 섭외되었다면 샘플 원고를 작성한다. 먼저 편집자와 회의를 통해 책의 구성을 설정하고 '책을 이렇게 쓰겠다'는 검토용 원고를 1~2 섹션 정도 집필을 요청한다. 이때 <u>목차 구성도 함께 진행</u>한다. 이렇게 만든 원고를 토대로 기획 의도랑 잘 맞는지 체크한다. 이상이 없으면 편집 디자이너가 붙어 레이아웃을 설정하게 된다.

어느 정도 방향이 잡히면 <u>저자와 계약</u>을 맺게 된다. 샘플 원고를 작성 후 계약을 맺기도 하고 이전에 계약을 맺기도 한다. 가능한 샘플 원고를 작성하고 계약을 맺는 것이 저자에게도 좋다. 막연하게 할 수 있다는 생각만 가지고 접근하기보다 직접 글을 써보면서 집필이 가능할지 타진해 볼 수 있기 때문이다. 만일 어렵다면 계약하기 전에 취소하기도 어렵지 않기에 여러모로 좋은 선택이다.

계약을 했으면 <u>지정된 일정에 맞게</u> 저자는 원고를 집필하면 된다. 지정된 일정에 원고를 맞추면 좋겠지만 그렇지 않은 경우가 대부분이다. 길게 잡으면 계약 기간의 2배가 걸리기도 하고 중간에 원고를 포기하는 경우도 비일비재하다.

어떻게 운 좋게 원고 집필이 완료되었으면 편집자는 원고를 검토한다. 제일 먼저 기획에 맞게 잘 작성되었는지 확인한다. 아무리 글을 잘 써도 구성에 맞지 않는 글은 무의미하기 때문이다. 여기서 <u>편집자의 능력이 발휘된다</u>. 부족한 원고를 채우고 넘치는 글은 삭제하는 등 편집자의 요리가 시작되기 때문이다. 만일 구성에 맞지 않게 집필된 원고라면 저자에게 재수정을 요청하게 되고 또 오랜 시간 집필 시간이 걸리게 된

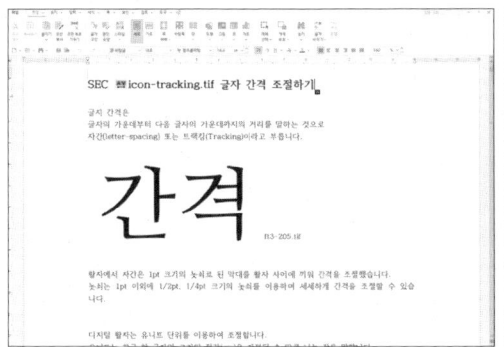 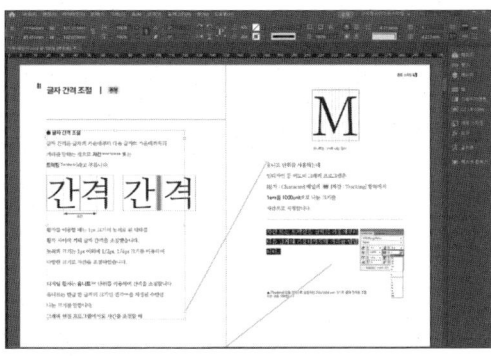

초고 원고 도서 편집

다. 이러한 문제를 막기 위해 편집자는 집필 기간에 저자의 원고를 중간 검토해서 기획대로 잘 작업하고 있는지 확인하는 편이다.

원고가 마무리되었으면 기본적인 문장 교정·교열을 한다. 그리고 편집 디자이너에게 조판을 의뢰하기 위해 원고를 편집할 수 있도록 잘 정리한다. 한글 문서와 이미지를 잘 정리해서 편집 디자이너에게 넘긴다. 이미 샘플 원고 작성을 통해 만들어진 레이아웃에 원고를 앉히게 된다.

<u>편집이 완료된 교정본을 편집자가 검토</u>한다. 수정 사항이 있다면 저자와 협의하여 수정하고 편집 디자이너에서 수정을 요청한다. 이런 방법으로 3~4번 피드백을 거치게 되면 본문 작업이 끝나게 된다.

표지는 원고가 나오면 1차 편집이 들어가는 단계에서 제목을 결정한다. 이미 샘플 원고를 작성할 때 임시 제목을 지정하긴 하지만 마지막에서 변경되는 경우가 많다. 제목은 책의 얼굴이라고 할 정도

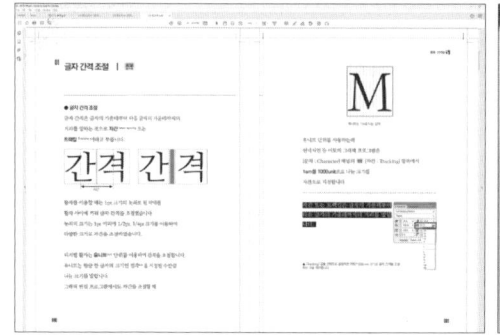 

출력   인쇄

로 중요하기 때문에 심사숙고해서 결정하기 때문이다. 저자의 의견도 반영되지만 출판 관계자들이 모두 붙어 최종 제목을 뽑는다. 그렇게 결정된 제목으로 표지 디자이너에서 표지를 의뢰한다. 그러면 본문 작업이 마무리되는 기간에 표지 샘플 작업도 나오게 되는데 표지 샘플 시안 중 잘 어울리는 표지를 선택해서 최종 표지도 마무리된다.

　이렇게 분문과 표지가 마무리되면 인쇄소에 인쇄를 의뢰한다. 요즘은 대부분 필름 출력을 이용하지 않고 컴퓨터에서 직접 판을 출력하는 CTP 방식으로 진행하다 보니 최종 데이터를 PDF로 만들어서 진행한다. 예전에는 인쇄되어 있는 인쇄용 필름판을 검토해야 하기 때문에 시간도 오래 걸리고 번거로움이 많았다. 요즘에는 1~2주 정도의 인쇄 기간이 진행되면 책이 나오게 된다.

　전체 제작 기간으로 살펴보면 기획 기간 1~2개월, 원고 집필 6개월, 편집 제작 2~3개월, 인쇄 2주 정도 소요되어 총 10개월 안팎으로 걸리게 된다. 이는 좀 여유있게 잡은 일정이다. 분명 더 빠르게 제작되는 경우도 많지만 이보다 더 오래 걸리는 경우도 많아서 평균적인 기간이라고 봐도 무방하다.

생각보다 책 제작 과정이 쉽지 않다는 것을 느낄 수 있을 것이다. 심혈을 기울여 책을 냈는데 반응이 좋지 않다면 출판 관계자들의 실망은 이만저만 한 것이 아니다. 그만큼 애정이 담기기 때문에 그런 것이 아닌가 싶다. 우리나라의 출판 시장은 대부분 내수이다. 수출을 많이 하는 일본이나 미국과는 환경 자체가 다르다. 우리나라는 미국이나 일본보다 좋은 책을 만들 수 있는 실력을 가지고 있음에도 불구하고 시장이 작다는 이유로 출판 시장이 열악한 것이 가슴 아프다. 우리나라도 중국이나 동남아뿐만 아니라 선진국에도 도서 판권이 팔리는 사례들도 늘어나고 있듯이 앞으로 우리나라 도서가 K-pop처럼 세계로 뻗어나기를 기원해 본다.

도서 진행 과정

- 기획 → 저자 섭외 → 샘플 원고 및 목차 작업 → 계약 → 원고 집필 → 원고 검토 → 도서 편집 → 표지 디자인 → 피드백 → 도서 인쇄

6. 책 분석하는 요령

책을 잘 쓰려면 책을 분석하는 습관을 들여야 한다. 그러려면 책을 많이 봐야 하는데 이때 굳이 책의 모든 내용을 다 읽을 필요가지는 없다. 책을 분석하기 위해 책을 검토하는 방법은 책을 보는 것과는 다르다. 매우 빠르게 이 도서의 특징이 무엇인지 파악하는 목적이기 때문이다. 신속하게 도서를 분석하기 때문에 내용의 디테일까지는 신경쓰지 못하는 경우가 많지만 전반적인 도서의 느낌을 파악하는 데는 최고의 방법이다.

도서를 분석할 때 서점을 찾아가 일일이 책을 보는 것이 좋지만 간단하게는 PC를 통해 온라인 서점을 이용해서 도서를 검토할 수 있다. 먼저 온라인 서점 사이트에 접속해서 관심 분야를 검색해서 도서를 열어 본다. 온라인 서점은 교보문고, 예스24, 알라딘 중에 선택하면 좋다. 교보문고는 우리나라에서 출간된 모든 도서가 등재되어 있는 곳이라 보유 도서가 많다는 특징을 가지고 있다. 예스24와 알라딘은 판매 동향을 유추할 수 있는 도서 판매율 지수를 확인할 수 있다는 특징을 가지고 있다. 이중에서 선호하는 서점을 선택하도록 한다.

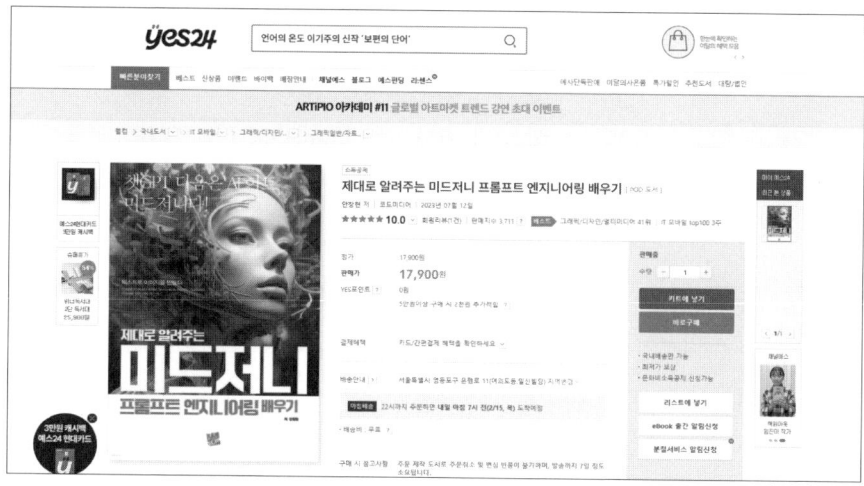

온라인 서점 [예스24]에서 도서 정보를 확인하는 장면

    도서를 분석할 도서를 선택하는 방법도 알아보자. 도서를 선택하는 방법은 여러 가지가 있을 것이다. 관심 카테고리에 접속한 후 인기 도서로 정렬하여 현재 독자들이 관심을 많이 가지는 도서를 보기도 하고 신간 검색을 통해 요즘에 어떤 책이 출간되었는지도 확인할 수 있을 것이다. 예스24나 알라딘의 판매 지수를 통해 얼마나 많이 팔렸는지도 대략적으로 확인할 수 있다. 자신이 도서를 분석할 목적에 맞게 도서를 선택하도록 하자. 보통 해당 분야에서 가장 많이 팔린 도서를 통해 독자들이 선호하는 도서를 확인하는 방법을 많이 사용한다.

    도서를 선택했으면 도서의 상세 페이지로 접속한 다음 해당 도서의 제목과 페이지 수, 목차 구성을 살펴본다. 미리보기가 있다면 책의 일부분을 이미지로 확인한다. 이 정도만으로도 책을 분석할 수 있다. 이러한 방법으로 여러 권의 책을 살펴보면 된다.

이번에는 도서를 어떻게 분석하는지 알아보겠다. 먼저 책 제목을 살펴본다. 이 책이 담고 있는 내용을 확인한 후 이 책을 표현하는 제목으로 어울리는지 생각해 본다. 좀 더 좋은 제목이 있지는 않은지 또는 해당 제목으로 책 내용을 담는 것이 부족하지는 않은지 생각해 본다. 분명 좋은 책은 전문가들이 알아서 분석해서 만들었겠지만 그래도 나만의 생각은 존재하는 것이니까. 나만의 사고를 가지고 찾아본다. 이 콘텐츠의 부록으로 제공하는 아이디어 노트를 이용하여 코멘트를 적어본다.

다음은 표지 디자인도 살펴본다. 정적인 표지도 있을 것이고 화려한 표지도 있을 것이다. 내가 본 표지 디자인은 책과 잘 어울리는지 생각해보고 나라면 이것보다는 이렇게 하면 좋지 않았을까 생각이 든다면 아이디어 노트에 기록해 보자. 제목 폰트, 색감, 디자인 전반적으로 검토해보도록 한다.

표지 검토가 끝났다면 이젠 본문을 살펴보자. 먼저 목차의 구성을 살펴본다. 이 책이 얼마나 훌륭한지는 목차를 보면 알 수 있다. 경험이 많은 사람인지 유능한 사람인지 아니면 초보자인지 목차만 보더라도 대충 확인할 수 있다. 그만큼 목차는 책의 뼈대와 같은 것이다. 그리고 아무리 책의 능력을 숨기려고 해도 숨겨지지 않는 아이덴티티를 담고 있는 영역이다. 수많은 기획자가 책을 펼쳐서 제일 먼저 목차를 검토한다는 사실만 보더라도 얼마나 중요한지 알 수 있을 것이다. 목차 검토는 매우 중요하기 때문에 뒤에서 다시 한번 자세하게 소개하도록 하겠다.

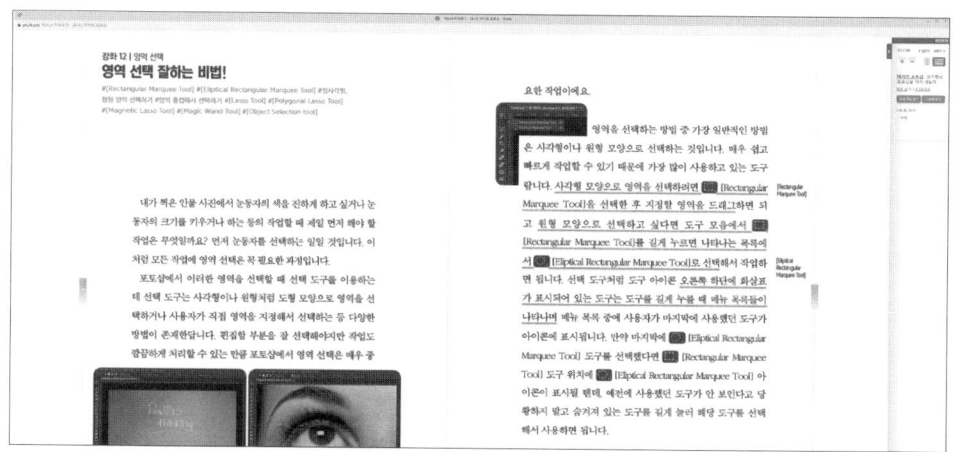

온라인 서점을 이용하여 도서의 목차와 본문을 살펴본다.

그 다음은 본문 내용을 확인해 본다. 본문의 구성을 볼 때 전체 내용을 보기보다는 한 섹션만 확인해본다. 내용을 어떻게 풀어가는지 잘 살펴본다. 어떤 책은 글로 빼곡히 설명하는 책이 있는가 하면 이미지를 적절히 섞어서 풀어가는 책도 있고 어떤 책은 이미지를 많이 넣어 따라 하기 구조로 쉽게 구성되어 있는 책도 있을 것이다. 글이 많으면 답답하고 어려워 보이게 될 것이고 이미지가 많으면 많을수록 쉽게 보일 것이다. 이 책의 내용에 알맞은 구성이 무엇인지 생각해 본다. 아이디어 노트에 이 책의 구성을 요약해서 적어보고 나라면 현재의 구성보다는 다른 구성으로 바꿔보면 어떨지 적어 본다.

그리고 팁과 같은 요소들은 어떻게 구성했는지도 확인해 보자. 팁이란 본문 내용에 도움이 되는 정보로 페이지 하단에 배치하는 경우도 있고 본문 오른쪽 여백에 배치하는 경우도 있을 것이다. 그리고 팁도 본문의 일부를 차지하거나 또는 한 페이지 또는 두 페이지 분량을 차지하는 것도 있을 것이다. 팁 내용도 별도의 정보를 제공하는 팁 이외에 주의사항 또는 핵심 정리의 내용을 담고 있는 것도 있을 것이다. 그리고 이러한 팁들을 보통 내용에 맞게 디자인되어 있다. 이 디자인들이 잘 어울리는지도 살펴보도록 한다. 팁을 넣는 이유는 본문에서 소개하지 못한 부연 내용을 소개하는 목적도 있지만 빈 페이지를 채우기 위한 목적으로 사용되기도 한다. 비워두기보다는 다른 정보를 넣어 보여주는 것이 효과적이기 때문이다. 이러한 생각을 가지고 검토해보도록 한다.

이번에는 문장을 살펴본다. 문장은 크게 평어체(반말)인지 경어체(높임말)인지 확인해보고 구어체(대화체)인지 문어체(서술형)인지도 살펴본다. 자기계발서 등은 평어체로 되어 있는 경우를 쉽게 볼 수 있고 정보를 제공하는 활용서는 경어체로 되어 있는 경우가 많다. 또는 구어체로 독자와 대화하듯이 구성되어 있는 책도 있을 것이다. 평어체와 경어체는 마음 내키는 대로 결정하는 것은 아니다. 평어체로 기술할 경우 경어체보다 문장이 짧아지고 간결하게 글을 쓸 수 있다. 그러므로 문단의 길이가 긴 글인 경우 평어체로 작성하는 경우가 많다. 반면 글과 그림을 잘 어우르고 글도 단문이 많은 활용서는 경어체가 더 친근하기 때문에 많이 선택한다. 내가 검토하는 도서는 어떤 스타일인지 확인하고 노트에 적어본다. 그리고 잘 어울리는지 또는 어울리지 않는다면 어떻게 구성하면 좋을지 의견을 적어본다.

이렇게 책의 내용을 확인했다면 분량을 확인해보자. 이 책은 총 몇 페이지로 구성되어 있는지 확인하고 책 사이즈가 적당한지 책을 펼쳤을 때 적당한지 알아본다. 전문가들은 책을 쓸 때 대략적인 페이지를 세팅하고 책을 집필한다. 가능한 생각한 페이지를 넘지 않게 원고를 작성한다. 어떻게 할 수 있을까? 생각보다 간단하다. 목차를 구성하면 대략적인 총 섹션 수가 잡힐 것이다. 그리고 각 섹션마다 페이지를 할애한다. 이는 샘플 원고를 작성해보면 대략 확인할 수 있다. 한 섹션에 4페이지 정도 나온다면 30개 섹션으로 구성할 경우 총 120페이지가 나오게 된다. 그리고 여러 가지 구성 요소를 추가하면 대략적으로 150페이지 정도의 책이 나오게 되는 것이다. 이런 식으로 페이지를 세팅한다. 페이지 분량이 중요한 이유는 책이 주는 볼륨감에 있다. 책이 두꺼우면 책은 어렵게 느껴진다. 그리고 책을 펼치기도 어렵기 때문에 책의 크기도 커야 한다. 반대로 책의 분량이 적으면 책은 쉬워보이고 책을 펼치기도 쉽기 때문에 책의 크기가 굳이 클 필요가 적어진다. 이렇듯 페이지 분량에 따른 변화가 많기 때문이다. 어떤 책은 책으로 구성하기에 부족할 정도로 원고 분량이 너무 적은 경우도 있다. 이러한 경우 폰트를 크게하고 줄 간격도 넓게 만든다. 그리고 종이도 매우 두꺼운 종이를 사용한다. 쉽게 읽히는 책들은 요즘에 이러한 구성으로 책을 만드는 경우가 많다. 이러한 책의 특징을 찾아 기록해 보면서 자신의 의견을 적어 본다.

마지막으로 판권을 확인한다. 이 책의 초판 날짜는 언제이고 재쇄는 얼마나 했는지 확인해보고 책 가격은 얼마인지 알아본다. 초판 날짜를 통해 이 책의 제작한 시기를 확인해 보고 그 시기의 트렌드를 어림잡을 수 있으며 재쇄를 찍었다면 이 책은 인기가 있다는 것을 확인할 수 있다. 그리고 편집자 이름을 확인한다. 보통 책의 저자가 중요하지만 좋은 책으로 만들어 주는 사람은 편집자이다. 영화를 예를 들면 저자는 주연 배우이고 편집자는 감독인 것이다. 일반적인 독자는 이러한 사실을 잘 모르고 저자만 확인하는 경우가 많은데 출판 관계자들은 편집자를 꼭 확인한다. 모든 책이 다 그렇지는 않지만 대부분 편집자가 이 책의 기획하고 구성하고 원고도 재정리하기 때문이다.

저자의 원고를 있는 그대로 싣는 경우는 그리 많지 않다. 손을 댈 필요가 없을 정도로 완벽하면 좋겠지만 현실은 그렇지 않다. 저자가 준 원고는 기획자가 일일이 검토하고 수정해서 원래 구상했던 구성에 맞게 고친다. 기획 컨셉과 그나마 맞게 원고를 잘 집필했으면 다행인것이다. 그러나 많은 저자가 초기 기획 콘셉트를 놓치고 다른 방향으로 원고를 써서 오는 경우가 비일비재하다. 그러면 담당 기획자는 골머리가 썩는 것이다. 기획자 선에서 간단히 수정이 가능하면 다행이지만 그렇지 못한 경우 저자에게 말해서 재수정을 요청할 수밖에 없게 된다. 이러한 과정을 거치다보니 책을 한 권 만드는 데 6~12개월이 걸리게 된다. 그나마 출간되면 다행이다. 중간에 포기되는 확률도 높다. 3권을 진행해서 1권이라도 출간되면 다행인 것이다. 그만큼 출판은 어렵다.

앞에서 소개한 내용을 토대로 도서를 분석해보자. 한 권이 끝났으면 비슷한 경쟁 도서도 같은 방법으로 분석하면 비교 분석도 가능하게 될 것이다. 도서를 분석하면 책을 보는 새로운 눈이 생기게 된다. 만들어진 책을 보는 독자의 눈에서 책을 제작해서 보는 제작자의 눈으로 바뀌게 된다. 그러면 전에는 느끼지 못했던 것들이 눈에 들어

올 것이다. 전에는 몰랐던 사실도 보이게 되고 별로였던 책도 좋아 보이고 반대로 좋아보였던 책이 안 좋게 보일 수도 있을 것이다. 이렇듯 도서를 분석을 잘하면 책을 잘 쓸 수 있는 기획력과 분석력이 키워진다. 사람의 능력에 따라 달라지겠지만 기획력과 분석력이 부쩍 늘어나는 것을 체감할 수 있을 것이다.

도서 분석 요령

- 도서 제목은 잘 표현했는가
- 표지 디자인은 잘 어울리는가
- 도서 목차는 잘 구성되었는가
- 팁 구성은 잘 되었는가
- 문장 표현은 잘 어울리는가
- 책 분량은 적당한가
- 판권 정보 확인

❼ 자료 조사하는 요령

원고를 쓰다보면 여러 가지 정보를 참고하게 된다. 인터넷에 있는 정보를 참고하거나 관련 도서를 참고하는데 이때 해당 자료가 정확한지 의심해야 한다. 특히 인터넷의 자료는 정확하지 않은 경우가 매우 많다. 흔히 자료 참고로 많이 이용하는 유튜브, 지식인, 위키백과, 나무위키 등은 더욱 정보의 검토가 필요하다. 이러한 자료는 네티즌들이 협력해서 만드는 자료이다 보니 잘못된 정보가 섞여 있을 수 있기 때문이다.

이외에 블로그, 카페, 인스타그램 등에 돌아다니는 자료들 또한 검증이 필요하다. 이러한 자료는 잘못된 정보를 확인도 없이 퍼 나르는 경우가 많기 때문이다. 자료 조사를 하다보면 분명 잘못된 정보인데 이 잘못된 정보가 인터넷의 각종 SNS로 도배가 되어있어서 잘못된 정보가 마치 바른 정보로 오인되는 경우가 많다. 반드시 [네이버 지식백과](https://terms.naver.com), [두피디아](https://www.doopedia.co.kr) 등 네티즌이 만든 자료가 아닌 전문가의 자료를 우선으로 제작된 서비스에서 검증을 하도록 한다. 공공기관이나 신뢰할 수 있는 단체에서 제공하는 사이트의 정보도 신뢰할 만하다.

논문도 자료 조사용으로 유용하게 사용된다. [학술연구정보서비스](https://www.riss.kr), [한국학술지인용색인](https://www.kci.go.kr), [디비피아](https://www.dbpia.co.kr) 사이트를 이용하여 관련 논문을 조사해서 참고할 수 있다. 논문 자료를 찾을 때는 반드시 검증된 논문을 참고하자.

그리고 정보를 구할 때 정보가 언제 작성된 것인지 등록 날짜도 확인하도록 한다. 어떠한 정보는 시간에 따라 달라질 수 있기 때문이다. 가능한 최신 정보를 이용하도록 한다. 정보를 꼭 도서나 인터넷 정보에 의존하지 않아도 된다. 관련 전문가의 인터뷰 문의도 좋은 방법이다. '나 같은 사람과 인터뷰를 해주겠어'라고 생각하며 피하기보다 적극적인 자세로 문의한다면 의외로 흔쾌히 동의해주는 분들도 많다.

앞에서 다양한 정보를 구하는 방법을 알아봤다. 이러한 정보를 인용할 경우에는 원문을 그대로 가져다 쓰지 않도록 하고 반드시 출처를 표시하도록 한다. 네이버 지식백과 등의 자료에는 저작권을 가지고 있기 때문에 저작권법에 저촉될 수 있다는 사실도 잊지 않도록 하자.

- 자료 조사는 검증된 사이트를 이용하고 반드시 크로스 체크하자
- 출처를 표시하자
- 전문가 인터뷰 문의를 활용하자

⑧ 자료 관리하는 요령

정보를 찾는 것도 중요하지만 찾은 정보를 잘 관리하는 것도 무엇보다 중요하다. 꼼꼼한 성격의 소유자라면 내용별로 차곡차곡 관리하겠지만 그렇지 못한 사람들은 힘들게 정보를 찾더라도 관리를 못해 제대로 사용하지 못하기도 할 것이다. 그러므로 다음에서 소개하는 방법으로 자료를 기록해두자.

가장 많이 사용하는 방법이 메모 앱을 이용하는 방법이다. 보통 자료는 텍스트, 이미지, 동영상 등 디지털 형태가 대부분이므로 디지털

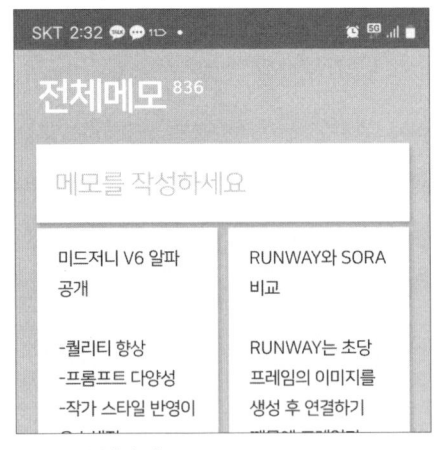

네이버 [메모]   구글 [Keep 메모]

[에버노트]로 문서를 작성하는 장면

    자료를 보관하기 쉬운 메모 프로그램을 이용하면 편리하다. 대표적인 메모 앱으로는 [네이버]에서 제공하는 [메모](https://nid.naver.com)나 [구글]에서 제공하는 [Keep 메모](https://keep.google.com)가 있다. 취득한 자료를 이러한 앱을 이용하여 기록해두면 편리하다. 이 앱은 PC뿐만 아니라 모바일 기기에서도 사용이 가능하므로 이모저모 유용하게 이용할 수 있다.

    개인적으로 [에버노트](https://evernote.com/ko-kr)도 잘 사용하는 편이다. 메모 앱보다는 장문의 글을 기록하기에 편리하기 때문이다. 텍스트뿐만 아니라 이미지 등의 자료도 취합할 수 있고 PC와 모바일 기기와 연동해서 사용도 가능하다. 비슷한 앱으로 마이크로소프트의 [원노트]도 있다.

    적기 어려운 것은 스마트폰의 카메라를 이용하여 사진으로 찍어두거나 영상으로 남기는 것도 좋다. 개인적으로 스마트폰으로 인터넷 검색하다가 유용한 정보가 나오면 화면을 캡처해 둔다. 지나가다가 유용한 사물이나 책 등의 자료도 사진을 보관해 두면 좋다.

이번에는 메모 앱을 사용할 때 주의할 점에 대해서 알아보자. 편리한 앱들은 앞에서 소개한 앱 말고도 많다. 어떤 앱이든지 자기에게 맞는 앱을 사용하면 된다. 단, 정보를 이용하는 앱은 한 가지로 통일하자. 여러 가지 방법으로 제각기 정보를 넣어두면 나중에 자료를 찾기에 어려움이 생길 수 있기 때문이다.

자료를 기록할 때는 내가 잘 알아볼 수 있도록 제목을 정확하게 명기하고 내용에는 관련 단어들을 함께 적어두자. 자료를 찾기 위해서 검색 기능을 이용하는 데 관련 단어를 적어두면 검색이 편하다.

- 네이버 [메모], 구글 [Keep 메모]를 이용하여 자료를 기록하자
- 장문의 내용은 [에버노트] 또는 [원노트] 앱을 이용하자
- 메모 앱은 한 가지로 통일하자
- 스마트폰의 카메라나 동영상 기능으로 자료를 기록하자

저작권 관리하는 요령

　　　　도서 집필 시 정보를 제공하는 경우 여러 가지 자료를 참고하는 경우가 있다. 앞에서 알아본 인터넷 검색이나 도서를 통해 자료를 찾아 원고에 적용하기도 하고 어떠한 경우에는 인용하기도 할 것이다. 이와 같이 다른 사람의 내용을 인용할 때는 출처를 밝히도록 한다. 만일 어떤 도서의 내용을 인용하고 싶다면 반드시 주석이나 인용문에 출처를 표시한다. 그렇다고 많은 내용을 그대로 인용하는 것도 안 된다. 그러므로 자료를 이용할 때는 다음 사항을 주의하도록 하자.

있는 그대로 베끼지 말자

　어떤 내용을 참고해 가면서 글을 쓰다보면 참고한 글의 내용을 비슷하게 쓰는 경우가 발생한다. 인터넷이나 신문 등의 발췌 글, 사전의 글, 도서 등의 글을 참고하다 보면 내가 쓴 글에 녹여서 마치 내가 쓴 글처럼 보이게 되는 경우도 있다. 다른 사람의 글을 참고하여 나만의 스타일대로 정리해서 쓰는 것은 괜찮지만 글의 내용을 그대도 적는 것은 저작권 침해에 해당된다. 실제로 어떤 작가 분이 남의 작품의 내용을 그대로 가져와 단어의 순서만 조합하여 작품을 만들어서 크게 문제가 된적이 있었다. 해당 작가는 '내용을 그대로 가져온 것이 아니라 짜깁기했는데 이게 왜 문제가 되냐'며 문제의 심각성을 이해하지 못해서 사람들에게 더 큰 충격을 주었다. 어떤 경우는 인터넷에 있는 글의 문단을 그대로 가져온 경우도 있다. 글을 쓰다 보면 '이 정도는 괜찮겠지' 하고 넘어가는 경우가 있는데 그렇지 않다. 명백한 저작권 침해이므로 내용을 참고할 때 무단으로 글을 가져오지 않도록 한다.

몇 가지 예를 들어 보겠다. 우리가 자주 사용하는 네이버 지식백과, 두피디아 등은 출판의 목적으로 사용할 수 없도록 되어 있다. 그러므로 있는 그대로의 글을 사용하면 안 된다. 그리고 출처 표시를 하는 조건으로 위키백과, 나무위키의 자료는 사용할 수 있으므로 위 자료를 사용할 경우에는 출처를 표시하고 사용하도록 하자. 이렇듯 사용하는 자료마다 저작권 사용 범위를 표시하고 있으니 자료를 이용하기 전에 사용 범위를 확인하자.

흔히 문서에서 6개의 단어가 동일하면 표절이라고 하지만 누구나 쓰는 보편적으로 사용하여 누가 원조인지 알 수 없는 경우나 창작물의 모티브나 콘셉트를 참고하는 것은 표절로 인정하지 않는 등 보다 복잡한 관계를 가지고 있다. 그만큼 표절을 규명하기가 쉽지 않다. 전반적인 사항을 따져보고 창작물을 무단 표절했는지를 중점적으로 파악한다. 어쨌든 <u>콘텐츠를 참고할 때는 있는 그대로 사용하는 것은 피하도록 한다.</u>

출처 표시는 정확하게

우리는 원고 검토할 때 저자가 표시한 출처들을 일일이 검토한다. 그 이유는 출처가 틀린 경우가 많기 때문이다. 정확하게 확인하지 않고 기억에 의지해 표시하는 경우가 있기 때문이다. 출처 표시는 정확하고 명확해야 한다. 출처 표시 방법은 참고한 페이지의 각주를 이용해서 표시하는 방법과 책 마지막에 몰아서 표시하는 방법이 있다. 각주를 이용하면 보다 정확하게 인용한 부분을 보여줄 수 있지만 너무 많은 출처 표시는 도서를 보는 데 불편함을 초래할 수도 있다. 그러므로 출처가 많고 단행본인 경우 도서 뒤에 몰아서 표시하곤 한다. 더 명확하게 하기 위해서 해당 페이지를 함께 표시하는 경우도 있다. 출처는 '이렇게 표시해야 한다'는 규정이 있는 것은 아니므로 더 좋은 방법이 있다면 응용해서 사용하는 것도 방법이다. 다음은 보편적으로 많이 사용하는 출처 표시 방식이다.

> 출처 : 도서 제목, 저자, 출판사, 출간 연도, 해당 페이지

이미지 저작권에 신경쓰자!

실제로 많은 사람이 등한시하는 부분이 이미지 출처이다. 인터넷에 있는 아무 이미지나 가져오거나 신문의 실린 자료를 그대로 캡처해서 사용하는 경우를 정말 많이 접한다. 인터넷에 있는 이미지는 모두 저작권이 있으므로 반드시 저작권이 없는 CC0 이미지를 사용하거나 이미지 스톡을 통해 허가 받은 이미지를 이용해야 한다. 신문 기사를 캡처해서 사용할 경우 반드시 출처를 표시해야 한다.

그리고 또 중요한 부분은 라이선스가 있는 제품이나 광고, 포스터, 캐릭터를 사용해서는 안 된다. 특히 캐릭터는 매우 민감 분야이고 저작권 소송이 걸릴 경우 아주 큰 피해를 입을 수 있으므로 주의하도록 한다. 매우 복잡하게 보이겠지만 간단하게 정리하면 라이선스가 없는 CC0 이미지를 이용하거나 사용 라이선스를 취득한 이미지 스톡 이미지만 사용하면 된다.

무료 이미지 사이트

펙셀스	https://www.pexels.com/ko-kr
프리픽	https://kr.freepik.com
픽사베이	https://pixabay.com/ko

⑩ 상품성 있는 도서 찾는 요령

베스트셀러의 도서를 보면 단지 좋은 글이어서 잘 되는 경우도 있지만 그 바닥에는 그 시기의 트렌드의 조화도 한몫한다. 보통 잘 팔리는 도서의 키포인트에는 작가의 높은 인지도와 인기 트렌드가 있기 때문이다. 위 두 가지를 모두 갖추면 좋겠지만 작가의 인지도가 없다면 트렌드라도 잘 맞추어야 한다. 예를 들어 요리 프로그램이 방송에서 많이 송출되거나 많은 사람이 요리에 관심을 가지는 시기라면 요리 관련 도서가 인기가 높다. 반대로 한때 유행했지만 요즘에는 그리 인기가 없는 DSLR 카메라나 3D 프린터와 같은 입문서를 출간한다면 도서 판매는 저조할 수밖에 없을 것이다. 이처럼 그 시기의 트렌드를 잘 분석하는 것은 잘 팔리는 책을 만들기 위해 꼭 필요한 요소이다.

그래서 출판사에서는 요즘 트렌드 분석을 많이 하고 요즘 흐름에 맞는 도서를 기획한다. 만일 관련 도서가 많다면 기존 도서와 어떤 차별을 주어 판매에 어필할 수 있는지 기획한다. 만일 새롭게 등장하는 트렌드 관련 도서이고 거기다 관련 도서조차 없는 경우 출판사에서는 더 신중하게 기획에 임한다. 특히 메이저 출판사일수록 새로운 변화보다는 안성석인 콘텐츠를 선택하는 경우가 많다. 그래서 새롭게 떠오르는 신규 콘텐츠들은 중소 출판사에서 먼저 출간하는 경우가 많다. 중소 출판사가 빠르게 책을 출시한다면 메이저 출판사는 늦지만 출간된 도서와 독자들의 반응을 분석한 뒤 보다 공을 들여서 도서를 출간하는 경향이 많다. 그래서 이제 막 떠오르는 신규 콘텐츠를 출판사에 제안하려 한다면 대형 출판사보다는 중소 출판사에 제안하는 것이 채택 확률이 높다.

서점의 판매 동향을 살펴보자

현재 인기있는 도서가 무엇인지 확인하려면 유명 서점의 베스트셀러를 확인한다. 오프라인 매장은 교보문고에 방문해서 확인하고 온라인 서점은 예스24와 알라딘 사이트에 접속해서 베스트셀러를 확인하면 된다. 전자책 판매 동향은 리디북스를 참고한다. 전체 베스트셀러를 확인하는 것도 중요하지만 해당 장르의 베스트셀러를 확인하는 것이 좋다. 예를 들어 요리라면 취미 장르를 선택해서 인기 도서를 확인하자.

더 나아가 외국 판매 동향을 살펴보고 싶다면 아마존의 도서 베스트셀러를 확인해보면 된다. 국내 환경과 매우 다르지만 새로운 아이디어를 구할 때 많은 도움이 된다. 접속하는 방법은 [아마존] 홈페이지(https://www.amazon.com)에서 접속한 다음 검색창 왼쪽에 있는 카테고리의 탭을 클릭한 후 [Books]를 선택하고 검색 버튼을 누른다. 그러면 도서 목록이 나타나는데 왼쪽 카테고리에서 도서 장르를 선택해서 관련 도서를 열어본다. 화면을 스크롤해서 보면 [Best sellers] 항목이 있는데 [See more]를 클릭하면 자세한 인기 도서를 확인할 수 있다.

경쟁 도서 확인하기

내가 만들고 싶은 도서가 있다면 서점 사이트에 접속해서 관련 단어를 입력해서 비슷한 도서를 찾아보자. 온라인 서점 중 예스24는 판매 지수, 알라딘은 Sales Point라는 지수를 통해 대략적으로 판매량을 확인할 수 있다. 판매 지수가 1,000 이하라면 판매가 높지 않거나 최근에 판매가 많이 이루어지지 않고 있음을 대략적으로 확인할 수 있다. 다시 말하지만 이 수치는 대략적인 파악이지 절대적인 기준은 아니다.

다음은 관련 단어로 검색한 도서들을 출간일수로 정렬해보자. 만일 최근에 출간된 도서가 많다면 최근에 관심이 높아지고 있음을 알 수 있다. 이러한 경우 위험 요소는 있지만 도전해볼 만한 가치가 있다. 보통 갑자기 떠오르는 콘텐츠들이 이에 해당한다. 반대로 최근에 출간된 도서가 없다면 최근에 인기가 없다는 것을 의미한다. 이러한 주제는 가능한 피하는 것이 좋다. 보편적인 기획으로는 실패할 확률이 높기 때문에 특색있는 구성으로 접근해야 한다.

[예스24] 베스트셀러

[아마존] 베스트셀러 리스트

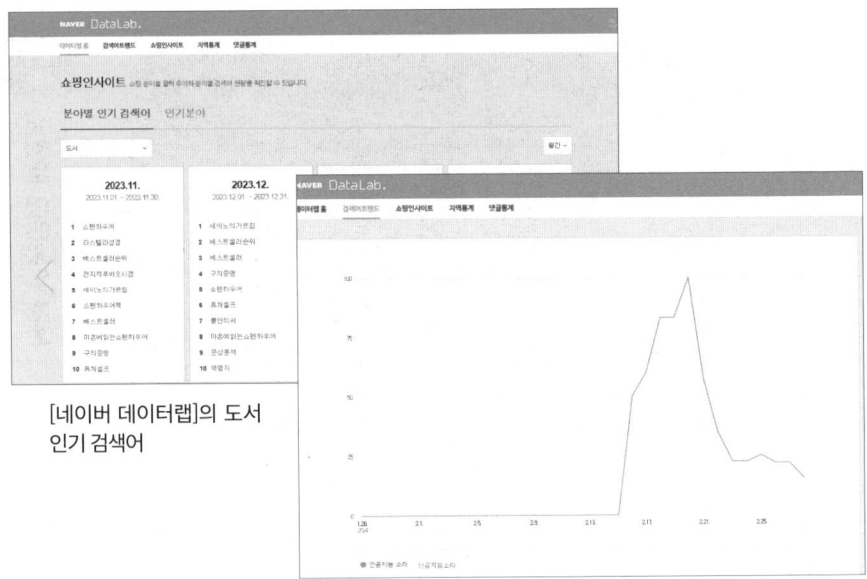

[네이버 데이터랩]의 도서 인기 검색어

[네이버 데이터랩]의 [검색어트렌드]에서 '인공지능 소라'로 인기도를 검색한 장면

    어떠한 경우에는 <u>관련된 도서들이 많지는 않은데 몇 개의 도서만 잘 팔리는 경우도 있다</u>. 이는 <u>해당 관련 시장이 넓지는 않은 것을 의미하고 특정 도서들이 이미 선점을 했음</u>을 알 수 있다. 이러한 경우도 매우 신중하게 접근해야 한다. 시장이 작기 때문에 잘 만들어진 몇 개의 도서만 잘 될기 때문에 선점한 도서보다 더 특출나게 만들지 않으면 실패할 확률이 높아진다.

트렌드 조사하기

    내가 준비하는 도서가 대중적으로 얼마나 관심이 많은지 알아보면 도서 콘텐츠를 설정하는 데 큰 도움이 된다. [네이버 데이터랩](https://datalab.naver.com)이나 [구글 트렌드](https://trends.google.com)에 접속하면 현재 인기 검색어뿐만 아니라 검색어를 입력하면 얼마나 대중적으로 관심이 있는지 확인할 수 있다. [네이버 데이터랩]은 [데이터랩 홈]에서 검색 장르를 선택하면 인기 검색어를 확인할 수 있다. 또는 [검색어트렌드] 탭을 클릭하고 주제어를 입력하거나 [구글 트렌드]의 검색창에 검색어를 입력하면 그래프로 관심도를 측정해준다. 수치는 100%를 기준으로 표시되는데 예를 들어 50이라면 전체 관심도 중에 중간 정도의 관심도를 가지고 있음을 알 수 있다. 이를 통해 관심 분야를 체크할 수 있고 도서를 기획할 때 도움을 줄 수 있다.

인기 있는 도서를 만들려면 관심도가 높고 꾸준하게 인기가 있는 콘텐츠를 선택해야 한다. 그러나 주의할 점도 있다. 관심도가 너무 높은 콘텐츠는 그만큼 관련 도서도 많다는 점! 일반적인 생각은 모두 다 한다는 생각을 가지고 빈틈이 있는 시장을 노리는 것이 무엇보다 중요하다.

⑪ 난 어떤 책을 쓸 수 있을까

난 책을 쓸 수 있을까? 고민하는 사람들이 많을 것이다. 개인적으로 조금만 책 쓰기 방식만 터득하면 누구나 쓸 수 있다고 생각한다. 대부분 도서는 관련 전문가들이 쓰는 것이라고 생각하는 경우가 많은데 꼭 그렇지는 않다. 많이 아는 것과 아는 것을 잘 정리해서 책을 쓰는 것은 큰 차이가 있기 때문이다. 많이 아는 사람이 책을 잘 쓴다면 책의 저자들은 전문가들로만 채워질 것이다. 실제로 그렇지 않다.

책을 전문적으로 쓰는 테크니컬 라이터라는 직업이 있다. 그들은 전문적으로 정보를 얻고 정보를 기반으로 책을 쓰는 사람들이다. 또는 도서를 기획하고 여기에 알맞은 전문가를 섭외하여 책을 만들기도 한다. 흔히 도서 기획 출판이라고 부른다. 많은 활용 도서가 그들의 손을 거쳐서 책이 만들어 진다. 테크니컬 라이터는 특정 영역의 전문가라기보다 정보 수집에 능하고 정보를 잘 전달하는 능력이 탁월하다. 이러한 능력을 가지고 있다면 누구나 테크니컬 라이터로 자질이 충분하다. 다르게 말하면 교수나 전문가들이 테크니컬 라이터 능력을 가지고 있지는 않다는 말이다. 오히려 여러분이 이러한 자질을 가지고 있을 수도 있다.

그럼 일반인들도 책을 기획하고 책을 쓸 수 있을까? 앞에서 소개한 테크니컬 라이터의 자질을 가지고 있다면 모를까 일반인이 책을 기획하는 일은 쉬운 일은 아니다. 하지만 내가 잘아는 분야라면 조금 쉽게 기획을 할 수 있을 것이고 집필을 할 수도 있을 것이다. 이 콘텐츠가 일반인들이 기획을 하고 책을 집필할 수 있도록 도와줄 것이다.

<u>책을 쓰려면 먼저 내가 남들보다 잘할 수 있는 콘텐츠가 무엇인지 찾아야 한다.</u> 내가 남보다 운전을 잘한다면 자동차에 관련된 책을 써보는 것도 좋다. 내가 누구보다 더 점술에 관심을 가지고 있다면 타로 책을 쓸 수도 있을 것이다. 글쓰기에 자신있다면 수필이나 시를, 이야기를 꾸미는 것이 자신 있다면 소설을 생각해보는 것도 좋을 것이다.

내가 남들보다 잘하는 게 무엇인지 찾았다면 지금 당장 도서를 기획해보는 것도 좋다. 도서를 기획하고 자료를 찾아보자. 급하게 만들려고 하지 말고 취미를 즐기듯이 조금씩 원고를 만들어가는 것도 좋은 방법이라고 생각한다. 앞에서 잘 팔리는 책에 대해서 소개했지만 처음 책을 준비할 때는 이 책을 써서 잘 팔릴까? 라는 생각은 잠시 접어두자. 그냥 내가 잘 할 수 있고 내가 즐거울 수 있는 주제를 가지고 재미있게 글을 써 보자.

예전에 어떤 직장인이 맥주 관련 원고를 만들어서 출판 의뢰를 한 적이 있다. 굉장히 많은 분량의 원고와 관련 수집 정보를 보고 깜짝 놀랐다. 전문 테크니컬 라이터가 보아도 감탄할 정도였다. 단지 정보만 있는 것이 아니었다. 본인이 직접 마시고 분석까지 꼼꼼히 한 분석 자료까지 완벽했다. 어떻게 이렇게 준비했냐고 물어봤더니 맥주를 너무 좋아한 나머지 우리나라에 제대로된 맥주 책이 없는 것을 보고 조금씩 준비하면서 원고를 썼다고 한다. 이러한 자료를 준비하느라 몇 년의 시간을 투자해서 만든 결과인 것이다. 이 분의 원고를 보고 일반인들도 관심을 가지고 노력한다면 충분히 훌륭한 도서를 만들 수 있다는 생각을 가지게 되었다.

당연히 본인이 알고 있는 지식만으로는 안된다. 어느 누구도 자기만 아는 정보만 가지고 책을 쓰지는 않는다. 우리나라를 대표하는 전문가도 책을 쓸 때는 <u>수많은 자료와 책을 찾아서 공부하고 전문가 조언도 들어 가면서 책을 준비한다는 사실</u>을 잊지 말자.

그리고 <u>빠른 시간에 책을 쓰려고 하면 안 된다.</u> 단기간에 책을 쓰고 돈을 벌 수 있다는 일부 유튜버들의 말을 들어서는 안된다. 책을 쓰기는 매우 어렵고 또한 빠른 시간에 만들어지는 것도 아니다. 많은 조사와 분석이 필요하고 뼈를 깎는 듯한 노력도 필요하다. 이러한 작업을 취미를 즐기듯이 접근하면 즐거운 과정일 것이고 일이라고 생각하면 고통일 것이다. 일반인들이 도서를 만들때는 취미처럼 즐겼으면 한다. 프라모델을 만들듯이 하루에 조금씩 완성해 가는 재미를 책을 쓰면서 느끼기를 기원한다. 이러한 마음가짐으로 접근할 때 비로소 멋진 책이 완성되는 것이다. 반대로 짧은 시간에 글을 써서 완성된 원고는 과연 깊이가 얼마나 될까? 예쁘게 포장하여 판매가 될지는 모르지만 금방 이 도서의 진가가 들통나기 마련이다. 그러므로 <u>취미를 즐기듯이 조금씩 원고를 완성하는 마음으로 책을 쓰기</u>를 기원한다.

처음 책을 쓸 때는 어려움이 많을 것이다. 이 어려움을 즐거움으로 채워야만 도서를 만들 수 있다. 조급함과 스트레스로 채워진다면 중도에 포기하기 쉽고 도서의 품질도 떨어질 것이다. 그러므로 처음에는 수익창출의 생각은 뒤로 하고 즐거움으로 시작해 보자. 단, 자신이 가장 잘 할 수 있는 분야, 나만의 아는 정보가 많은 분야를 선택하도록 하자.

스스로에게 만족스러운 멋진 책을 만들어 보자. 이 콘텐츠에서는 돈을 들이지 않고 책을 출간하는 방법도 소개하고 있으니 여러분의 열정만 있다면 나만의 책을 만들 수 있을 것이다. 여러분이 즐거움이 넘치는 나만의 도서를 만들기를 기원해 본다.

⓬ 출판사 투고해서 출간하는 요령

　　출판사를 통해 책을 출간하는 방법은 가장 기본적인 출판 방식이다. 진행 과정은 원고를 집필하고 원고를 책 형식에 맞게 디지털로 편집하고 출력실에서 편집한 데이터를 인쇄할 수 있도록 인쇄판을 만들고 인쇄소에서 제작된 인쇄판을 이용하여 책을 인쇄한다. 인쇄된 종이를 접고 제단해서 우리가 보는 책 모양을 갖추게 된다. 매우 많은 공정을 거치게 되며 그만큼 비용도 많이 들기 때문에 일반인이 직접 책을 제작하는 것이 쉽지는 않다. 책을 내는 방법은 출판사에 원고를 투고해서 책 제작을 의뢰하는 것이다. 이때 출판사는 원고를 검토하고 사업성이 있다고 판단되면 책을 제작해준다. 이때 출판사와 계약을 하는데 보통 책 판매에 대한 인세 계약을 한다. 인세란 책 판매에 대한 총 수익의 일부를 저작권으로 받는 것을 말한다. 보통 10% 내외를 받게 된다. 유명세가 있거나 인기 작가는 더 많은 인세를 받는다. 그리고 큰 출판사일수록 인세 비율은 낮아진다. 그 이유는 그만큼 책 판매가 높기 때문이다.

　　원고를 투고할 때 제안 방법은 크게 두 가지가 있다. <u>원고를 모두 쓴 상태에서 투고하는 방법과 샘플 원고와 출간 기획서만 투고하는 방법</u>이다.

원고를 모두 쓴 상태면 출판사에서는 원고의 내용을 검토해서 판단할 것이다. 이 방법이 좋을 수 있을 거 같지만 오히려 좋지 않을 수도 있다. 일반인은 경험이 없기 때문에 구성이 서툴 수 있기 때문이다. 조금만 수정하는 정도라면 원고를 수정해서 진행할 수 있다고 판단하지만 원고 전체의 구성에 문제가 있어서 모두 리라이팅해야 한다고 판단되면 오히려 반려되기 십상이다. 우리 출판사에서 들어오는 원고 중 대부분이 이러한 경우에 해당한다.

반대로 <u>샘플 원고와 기획만 투고하는 경우</u>가 있다. 출판사에서는 원고 기획를 검토하고 기획이 괜찮으면 디렉팅해서 출간해도 좋다고 판단할 수 있다. 이러한 경우 전문가의 손길을 처음부터 거칠 수 있기 때문에 보다 좋은 원고를 만들어 낼 확률이 높아진다. <u>기획만 좋다면 원고를 모두 제출하는 경우보다 조금 가능성이 높을 수 있다.</u>

대신 안 좋은 점은 대부분의 초보자는 원고 쓰는 것을 쉽게 생각하기 때문에 막상 집필을 시작하면 중간에 포기하는 경우가 많다는 점이다. 실제로 출판사에서 10개의 콘텐츠를 진행했을 때 실제 책으로 나오는 경우가 2권도 채 되지 않는다는 사실을 보아도 얼마나 어려운지 알 수 있을 것이다. 그래서 초보자에게 원고를 의뢰하는 것을 굉장히 신중히 하는 편이다. 앞에서 소개한 두 가지 모두 쉽지는 않다. 원고를 투고하는 사람이나 출판사 모두 리스크를 가지고 있기 때문이다.

<u>원고 투고로 들어온 콘텐츠들을 보면 가장 큰 문제가 대부분 나만의 콘텐츠</u>

를 가지고 온다는 점이다. 너무 자신에게 초점을 맞추어서 전혀 대중적이지 않다는 사실이다. 예를 들어 해외 여행을 주제로 만든 사진집이 얼마나 대중적일까? 작가 자신에게는 중요한 일일 수 있지만 작가의 모습을 대중들이 과연 보고 싶을까? 저렴하게 여행하는 팁이나 다른 책에는 소개되어 있지 않은 현지인이 찾는 명소 리스트 같은, 이 책만의 매력이 있어야만 대중적인 콘텐츠가 된다. 그러나 아쉽게도 투고 원고들 대부분이 그렇지 않다. 원고를 투고하려는 분은 이런 점에 주의해서 내가 쓴 원고가 나한테만 재밌는 내용인지 다른 사람도 흥미를 가질 만한 대중적인 내용인지 판단하도록 하자.

앞에서 원고 투고에 대해서 설명했다. 이번에는 원고를 투고할 출판사 선정에 대해서 알아보자. 대부분 원고 투고하는 분은 모든 출판사에 일괄적으로 보내는 경향이 있다. 그 방법이 무조건 잘못됐다는 것은 아니지만 효과적이지는 않다. 나의 콘텐츠에 맞는 출판사를 선별해서 전략적으로 공략하는 것이 좋다. 내가 만일 네일 아트에 대한 원고를 썼다면 네일 아트와 같은 취미를 전문으로 하는 출판사에 투고해야 한다. '무작위로 넣으면 한 군데는 걸리겠지'라는 안일한 생각을 가지면 안된다. 원고 투고가 출간으로 이어지는 경우는 극히 드물다는 사실을 알아두자.

그럼 나에게 맞는 출판사는 어떻게 찾을까? 교보문고나 예스24 또는 알라딘과 같은 서점 홈페이지에 접속한 후 관련 단어를 입력하면 도서 목록이 나타날 것이다. 관련 도서를 많이 출판한 출판사가 전문 출판사이다. 예를 들어 DIY라고 검색했을 때 DIY 관련 책을 많이 출간한 출판사가 바로 전문 출판사인 것이다.

출판사마다 전문 성향이 있기 때문에 성향에 맞는 출판사에 투고해야 확률이 높아진다. 누구나 이름을 대면 아는 유명한 출판사가 결코 나에게 맞는 출판사가 아님을 알아두자.

그리고 출판사마다 특징도 있다. 보통 큰 출판사는 보다 안정적인 콘텐츠를 선호하는 편이고 중소 출판사는 진보된 콘텐츠를 선호한다. 내가 준비하는 도서가 진보적인 내용이라면 대기업 출판사보다는 중소기업 출판사에 도전하는 것이 좋다.

13

자비 출판하는 요령

자비 출판이란 출판사에게 제작비를 지불하고 도서를 제작하는 방식을 말한다. 도서를 통해 상업적인 수익을 창출하는 목적보다는 개인 작품집이나 자서전 등 나에게 소중한 책을 만들고 싶을 때 이용하는 편이다. 자비 출판은 책을 편집하고 인쇄하는 책 제작 과정을 일임하는 방식으로 원고만 보내면 나만의 책을 만들 수 있고 필요에 따라 도서에 유통하고 판매도 할 수 있다. 모든 일을 일임하기 때문에 그만큼 비용도 적지 않게 든다.

자비 출판을 하려면 먼저 자비 출판사를 골라야 한다. 인터넷에서 '자비 출판'이라고 검색하면 관련 출판사를 찾을 수 있을 것이다. 해당 출판사에서 출간된 도서들을 참고하면서 나에게 맞는 출판사를 찾도록 한다. 그런 다음 의뢰를 신청하고 어떤 책을 만들고 싶은지를 상담한다. 이때 도서 콘셉트와 인쇄 부수, 인쇄 컬러, 종이 재질 등을 이야기한다. 인쇄 부수와 인쇄 컬러, 종이 재질에 따라 제작비가 달라진다.

제작비 중 인쇄 컬러가 큰 비중을 차지한다. 텍스트 위주의 도서라면

1도 또는 2도를 사용하고 사진이 들어가는 사진집이나 활용서는 4도 인쇄를 한다. 컬러 인쇄를 할 경우 컬러 인쇄용 용지를 사용하므로 용지 값도 비싸진다. 1도는 보통 검정색만으로 인쇄되는 것을 말하고 2도는 검정색과 또 하나의 컬러를 이용해서 인쇄하는 것을 말한다. 4도는 흔히 컬러 인쇄라고 해서 4가지 색을 이용해서 인쇄하는 것을 말한다. 당연히 1도가 가장 저렴하고 4도는 1도의 3~4배 정도 비싸진다.

다음은 인쇄 부수에 대해서 알아보자. 보통 인쇄 부수는 500~1,000부 사이를 인쇄한다. 그 이유는 이 부수가 도서당 제작비가 가장 합리적이기 때문이다. 출판 인쇄 방식은 일반 프린트 방식과 달라 부수가 많으면 많을수록 권당 제작비가 저렴해진다. 그러므로 100부당 제작비는 얼마라는 개념이 적용되지 않는다. 예를 들어 500부에 100만 원이라면 250부면 50만 원이라고 생각하는데 그렇지 않다. 도서를 제작할 때 초기 제작비는 부수와 상관없이 들어가는데 이는 100부나 500부나 동일하게 들어간다. 단지 종이값만 추가 되기 때문에 부수를 줄인다고 큰 차이가 나지 않는다. 그래서 <u>500~1,000부가 가장 효율적인 인쇄 부수</u>가 된다. 다시 정리하면 부수를 줄인다고 제작비가 크게 차이가 나는 것이 아니므로 500~1,000부를 인쇄하는 것을 권장한다.

요즘에는 100권 이내의 소량 인쇄를 하는 곳도 있다. 100권 제작비를 계산해 보면 500부 대량 인쇄하는 것보다 당연히 제작비는 적게 들지만 권당 계산해 보면 판매용으로는 단가 측정도 할 수 없을 정도로 비싸다. 그러므로 소량 인쇄는 판매용이 아닌 개인 소장용으로만 이용이 가능하다는 사실을 알아 두도록 하자.

두 번째로 제작 품질이다. 자비 출판을 찾아보면 저렴한 가격으로 승부를 보는 출판사들이 있다. 가격이 저렴하다는 것은 그만큼 재질도 좋지 않은 것을 사용할 뿐만 아니라 표지 퀄리티와 본문 편집도 질이 떨어지기 때문이다. 저렴한 비용으로 품질 좋은 도서를 만들 수 없기 때문이다. 그러므로 터무니없이 저렴한 금액을 제시하는 출판사는 주의하도록 한다.

그리고 가능한 기획을 할 줄 아는 연륜이 있는 출판사를 선택하도록 한다. 이 곳에서는 원고를 검토하고 출판 기획을 제안하며 품질 좋은 책을 만들어 준다. 책은 한 번 만들어지면 되돌릴 수 없기 때문에 무조건 싼 곳을 찾아 저급한 도서를 만들어서 후회하지 말고 품질 좋으면서 합리적인 가격을 제안하는 출판사를 선별하도록 한다. 출판사에서 출간한 도서들을 검토해보는 것도 좋은 방법이다.

다음 검토할 사항은 도서 유통 부분이다. 도서 출간 후 각 서점에 배포하는 역할까지 출판사에서 도맡아 준다. 도서에는 ISBN이라는 코드를 부여 받는데 이 코드를 받고 각각의 도서로 배포해주는 지 확인하도록 한다. 어떠한 출판사는 ISBN을 등록해주지 않기도 하고 서점도 교보문고만 납품해주는 곳도 있다. 그러므로 도서 계약을 할 때 이 부분도 잘 확인해보도록 한다.

만일 자비 출판의 제작비가 부담된다면 인세 개념과 융합된 자비 출판을 알아보는 것도 좋다. 자비 출판은 인쇄한 도서를 대부분 저자에게 돌려주는 방식이라면 인세 개념 자비 출판은 출판사에서 제작비의 일부를 부담하고 그만큼 도서를 출판사에서 판매하는 방식이다. 그래서 서점에서 도서가 팔릴 경우 인세를 저자에게 돌려주지만 본인이 도서가 필요할 때도 도서를 구매해야 하는 불편함도 있다. 조금 저렴하게 도서를 제작할 수 있는 방식이고 좀 더 판매에 적극적인 방식이지만 본인이 도서가 필요할 경우에는 오히려 적합하지 않은 방식이다.

앞에서 자비 출판을 의뢰할 때 주의해야 할 사항에 대해서 알아보았다. 자비 출판은 제작비가 부담되지만 ISBN이 등록된 나만의 도서를 만들 때 좋은 방법이다.

전자책 도서 출간하는 요령

　　　　　전자책은 휴대폰이나 태블릿과 같은 스마트 기기를 이용하여 도서를 볼 수 있도록 만든 서비스를 말한다. 무겁게 책을 들고 다니지 않아도 되고 다양한 책들을 원하는 곳에서 어디서든 볼 수 있다는 장점을 가지고 있기 때문에 조금씩 사용자가 늘고 있다.

　흔히 통틀어 전자책이라고 부르지만 전자책에도 종류가 나뉜다. 크게 ePub 방식과 PDF 방식이다. ePub는 도서 내용을 ePub 언어로 제작한 파일을 말한다. ePub으로 제작한 도서는 폰트 및 스타일을 이용자의 입맛에 맞게 변경할 수 있을 뿐만 아니라 내용 검색, 메모 기록, 음성 읽기 등 다양한 기능을 제공한다. 이러한 편리함 때문에 전자책 사용자들이 늘어나고 있는 추세이다. ePub에는 여러 버전이 있는데 한국에서 일반적으로 쓰이는 버전은 2.0이다. 이 버전은 텍스트 처리는 훌륭하지만 이미지 처리 기능이 미흡하여 이미지가 많은 도서를 읽기에 적합하지 않다.

　그래서 ePub의 단점을 보완하기 위해서 등장한 방식이 PDF이다. PDF 도서는 도서의 내용을 PDF 파일로 변환하여 만든 방식이다. 그래서

ePub에서 지원했던 폰트 변경이나 메모 기능 등은 사용할 수 없지만 원본 도서의 형태를 동일하게 볼 수 있어서 이미지가 많은 활용서나 잡지 등의 도서에 주로 사용한다. 글자 크기를 조절할 수 없기 때문에 화면 폭이 좁은 스마트폰보다는 화면이 큰 태블릿에 더 최적화되어 있다.

아직은 두 가지 방식이 주로 사용되지만 위 두 가지의 특징을 결합한 ePub3.0도 있다. ePub3.0은 좀 더 다이내믹한 기능을 이용하여 가독성이 우수하고 종이책과 동일하게 내용을 볼 수 있을 뿐만 아니라 이미지, 동영상을 비롯한 멀티미디어 기능이 뛰어나다는 장점을 가지고 있다. 이러한 특징 때문에 전자책 교과서 등에 사용하기에 적합하다. 3.0 버전은 해외에서 이미 애플의 아이북스를 통해 적극적으로 활용되고 있지만 국내에서는 [네이버 시리즈 e북]에서 일부 운영되는 등 폭넓게 활용되고 있지는 않다. 그러나 앞으로 전자책 시장을 활짝 열어 줄 기술로 추후 활발하게 사용될 것이라 예상하고 있다.

국내에서 ePub3.0은 아직은 시기상조이기 때문에 ePub2.0 기준으로 전자책을 개발해야 한다. 전자책 시장은 교보문고, 예스24, 알라딘의 서점 이외에 전자책 전문 서점인 리디북스, 북큐브 및 구독제로는 밀리의 서재 등이 있다. 이러한 시장은 사업등록증이 없는 일반인은 접근할 수 없다. 개인이 전자책 서비스를 하려면 전자책 제작 업체에 의뢰하거나 직접 <u>교보문고 디지털콘텐츠파트너시스템 또는 부크크의 POD 서비스, 유페이퍼 서비스 등에 신청해서 이용해</u>

03/ 아시아권 폰트를 위한 자간 설정/

일러스트레이터의 [문자 : Charater] 패널에는 전각 문자를 이용하는 한글, 일본, 중국어 사용자를 위한 글자 간격을 조절하는 옵션들이 있습니다. 글자 간격을 좁혀주는 [비율 간격 : Tsume], 글자 간격을 넓혀주는 [문자 앞/뒤 간격 : Insert Aki]를 이용하면 보다 편리하게 글자 간격을 조절할 수 있습니다. [비율 간격 : Tsume]은 글자 영역에서 글자가 없는 좌우의 빈 영역의 공간을 줄여줍니다. 특히 가변형이 아닌 고정형 글자를 이용할 때 글자 영역이 너무 넓은 글자의 폭을 줄일 때 이용하면 편리합니다.

ePub 전자책

PDF 전자책

야 한다. 이와같은 서비스는 누구나 한컴 한글이나 MS 워드로 문서를 작성해서 등록하면 ePub으로 변환해서 콘텐츠를 등록해주기 때문에 초보자도 쉽게 전자책을 서비스할 수 있도록 해준다. 제작비도 들지 않기 때문에 종이책보다는 좀 더 쉽게 일반인이 접근하기 쉬운 방식일 것이다. 그러나 막상 운영해보면 매우 쉽지 않다는 것을 느낄 수 있다. 우선 종이책 대비 노출이 높지 않고 그만큼 판매도 높지 않다는 문제를 가지고 있다. 그리고 텍스트 콘텐츠에 최적화되어 있어서 소설, 만화, 문학 작품 등 읽을 거리가 있는 콘텐츠에만 최적화되어 있다는 점도 콘텐츠 선택에 제약도 따른다.

교보문고 디지털콘텐츠파트너시스템 또는 부크크의 POD 서비스, 유페이퍼 서비스로 일반인이 올리는 경우가 많다보니 전자책의 제목과 표지부터 저급인 경우가 매우 많다. 이러한 모습은 전문성이 매우 떨어져 보이고 그대로 판매에도 크게 영향을 끼친다. 전자책일수록 도서의 퀄리티를 높일 필요가 있다. 전자책은 쉽게 접근할 수 있지만 쉽지 않은 서비스라고 정의할 수 있다. 종이책보다 화면에 보이는 모습을 보고 판단하는 비중이 높기 때문에 제목과 표지 디자인의 품질을 높일 필요가 있다. 그뿐만 아니라 도서 구성 품질도 높여 짜임새 있는 목차 구성도 필요하다. <u>종이책보다는 독자층이 젊은 편이다 보니 트렌드에도 민감하기 때문이다.</u> 이러한 트렌드를 맞추지 못하면 판매가 되지 않을 정도로 전자책 시작은 종이책보다 더 협소한 편이다. 결국 종이책보다 더 신경을 써야 한다는 사실이다. 이러한 노력과 전자책에 맞는 콘텐츠만 잘 찾는다면 이 길도 나쁘지 않으리라 생각한다.

POD 도서 출간하는 요령

PODF란 주문이 들어오면 그때 마다 인쇄해서 도서를 제공하는 방식을 말한다. 이 방식은 초기 비용이 들지 않고 누구나 쉽게 신청해서 도서를 만들 수 있다는 장점을 가지고 있다. 대표적인 POD 서비스는 미국의 아마존의 KDP 서비스가 있다. KDP는 Kindle Direct Publishing의 약자로 도서뿐만 노트까지 누구나 콘텐츠를 만들어서 올릴 수 있으며 판매가 이루어지면 판매 수익도 나누어 준다. 페이오니아와 같은 미국 통장을 개설하면 우리나라에서도 아마존의 KDP 서비스를 이용할 수는 있다. 아직은 국내에서는 미흡하지만 해외에서는 아마존 KDP 서비스가 활성화되어 다양한 나라 다양한 언어로 수많은 도서가 서비스되고 있다.

우리나라의 POD 서비스는 교보의 디지털콘텐츠파트너시스템(https://partner.kyobobook.co.kr)과 부크크의 POD(https://bookk.co.kr) 서비스가 대표적이다. 교보 디지털콘텐츠파트너시스템은 사업자뿐만 아니라 개인도 회원가입하면 무료로 전자책과 POD 도서를 등록할 수 있도록 해준다. 개인은 교보 브랜드인 '퍼플'로 출판 등록을 할 수 있으며 초보자를 위한 가이드와 템플릿 등을 제공하여 누구나 쉽게 제작할

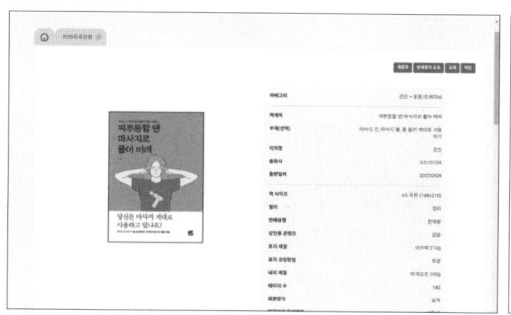 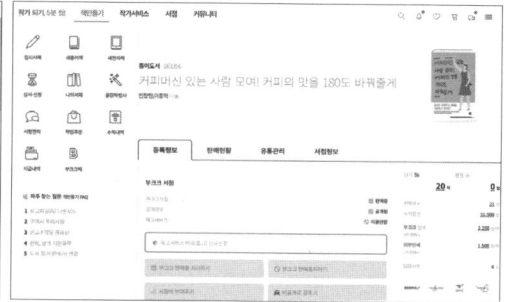

교보 디지털콘텐츠파트너의 POD 서비스   부크크의 POD 서비스

수 있도록 해준다. 단점은 온라인 교보문고에서만 유통이 가능하다는 점이다.

   부크크도 누구나 회원가입을 하면 무료로 전자책과 POD 도서를 등록할 수 있도록 해주는 서비스이다. 부크크의 장점은 교보문고뿐만 아니라 예스24와 알라딘, 영풍문고, 북센 서점에도 유통이 가능하다는 점이다. 그래서 폭넓게 도서를 유통하고 싶다면 부크크를 이용하는 것이 좋다. 단점은 판매 수익률이 교보 POD보다 낮다는 점이다.

   이용하는 방법은 생각보다 간단하다. 교보 POD 또는 부크크 중 사용할 해당 홈페이지에 접속해서 서비스를 신청하고 메뉴에 따라 설정하고 원고를 넣으면 자동으로 책 형태로 편집해 준다. 전문 편집툴을 이용하지 않으면 제대로 편집된 도서만큼의 퀄리티는 아니지만 썩 괜찮은 수준으로 책을 만들어 준다. 표지 또한 템플릿을 이용하여 사용자가 직접 편집해서 꾸밀 수 있다. 그리고 POD 도서뿐만 아니라 전자책 서비스도 함께 운영하고 있어서 도서와 전자책 서비스를 함께 이용할 수 있다.

　도서를 등록하면 자동으로 서점에 판매가 시작되는데 이 모든 작업이 무료이다. 그리고 언제든지 도서 판매 상황을 확인할 수 있다는 점도 장점이다. 해당 홈페이지에 접속하면 현재까지 판매 상황을 파악할 수 있고 판매가 이루어지면 지정된 날짜에 판매 수익도 얻을 수 있다. 도서 유통을 대행을 하는 경우 판매 현황을 파악하게 어렵다는 단점이 있는데 POD를 이용하는 경우 클린하게 확인할 수 있는 점이 POD 서비스만의 장점이라고 할 수 있다.

　좋은 점이 있는 만큼 단점도 있다. 우선 온라인 교보문고, 예스24, 알라딘, 영풍문고 서점에서만 주문이 가능하다는 점이다. 상품 성격상 매장 판매는 불가능하여 서점에서는 도서를 만날 수 없다. 매장 판매보다 온라인 판매가 높은 요즘에는 POD 서비스가 주는 장점을 생각하면 아주 큰 리스크는 아니라고 생각한다.
　그리고 또 하나의 단점은 도서 배송이 오래 걸린 다는 점이다. POD는 도서 주문시 도서를 제작하기 때문에 어쩔 수 없는 문제라고 보여지지만 당일 배송이 기본인 세상에 도서 배송에 1주일 정도 걸린다는 점은 가장 큰 단점이라고 볼 수 있다. 부크크에서는 이 문제를 해결하기 위해 당일 배송을 유료 서비스로 제공하기도 한다.

　도서 판매가 줄어가고 있는 요즘에는 POD는 대세로 떠오르고 있다. 누구나 참여할 수 있다는 POD의 매력은 반대로 생각하면 검증 단계 없이 우후죽순 만들 수 있다는 것을 의미하기도 한다. 출판사를 거쳐 출간되는 도서는 출판사에서 검증하는 단계를 거치기 때문에 기본적인 도서 품질을 지킬 수 있지만 POD는 그런 단계를 거치지 않는다는 점이다. 이러한 문제는 소비자들이 POD 도서를 꺼리는 문제로 이어질 수 있다.

그러므로 POD 도서를 출간할 때는 품질을 올리기 위한 노력이 많이 필요하다. 내가 쓴 글이 문제는 없는지 도서 구성이 부족하지는 않은지 따져보고 보완하는 자세가 필요하다. 이 콘텐츠는 일반인들도 전문가처럼 도서 품질을 올릴 수 있는 방법을 소개하고 있으니 이 콘텐츠를 통해 여러분도 고 퀄리티의 POD도서를 만들 수 있었으면 한다.

16
PDF 도서 출간하는 요령

　　　　　PDF 도서는 최근에 등장한 방식이다. 서점에서 파는 도서는 아니면서 일반적인 전자책과도 조금은 성향을 달리 한다. 간단하게 나만의 노하우 정보를 기록한 문서를 PDF로 만들어서 판다는 개념에 가깝다.

　서점에서 파는 소위 ISBN이 등록된 도서는 도서 판매의 규칙에 맞게 판매해야 하는 반면 PDF 도서는 도서로 등록되어 있지 않아서 어떤 규칙에 구애받지 않는다. (최근에는 PDF 도서도 도서로 등재되어 ISBN을 받도록 되어 있기는 하다.)

　예를 들어 연애 잘하는 방법, 지압 잘하는 곳 추천 정보, 3개월 만에 글 잘쓰는 방법 등 도서로 내기에는 적합하지 않지만 관련 정보를 찾는 사람들에도 도움이 되는 정보들을 PDF 도서로 만들 수 있다. 그러다 보니 페이지 규제도 없다. 어떤 콘텐츠는 10페이지 짜리도 있고 도서 가격도 천차만별이다. 5,000원짜리부터 10만 원, 100만 원하는 도서들도 많다. 정보의 가치를 가격으로 매기다 보니 이러한 금액이 나온다.

 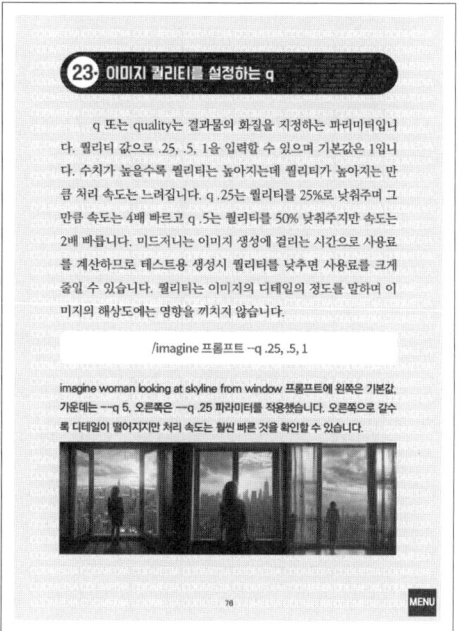

PDF 서비스로 제공한 도서

　PDF 도서는 개인 온라인 쇼핑몰에서도 판매하기도 하지만 대부분 크몽이나 크라우드 펀딩 업체인 와디즈나 텀블벅과 같은 콘텐츠 판매 서비스에서 주로 판매한다. PDF 도서를 제공하는 플랫폼이 매우 적기 때문에 일반 도서에 비해 대중화를 꾀하기는 어렵다. 또한 대상도 PDF 도서를 구매하는데 자유로운 젊은 층으로 국한되어 있는 점도 특징이다. 결국 PDF 도서의 콘텐츠도 해당 대상을 만족하는 콘텐츠로 제한될 수 밖에 없다.

　그리고 PDF의 기능인 하이퍼링크를 이용하여 페이지를 이동을 통해 보다 편리하게 볼 수 있도록 꾸미기도 하고 PDF 도서에 영상 강좌를 함께 담는 경우도 많다. 텍스트로는 담기 어려운 내용을 영상으로 담아 독자들에게 보다 쉽게 정보를 제공하는 것이다. 이렇듯 PDF 도서는 어떤 규칙 없이 자유롭기 때문에 다양한 콘텐츠를 접목하여 서비스로 제공하고 있다.

PDF 도서는 이렇듯 자유로운 대신 보안에 취약하다는 문제가 있다. 서점에서 제공하는 전자책은 전용 뷰어를 이용하여 DRM이 적용되어 있어 도서를 공유할 수 없도록 되어 있지만 PDF는 보안 설정이 없어서 공유가 용이하다. 도서에 저작권에 대한 경고를 표기하는 것 말고는 없다. 도서 공유에 대한 어떠한 안전 장치도 없다는 것도 큰 단점이다.

어찌됐든 PDF 도서는 최근에 큰 이슈인 것은 분명하다. 자유롭다는 특징 때문에 획기적인 시스템처럼 보이기도 한다. 이점이 PDF 도서를 인기있게 만든 요소임에는 확실하다. PDF 도서는 일반 도서와는 다른 유니크한 콘텐츠로 승부를 내야 한다. 도서에서 볼 수 있는 주식 투자 방법, 유튜브 영상 제작 방식이 아니라 주식으로 성공했던 나만의 노하우, 재테크로 돈 버는 노하우, 나만의 테크닉한 영상 제작 비법 등 이 콘텐츠를 통해 독자들의 시간을 줄여주거나 수익을 창출하는 등의 확실한 동기 부여가 되는 내용이어야 한다. 도서가 정보를 제공하는 것이라면 PDF 도서는 콘텐츠를 통해 저자가 그동안 쌓아왔던 노하우를 파는 것이라고 보면 된다. 도서와 비슷하면서도 다른 이유도 여기에 있다. 이러한 조건이 부합할 때 성공적인 판매를 올릴 수 있다.

최근 유튜버를 보면 책 써서 돈을 벌 수 있다는 게시물을 많이 볼 수 있는데 여기서 말하는 책 쓰기는 대부분 PDF 도서를 말한다. 누구나 쉽게 책 써서 돈을 번다는 과장 광고로 인해 PDF 도서 제작을 쉽게 생각하는 사람들이 많은데 실상은 그렇지 않다. 새로운 콘텐츠를 찾고 내용도 더 알차게 담아야 하기 때문에 더 작업하기 어렵다. 도서 컨설팅 문의를 하다보면 PDF 도서 제작을 정말 너무 쉽게 생각하고 준비하는 사람들이 너무 많아 안타깝다.

콘텐츠에 매기는 돈의 가치만큼 자료의 가치도 높아야 하고 그만큼 많은 준비를 쏟아야 한다는 점을 명심하기 바란다. 나만의 노하우가 확실히 있는 경우라면 PDF 도서를 준비하는 것도 나쁘지 않다. PDF 도서의 특징을 잘 살려서 고급 정보를 담아서 판다면 좋은 결과를 얻을 수 있을 것이다.

17
책 수익 창출에 대해서

　　　　요즘 유튜버를 비롯한 SNS를 보면 책으로 돈을 번다는 게시물을 많이 볼 수 있다. 정말 책을 쓰면 많은 돈을 벌 수 있을까? '초보자인 나도 책을 내서 큰 돈을 벌었으니 여러분도 할 수 있다'고 호소하는 경우를 많이 본다. 그 사람들의 말대로라면 전문 책을 쓰는 사람들은 모두 재벌이 되어 있을 것이다. 경험이 많지 않은 사람들보다는 더 잘 만들 수 있는 경험이 있으니까 말이다.

　책을 써서 돈을 벌 수 있다고 말하는 유튜버들의 PDF 도서의 콘텐츠 내용은 수준이 높지 않은 경우가 많고 매체도 PDF 도서이다. 자신의 인지도를 이용하여 고가의 PDF 문서를 제작해서 판매하고 있는 경우가 많다. 실제로는 이러한 유튜버의 말과는 다르게 출판 시장은 우리나라 역사 이래 최악의 상황을 겪고 있다. 이는 알다시피 인터넷과 온라인 콘텐츠의 붐으로 인해 갈수록 책을 보는 사람들이 줄어들고 있기 때문이다. 이러한 상황은 앞으로도 변함이 없으리라 생각한다.

　그러다 보니 잘 팔리는 책은 트렌드에 따른 인문서나 경제 침체로 인한 소위 수익 창출에 관련된 도서가 주를 이루고 있다. 예를 들어 예전에는 취미 관련 도서가 있기가 있었다면 요즘에는 취미로 돈을 벌 수 있는 방법을 소개한 도서가 인기가 있다는 것이다. 앞에서 소개한 저급 PDF 콘텐츠 판매자들도 이러한 분위기를 이용하는 것이라고 볼 수 있다.

앞에서 책으로 수익 창출은 어렵다고 했다. 이는 아무 노력없이 쉽게 할 수 있다고 생각하는 사람들을 위한 말이다. 분명 수익 창출은 어렵지만 한번 쯤은 열정을 가지고 나만의 책을 만들어 보자. 취미이든지 수익 창출이 목표이던지 도전해보면 좋은 결과를 만들어낼 수 있을 것이다. 그럼 처음 도서를 만들고 싶은 사람들을 대상으로 나에게 알맞은 출간 방법에 대해서 알아보자.

<u>책 만들기를 처음 도전한다면 비용이 들지 않는 POD나 전자책으로 도전해</u> 보는 것도 좋을 것이다. 이 콘텐츠에서 소개하는 부크크 POD를 이용하면 비용을 들이지 않고 POD로 종이책과 전자책을 만들 수 있을 것이다. 이 콘텐츠에서 소개하는 책 쓰는 방법을 이용하면 멋진 책을 쓸 수 있을 것이다. 그리고 인디자인과 같은 전문 편집툴을 사용하면 보다 깔끔하게 편집할 수 있지만 인디자인을 못해도 한컴 한글 또는 MS 워드를 이용하여 책처럼 편집해서 제작할 수 있다. 표지도 부크크의 템플릿을 이용하거나 미리캔버스 또는 캔바의 무료 그래픽툴을 이용하여 돈을 들이지 않고 제작할 수 있다. 모두 다 이 콘텐츠에서 소개하고 있으니 잘만 따라온다면 누구나 책을 만들 수 있을 것이다. 결과가 좋지 않아도 속상할 필요가 없다. 다시 원고를 수정해서 다듬다 보면 훌륭한 책을 만들 수 있을 것이다. 그만큼 수익

률도 높아질 것이다.

　만일 내가 하는 일에 대한 나만의 노하우를 담을 수 있는 정보가 있다면 PDF 도서로 도전해보는 것도 좋다. 이 방법으로 시작하려면 콘텐츠가 아주 새로워야 한다는 것이다. 콘텐츠만 새롭다면 가격을 높게 설정해도 수익을 올릴 수 있을 것이다. 크몽 등과 같은 플랫폼에 PDF 도서를 제작해서 판매할 수 있다. 문서를 어떻게 편집해야 하는지 모르겠다면 플랫폼에서 제공하는 템플릿을 이용하면 쉽게 작성할 수 있다. PDF 도서는 수익 창출이나 해당 내용에 투자하는 시간을 줄이게 해주는 등 좀 더 현실적으로 도움을 줄 수 있는 내용이어야 한다. 콘텐츠가 이슈가 된다면 큰 수익을 얻을 수도 있는 시장이다.

　만일 자서전이나 시집, 수필집, 소설집 등의 나만의 도서를 만들고 싶은 분은 자비 출판으로 준비하는 것이 좋다. 출간된 책을 지인에게도 나누어지고 하려면 책이 충분히 필요하니까 말이다. 몇백 권의 책이 필요한 경우 자비 출판이 가장 저렴하다. 이 콘텐츠에서 소개하는 방법을 참고하여 자비 출판을 의뢰하면 된다. 무작정 출판하기보다 문학 강좌에 등록하여 전문가의 조언을 받고 진행하는 것이 좋다. 작품에 대한 피드백을 통해 부족한 부분을 보완할 수 있기 때문이다. 혹자는 처음 문학책을 출간하면서 베스트셀러를 꿈꾸는 경우도 자주 보는데 쉽지 않은 경우이다. 유명 작가들도 요즘에는 베스트셀러를 하기 쉽지 않기 때문이다. 그러므로 처음 책을 내는 경우에는 내가 할 수 있는 최대한의 노력과 열정을 담아 나만의 멋진 책을 내는데 목적을 두도록 하자.

집필 경험이 있고 전문 작가로 나서고 싶다면 출판사 투고를 알아보기를 권장한다. 출판사 투고를 마지막으로 소개하는 이유는 그만큼 쉽지 않은 길이기 때문이다. 출판사의 검증과 원고 진행시 출판사가 가이드도 잡아 주기 때문에 혼자 책을 내는 것 보다 도서의 품질도 높일 수 있다. 하지만 출판사의 호기심을 자극할 정도로 매력적인 소재가 아니라면 출판사 컨택이 쉽지는 않다. 만일 이러한 내용이라면 초보자도 도전해볼 만하다. 보통 집필 경험이 있는 사람들에게 도전하기를 권장한다. 출판사 투고의 장점은 인세 계약을 통해 꾸준한 수익 창출도 할 수 있다는 점이다.

그동안 경험을 토대로 책을 준비하는 여러 가지 방법에 대해서 알아 보았다. 책을 만드는 일은 여렵지만 매우 신나고 매우 의미있는 경험이 되는 일이다. 이곳에 열정과 시간을 잘 쏟아붓는다면 멋진 책을 만들 수 있을 것이며 비로소 수익 창출로 돌아올 것이다. 여러분도 이렇게 신나는 일에 도전해보기를 바란다.

2장

책의 핵심은 목차!

{목차 잘 구성하는 비결}

❶ 목차는 도서의 핵심이다!

　　　출판 관계자는 도서를 볼 때 목차를 먼저 훑어보는 습관 같은 직업병이 있다. 그만큼 목차는 도서가 어떻게 구성되어 있는지 확인하는 척도이다. 마치 뼈대와 같은 것이다. 생물이든 건물이든 뼈대가 잘못되면 바른 결과물이 나오지 않듯이 책 또한 뼈대 구축은 정말 중요하다.

　출판 기획을 할 때도 빼먹지 않고 하는 말이 바로 <u>목차 구성을 잘해야 한다</u>는 말이다. 필자도 예전에 도서 집필할 때 목차를 잘못 구성하여 원고를 뒤엎고 다시 쓴 적이 한두 번이 아니다. 그만큼 목차를 잘못 잡으면 불필요한 작업이 늘고 내용이 산만해지기도 한다. 그래서 출판 기획할 때 항상 목차를 잘 잡으라는 이야기를 하게된다.

　그렇지만 처음 도서를 집필하는 사람들은 목차를 잘 잡으라는데 어떻게 잡으라고 하는지 모르는 경우가 많다. 이는 매우 당연하다. 출판 관계자도 목차를 제대로 잡고 분석하는 데 오랜 경험이 쌓여야 할 수 있을 만큼 어려운 작업이기 때문이다. 그런 작업을 책을 처음 쓰는 사람이 잘 하기는 쉽지 않다.

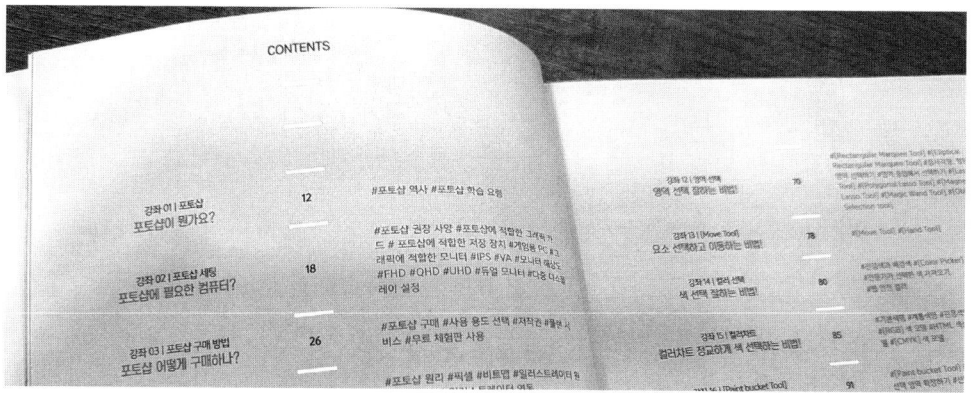

　도서 기획 상담을 하다보면 논문을 많이 썼다고 책 쓰는 것을 쉽게 보는 이들을 자주 본다. 그러나 실제로 초보자보다 논문 경험이 있는 사람이 목차 잡는 작업을 더 못 하는 경우가 많다. 논문은 독자의 눈높이를 맞추지 않고 자유롭게 쓰는 경향이 많다보니 일반 도서와는 다른 차이가 있는데 이를 못 느끼고 자만하기 때문이다. 수많은 작업을 해온 나 역시도 내가 쓴 목차가 잘 되었나, 여러 번 확인하고 검수 과정을 거친다. 목차를 잘 잡으려면 자만을 버려야 한다.

　그럼 초보자들이 목차를 잘 잡는 방법은 없을까? 엄밀히 따지면 쉽지 않다고 봐야 한다. 그래서 잘 만들어진 관련 도서들의 목차를 참고하라는 말을 한다. 잘 만들어진 목차를 보고 또 보고 수십 번을 반복해서 검토해 보라. 그러면 목차에 숨겨져 있는 흐름을 느낄 것이다. 그 흐름을 잘 이해해야 한다. 잘만들어진 목차는 섹션과 섹션의 연결성을 가지고 있다. 이 연결성이 처음부터 끝까지 자연스럽게 연결되어야 한다.

정보를 제공하는 도서의 목차의 구성을 한 번 살펴보자. 목차 구성은 크게 파트별로 나누어서 생각하도록 해겠다. 도서 첫 번째 파트는 이 도서의 내용을 왜 배워야 하는지 당위성과 준비와 기초 개념을 소개한다. 기초 개념이 확립되었으면 그 다음 파트에는 기본 내용을 소개한다. 이 내용을 통해 독자는 '아하! 이거구나'라는 감탄을 유발하게 하면 정말 잘 만들어진 것이다. 이쯤이면 독자도 도서를 통해 어느 정도 자신감이 생길 것이다. 그다음 부터는 서서히 난이도를 높여가며 다양한 정보를 소개해준다.

다시 정리하면 처음에는 도입 정보를 제공하고 다음은 친숙하게 다가올 수 있게 해주는 예시 정보를, 다음은 기본 정보를 알려준다. 이때 난이도별 나누어서 소개하면 좋다. 마지막은 종합적으로 다루는 활용 정보로 구성하면 좋다. 대부분 이러한 구성으로 목차를 구성하지만 시, 수필 등의 문학이나 기타 다른 구성을 가지는 도서들도 있다.

처음에는 도입 설명
다음은 기본 정보와 활용 순으로 구성한다!

내용을 분류하는 것은 저자만의 능력이다. 난이도별로 나누기도 하지만 기능별로 나누기도 하고 종류별로 나누기도 할 것이다. 어떤 것이 정답이라고 할 수는 없지만 내용에 맞는 분류 방법을 선택해서 작업하도록 한다. 관련 도서를 참고해보면서 장단점을 생각해보고 내가 쓰는 원고에 알맞은 분류 방법을 찾도록 한다.

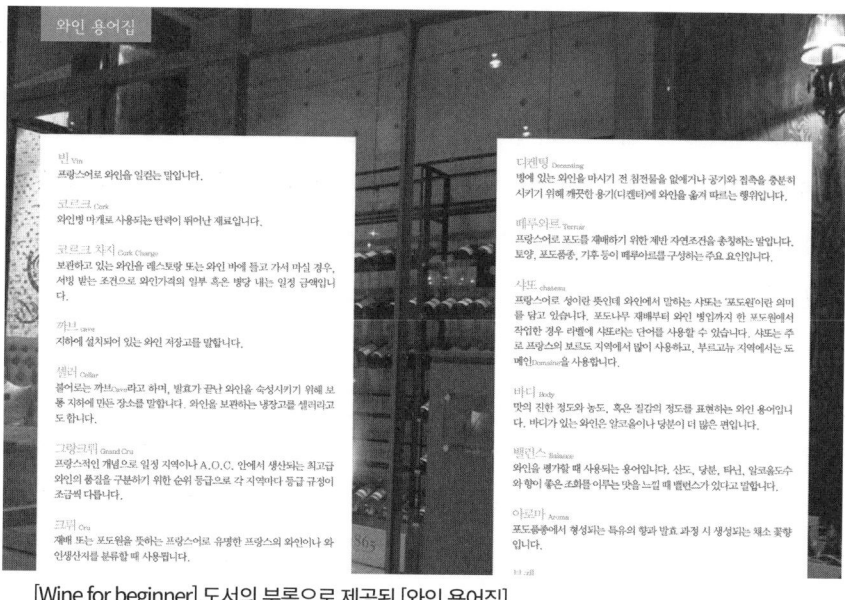

[Wine for beginner] 도서의 부록으로 제공된 [와인 용어집]

그리고 도서의 마지막 부분은 누가 봐도 마무리라는 느낌이 드는 내용으로 꾸며야 한다. 결론 없이 본문의 내용으로 마무리하지 말고 앞에서 배운 내용을 종합적으로 다루거나 앞에서 배운 내용을 적용한 사례들을 제공하여 마무리하는 내용으로 담도록 한다. 초보자들의 글을 보면 이러한 마무리를 못 하고 마치 중간에 원고가 뚝 끊긴 듯이 끝나는 경우를 흔히 볼 수 있다. 이 도서를 보는 독자들은 부디 이러한 실수를 범하지 말자.

그리고 때에 따라 마지막에 부록을 넣는 경우가 있다. 예를 들어 본문을 배울 때 필요한 용어 정리라든지 또는 학습에 필요한 정보를 넣는 경우가 있다. 이러한 내용을 만들 때 반드시 생각해야 할 부분이 있다. 부록이라는 단어이다. 부록은 말 그대로 본문 이외에 또 하나의 정보를 말한다. 그 말은 부록이 없어도 이 책을 보는 데 문제가 발생하면 안된다. 만일 이 내용이 없으면 책을 보기 어렵다면 이 내용은 부록이 아니다. 반드시 본문으로 처리해야 한다. 목차를 구성하다가 본문에 넣을 내용을 부록으로 처리했다면 이는 잘못된 구성이라고 볼 수 있다.

목차를 잘 꾸며야 하는 이유는 독자들이 도서를 보다 쉽게 볼 수 있도록 하기 위한 수단이다. 앞에서 소개한 방법이 가장 기본적인 구성 방법이라고 할 수 있지만 꼭 이렇게 하는 것이 정답이 아니므로 새로운 구성을 찾는 것도 하나의 재미를 느낄 수 있을 것이다. 이미 출간된 도서의 목차를 보고 이렇게 하면 안 될까 하고 구성을 이리저리 바꾸어 보는 것도 목차 구성을 잡는 연습이 될 수 있다. 위의 방법으로 트레이닝해 보면 목차 구성이 얼마나 어려운지 알 수 있을 것이다.

목차 구성에 대해서 간단하게 알아보았다. 어떤가! 왜 출판 관계자들이 책을 볼 때 목차부터 살펴보는 이유를 알겠는가. 십중팔구 목차를 보면 기획자의 능력을 확연하게 파악할 수 있다. 저자가 아니고 기획자냐고? 저자가 이러한 목차 구성까지 잘 할 수 있다면 좋지만 대부분 그렇지 않기 때문이다. 대부분 기획자들이 구성하는 경우가 많다. 그래서 출판 관계자들은 목차가 훌륭하면 판권 페이지를 펼쳐서 편집자 이름을 확인하는 것이다. 모쪼록 이 도서가 목차에 숨겨져 있는 흐름의 정수를 느끼는 도움이 되기를 간절히 기원한다.

❷ 내용을 체계적으로 분류하는 요령

앞에서 도서 구성에 대해서 알아보았다. 여기서는 좀 더 자세하게 내용을 어떻게 분류하는지 알아보자. 앞에서는 간단하게 기본 이론이라고 표현했지만 기본 이론이라는 게 두리뭉실한 영역이다. 이 영역을 독자들이 알아볼 수 있도록 체계적으로 분류해야 한다. 분류하는 방법은 도서의 종류와 성향에 따라 다양하지면 여기서는 이중에서 프로그램이나 DIY 등의 도서를 중심으로 살펴보도록 하겠다.

홈페이지 제작, 포토샵, 엑셀과 같은 프로그램이나 카메라, 커피 메이킹, 자수 등의 활용 도서는 수많은 사용 방법을 가지고 있다. 메뉴에 대한 설명도 있을 것이고 활용하는 방법에 대한 설명도 있을 것이다. 각각의 내용 중 어떤 내용을 중점적으로 담고 싶은지 우선 순위를 정한 후 꼭 넣어야 할 내용을 중점으로 분류한다. 만일 50가지의 내용을 다루어야 한다면 체계적인 구분 방식으로 10가지씩 5개의 파트로 나누어야 한다. 파트 또한 앞에서 소개한 방법대로 도입, 기본 이론, 활용 순으로 나눈 후 각 파트에 10가지씩 담도록 한다. 구분 방식으로 기능, 특징, 난이도 등의 기준으로 나누도록 한다. 여기서는 설명하기 위해서 개수를 고정했을 뿐 꼭 개수를 고정할 필요는 없다.

이번에는 홈페이지 제작 도서를 예를 들어서 알아보겠다. 홈페이지를 제작하기 위해서 간단하게 홈페이지 만들기, 표로 만들기, 그래픽 디자인하기, 프레임으로 만들기, 레이어로 만들기로 나누어 홈페이지 제작이 기능을 소개할 수 있겠다. 이는 주로 사용하는 기능을 중심으로 분류한 것으로 모든 기능을 다 소개하기보다 <u>주로 사용하는 기능을 중점적으로 다루기 때문에 초중급자를 대상의 도서에 많이 사용</u>한다. 구성을 잘 하면 내용별로 분류가 잘 되어 학습하기 좋다는 것이 특징이다. 가장 많이 사용하는 일반적인 구성 방식이라고 할 수 있다.

어떠한 경우에는 사용하는 프로그램의 파일, 편집, 표 등의 메뉴를 중심으로 내용을 나누어서 소개하는 방법도 있다. 이 방법은 프로그램 기능을 자세하게 소개하는 매뉴얼 도서에 많이 사용한다. 이러한 도서를 보면 <u>메뉴의 기능을 소개하는 데 집중적이고 도서 분량도 많은 것이 특징이다</u>. 메뉴 소개 중심이다 보니 내용은 방대하지만 내용도 딱딱하다는 특징을 가지고 있어 초급자용보다는 <u>중급자를 대상</u>으로 해당 프로그램의 기능을 모두 담는 것을 목표로 하고 있다. 앞의 예는 한국과 일본 도서들의 특징이고 후자는 미국 등 서양권 도서의 특징이다.

이번에는 활용 도서 중 카메라 사용법을 알려주는 도서를 예를 들어 알아보자. 카메라는 프로그램처럼 메뉴로 설명하기 어려우므로 카메라 기능을 중심으로 카메라 기본 지식, 기본 촬영법, 렌즈 사용법, 상황별 사진 촬영, 외장 플래시 사용법, 스튜디오 촬영법, 촬영 구도 설정법, 사진 보정 순으로 구성한다. 이러한 구성은 초보자들이 손쉽게 카메라를 이용하기 위하여 카메라 사용을 <u>기능별로 나누어 구성</u>하였다. 앞에서 알아본 홈페이지 제작을 기능별로 나눈 방식과 유사하지만 좀 더 주관적인 관점으로 구성한 예라고 볼 수 있다. 기능별로 구성하는 방식은 초보자를 대상으로 도서에서 흔히 사용되는 구성이다.

이번에는 킥스타터라는 이론을 소개하는 도서도 알아보자. 이 콘텐츠를 소개하는 여러 가지 방법이 있을 것이다. 킥스타터의 역사를 중심으로 소개하는 도서일 수도 있고 킥스타터로 성공한 사례를 중심으로 소개하는 도서일 수도 있다. 저자는 다양한 방법 중 이 도서를 어떻게 이끌고 갈 지를 선택해야 한다. 예를 들어 성공 사례를 소개하는 도서를 만든다고 가정해보자. 크라우드펀딩의 사례는 펀딩이라는 특수성에 맞게 <u>주관적인 개념으로 나눌</u> 필요가 있다. 펀딩에 성공된 사례 중 최대 금액 사례, 이슈를 몰고온 사례, 발상의 전환으로 성공한 사례로 나누어 펀딩의 특징을 효과적으로 보여주도록 하였다. 이러한 구성은 킥스타터라는 도서에 제한적인 구성이라고 할 수 있다. 도서를 구성할 때 이 도서를 통해 무엇을 전달할지를 생각해보고 그 목적을 위해 주관적인 기준으로 구성한 것이다.

앞에서 소개한 예를 통해 알 수 있듯이 중요한 기능을 중심으로 내용을 분류한 것이다. 중요한 기능이란 <u>실제로 많이 사용하는 기능을</u>

말하는 것이고 여기에는 독자들이 가장 알고 싶어하는 기능이 내포해야 한다. 목차는 독자들이 도서를 선택하는 기준 중 가장 중요한 핵심이기 때문에 독자들이 궁금한 내용이 목차에 녹아 있어야 좋은 결과를 얻을 수 있기 때문이다.

처음에는 체계적으로 분류하는 것이 쉽지 않을 것이다. 그러므로 관련 도서를 많이 보고 참고하도록 하자. 이미 출간된 도서의 목차를 분석해서 내가 놓친 내용은 없는지 확인하고 좋은 구성은 참고하여 나의 것으로 만들어 보자.

파트1) 크라우드펀딩?	**도입부**
파트2) 페리 첸의 킥스타터?	· 크라우드펀딩 개념 소개 · 킥스타터 소개
파트3) 최대 금액을 달성한 콘텐츠	
파트4) 이슈를 불러 일으킨 콘텐츠	**본문** 킥스타터로 성공한 사례를 분야별로 분류해서 소개
파트5) 발상의 전환을 불러온 콘텐츠	
파트6) 킥스타터 프로젝트 성공기	**활용** 프로젝트 진행 과정 사례 소개

6개 파트를 내용별로 3개로 나눌 수 있다. 처음에는 크라우드펀딩과 킥스타터를 소개하였고 두 번째는 킥스타터로 성공한 사례를 3가지로 나누어서 소개하였다. 세 번째는 앞에서 소개한 콘텐츠를 어떻게 만드는지 진행 사례를 통해 알아볼 수 있도록 구성하였다.

파트1) 3D 프린터	**도입부** 3D 프린터 개념 소개
파트2) 123D 모델링	**본문** · 모델링으로 프로그램을 만들고 · 만든 데이터로 프린팅
파트3) 3D 프린팅	
파트4) 3D 스캐닝	**활용** 고급 기능인 스캐너로 모델링 스캐닝을 하고 앞에서 배운 내용을 활용하여 프린팅

3D 프린터를 소개하는 도서로 총 4개의 파트로 구성했으면 내용별로 3개로 나눌 수 있다. 처음에는 3D 프린터의 정의, 두 번째는 소프트웨어로 모델링하고 프린팅하는 방법을 소개하였고 마지막에는 스캐닝한 후 앞에서 배운 내용으로 프린팅하는 방법 순으로 구성하였다.

③ 독자의 눈높이를 맞추는 요령

모든 도서마다 이 도서를 보는 독자의 대상이 존재한다. 어떤 책은 누구나 쉽게 볼 수 있는 도서가 있는 반면 어떤 도서는 보다 전문적인 정보를 얻기 위해서 보는 사람도 있을 것이다. 이렇듯 도서를 보는 대상이 제각기 다르기 때문에 도서를 기획할 때 주 타겟이 되는 독자층을 설정한다. 모든 대상을 다 만족하면 좋겠지만 대부분 그러기 어렵기 때문에 주 대상을 설정하고 거기에 맞게 원고를 집필한다.

흔히 독자층을 초급자와 중급자로 나누는데 초급자는 해당 내용을 처음 접하는 사람을 말하고 중급자는 어느 정도는 아는데 좀 더 자세하게 알고 싶어 하는 사람을 말한다. 초급자는 대상도 초등학생부터 시니어까지 폭이 넓기 때문에 모든 대상들이 이해하기 쉽게 집필하는 것이 필요하지만 중급자는 해당 분야에 대한 관심이 있는 독자층이기 때문에 아주 기초는 건너뛰고 조금은 편하게 집필이 가능하다. 요즘에는 기본 지식이 높아져 초급자란 개념은 거의 없어지고 초중급자로 분류하여 초급자와 중급자의 중간쯤 위치의 포지션으로 지키는 도서가 대부분이다.

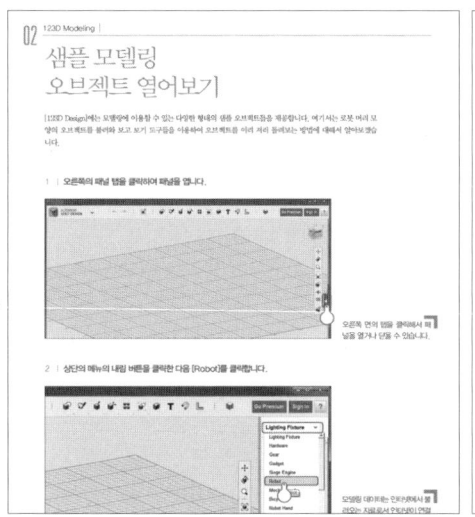 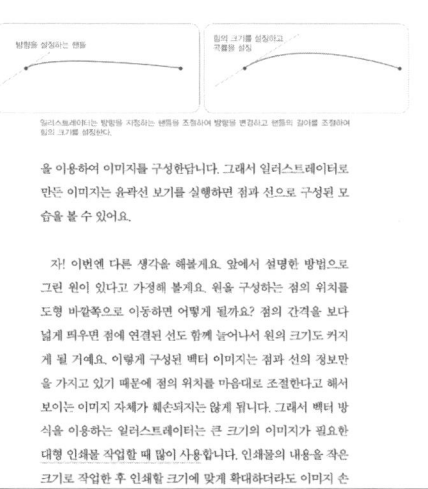

초보자용 도서와 중급자용 도서

예를 들어 컴퓨터 프로그래밍 도서를 생각해보자. 컴퓨터 프로그래밍은 어느 정도 아는 사람도 있을 것이고 전혀 모르는 사람도 있을 것이다. 모든 사람들을 아우르면 좋겠지만 이는 매우 어렵고 오히려 잘못된 생각이다. 그러므로 도서의 독자층을 설정해야 한다.

초급자라면 우선 프로그래밍이 무엇이고 어떻게 동작하고 왜 필요한지부터 설명을 해야 한다. 반대로 중급자라면 이러한 부분은 짧게 설명하고 넘어가도 될 것이다. 이와 같이 내 독자의 대상을 어떻게 잡는가에 따라 도서의 내용에 많은 차이가 발생한다.

많은 사람이 초급자 도서를 보면 글자도 크고 이미지도 많아서 글쓰기가 쉽다고 생각한다. 실제로 도서를 기획하다 보면 초급자 도서 집필을 매우 쉽게 생각하는 저자를 많이 본다. 초급자가 더 어렵다라고 설명을 해도 무시하기 일쑤다. 내가 전문가인데 이런 초급자 원고는 며칠 만에 쓸 수 있다고 호언장담한다.

그동안 수많은 도서를 진행했지만 이제까지 호언장담한 사람치고 초급자 도서를 제대로 집필한 사람이 없었다. 그 이유는 아무것도 모르는 사람에게 내용을 쉽게 전달하는 것이 얼마나 어려운지를 몰랐기 때문이다.

초급자 도서를 만들려면 먼저 수준을 타겟 독자의 눈높이로 낮추는 것이 필요하다. 필요하다면 도서 대상인 초급자를 만나서 인터뷰하는 것도 도움이 된다. 현장에서는 특정 대상을 타겟으로 하는 도서를 만들 때 해당 사람들을 만나서 독자의 수준을 체크하기도 한다. 초급자 도서는 쉽게 정보를 전달하기 위해서 글자의 분량은 줄이고 글보다는 이미지로 표현하는 경우가 많고 내용도 서술형 보다는 따라 하기 구성을 많이 이용한다. 인쇄도 초급자 도서가 컬러인 경우가 많다. 모두 초급자를 위한 배려라고 볼 수 있다. 일본과 한국이 이러한 초급자 도서가 많이 발달되어 있다. 이렇게 눈높이를 맞춘 후 목차를 구성하도록 한다. 목차를 구성한 후에도 초급자에게 검토를 받는 것도 좋은 방법이다.

중급자 도서는 반대로 너무 기초적인 내용이 많으면 독자들에게 무료함을 준다. 그러므로 꼭 알아두어야 할 기초 내용은 간략하게 소개하고 중급자들이 필요한 내용을 충분히 담는 것이 필요하다. 이 역시 관련 사람들을 만나보고 독자의 눈높이를 체크하면 큰 도움이 된다. 중급자 도서는 서술형으로 기술하는 경우가 일반적이고, 다양한 정보를 다루다 보니 분량도 많은 경우가 많다. 분량이 많다 보니 컬러 보다는 흑백으로 인쇄하는 경우가 보편적이다. 중급자 도서는 미국을 비롯한 서구권에서 많이 발달되어 있다.

초급자와 중급자 도서에 알아보았다. 목차를 작성하기 전에 반드시 독자층을 체크하고 해당 층에 맞는 눈높이로 목차를 작성하도록 한다.

④ 도서 구성 요소 살펴보기

　　도서의 목차를 잡기 전에 도서를 구성하는 요소들을 살펴보자. 도서를 쓸 때 전체의 큰 내용을 '파트'라는 큰 묶음으로 나눈다. '부' 또는 '장'이라고도 부른다. 그리고 파트는 여러 개의 타이틀로 묶는다. 이 타이틀이 우리가 도서를 보면 눈으로 확인되는 본문 제목들이다. 흔히 '섹션'이라고 부르는 타이틀이 모여 파트를 구성하는 것이다. 파트는 반드시 존재하는 것은 아니다. 파트 없이 타이틀로만 구성하는 방법도 있다. 보통 파트는 내용이 많아 분류하여 독자들이 쉽게 구분할 수 있도록 하기 위해서 사용한다.

　　그리고 타이틀 밑에는 3~4줄 정도의 짧은 글로 타이틀에서 어떤 내용을 소개하는 알려주는 '발문'이 있다. 간단하게 타이틀의 내용을 파악할 때 주로 사용한다. 단순한 내용인 경우 발문을 생략하는 경우가 많다. 단, 타이틀에 많은 내용을 담기는 경우에는 매우 효과적으로 사용할 수 있다.

　　타이틀 다음에 바로 본문이 등장하는 경우도 있지만 내용에 따라 타이틀 내용을 나누는 서브 타이틀이 등장하는 경우도 있다. 간단하게 서브라고 부르는 서브 타이틀은 본문 내용이 길 때 내용을 구분하고 독자들이 도서를 볼 때 좀 더 구분해서 볼 수 있도록 하는 역할을 한다. 서브 타이틀 밑에 필요에 따라 발문이 배치되기도 하는데 요즘에는 발문 없이 바로 본문이 배치된다. 서브 타이틀을 이용할 경우에는 가능한 모든 타이틀마다 서브 타이틀 구성을 이용하는 것이 좋다. 특정 타이틀에 필요에 따라 서브 타이틀이 생기는 경우는 어쩔 수 없지만 많은 타이틀에 서브 타이틀이 생긴다면 통일감 있는 구성을 위해 맞추는 것이 좋다. 그러려면 목차부터 서브 타이틀이 알맞도록 구성해야 한다.

여기까지가 가장 기본적인 도서의 구성이다. 서브 타이틀에 하위의 서브 타이틀을 사용하는 경우도 있지만 가능한 하위 서브 타이틀은 사용하지 않는다. 그 이유는 하위가 많을수록 구성이 복잡해지고 혼란스러워지기 때문이다. <u>가능한 하위가 생기지 않도록 구성을 잘 설정하는 것이 중요하다.</u> 만일 하위 서브 타이틀이 생긴다면 목차 구성을 잘못한 것이다. 다시 한번 목차를 재구성하여 보다 심플하게 구성하도록 한다.

논문을 보면 하위 타이틀이 많은 것을 볼 수 있는데 대중 도서로서는 그리 좋은 구성이 되지 못 된다. 논문 스타일을 대중 도서에 적용하는 것은 매우 좋지 않다. 논문 스타일에 익숙하다면 먼저 논문 스타일을 버리는 것부터 시작해야 한다.

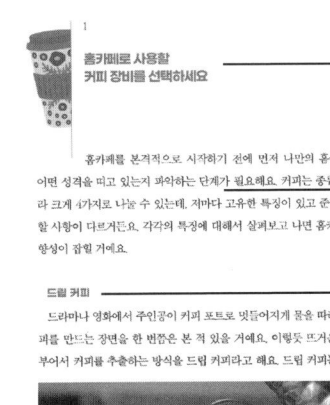

1 홈카페로 사용할 커피 장비를 선택하세요 → 타이틀

홈카페를 본격적으로 시작하기 전에 먼저 나만의 홈카페가 어떤 성격을 띠고 있는지 파악하는 단계가 필요해요. 커피는 종류에 따라 크게 4가지로 나눌 수 있는데, 저마다 고유한 특징이 있고 준비해야 할 사항이 다르거든요. 각각의 특징에 대해서 살펴보고 나면 홈카페 방향성이 잡힐 거예요. → 발문

드립 커피 → 서브 타이틀

드라마나 영화에서 주인공이 커피 포트로 멋들어지게 물을 따라서 커피를 만드는 장면을 한 번쯤은 본 적 있을 거예요. 이렇듯 뜨거운 물을 부어서 커피를 추출하는 방식을 드립 커피라고 해요. 드립 커피는 값비

싼 장비가 거의 필요 없어요. 물을 붓는 커피 포트와 커피를 추출하는 드리퍼, 드립 필터, 그리고 원두를 갈아주는 그라인더만 있으면 돼요.

드립 커피의 매력은 물을 어떤 방식으로 어떻게 붓느냐에 따라 커피 맛이 달라진다는 점이에요. 그래서 드립에 대한 공부와 연습이 필요하고요. 노력한 것만큼 맛있는 커피가 만들어지고요. 하나하나 배워 가다보면 어느덧 드립 커피에 푹 빠지게 된답니다. 그리고 장비를 갖추는 데 드는 비용이 상대적으로 저렴하기 때문에 홈카페에 입문하는 사람들에게 적합한 방법이라 생각합니다.

드립 커피도 단점은 있어요. 드립 커피는 한 잔 한 잔 따르는 방식이라 시간이 걸리기 때문에 번에 많은 잔을 만들기엔 어려움이 있을 수 있어요. 그럼에도 불구하고 일반적인 커피전문점의 진하게 농축된 에스프레소가 아닌 마시기 편한 농도로 맞춰진 드립 커피는 나름의 매력이 있기 때문에 옛날부터 꾸준히 사랑받고 있답니다.

모카포트

모카포트는 작은 커피 포트처럼 생긴 에스프레소 추출 기구에요. 이탈리아에서는 누구나 하나쯤은 가지고 있다고 할 정도로 국민 에스프레소 기기로 취급되죠. 모카포트로 뽑은 커피는 드립 커피보다는 진하고 에스프레소보다는 연한 커피를 만들어 준답니다.

서브 타이틀이 있는 경우

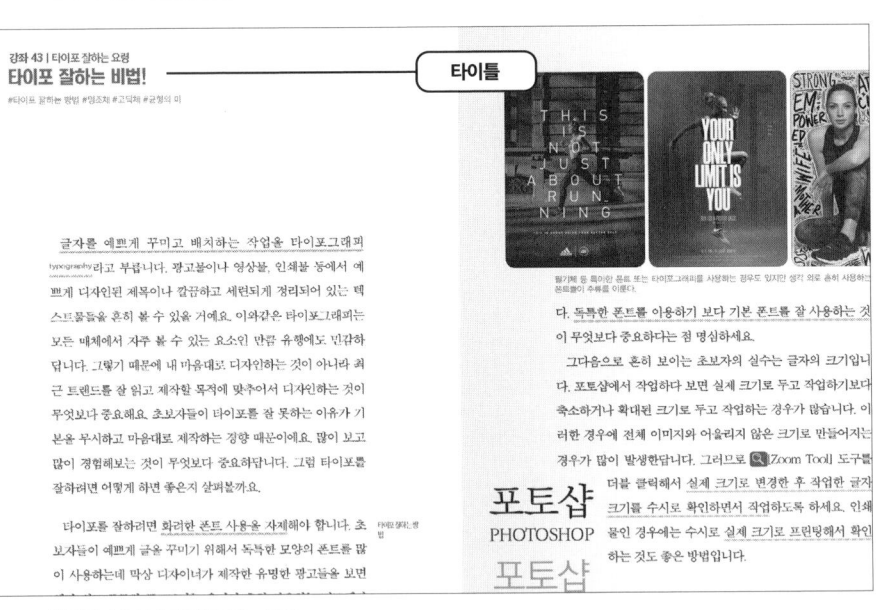

강좌 43 | 타이포 잘하는 요령
타이포 잘하는 방법! → 타이틀
#타이포 잘하는 방법 #명조체 #고딕체 #균형의 미

글자를 예쁘게 꾸미고 배치하는 작업을 타이포그래피 typography라고 부릅니다. 광고물이나 영상물, 인쇄물 등에서 예쁘게 디자인된 제목이나 깔끔하고 세련되게 정리되어 있는 텍스트들을 흔히 볼 수 있을 거예요. 이와같은 타이포그래피는 모든 매체에서 자주 볼 수 있는 요소인 만큼 유행에도 민감하답니다. 그렇기 때문에 내 마음대로 디자인하는 것이 아니라 최근 트렌드를 잘 읽고 제작할 목적에 맞추어서 디자인하는 것이 무엇보다 중요해요. 초보자들이 타이포를 잘 못하는 이유가 기본을 무시하고 마음대로 제작하는 경향 때문이에요. 많이 보고 많이 경험해보는 것이 무엇보다 중요합니다. 그럼 타이포를 잘하려면 어떻게 하면 좋은지 살펴볼까요.

타이포를 잘하려면 화려한 폰트 사용을 자제해야 합니다. 초보자들이 예쁘게 글을 꾸미기 위해서 독특한 모양의 폰트를 많이 사용하는데 막상 디자이너가 제작한 유명한 광고물을 보면

다. 독특한 폰트를 이용하기 보다 기본 폰트를 잘 사용하는 것이 무엇보다 중요하다는 점 명심하세요.

그다음으로 흔히 보이는 초보자의 실수는 글자의 크기입니다. 포토샵에서 작업하다 보면 실제 크기로 두고 작업하기보다 축소하거나 확대된 크기로 두고 작업하는 경우가 많습니다. 이러한 경우에 전체 이미지와 어울리지 않은 크기로 만들어지는 경우가 많이 발생합니다. 그러므로 Zoom Tool 도구를 더블 클릭해서 실제 크기로 변경한 후 작업한 글자 크기를 수시로 확인하면서 작업하도록 하세요. 인쇄물인 경우에는 수시로 실제 크기로 프린팅해서 확인하는 것도 좋은 방법입니다.

발문과 서브 타이틀이 없는 경우

❺ 목차 종류 살펴보기

　　도서의 목차의 구조는 간단하게 서브 타이틀이 필요 없는 나열형과 파트와 섹션으로 구성된 섹션 구성형 섹션 밑에 하위 목차가 있는 세부 목차 구성형으로 나눌 수 있다. 각각의 구성 형태에 따른 특징을 알아보기로 한다.

나열형

　　<u>나열형은 파트 구분이 없이 섹션으로만 구성된 형식</u>을 말한다. 매우 단순한 구성으로 내용 전달이 쉽다는 특징을 가지고 있어 초보자용 입문서를 만들 때 주로 사용한다.

　　나열형으로 구성할 때는 보통 <u>첫번째 섹션부터 마지막 섹션까지 이야기를 연결성있게 구성하는 것이 중요</u>하다. 다시 말하면 앞에서 배운 내용을 이어 다음 섹션에서 배우도록 구성해야 한다는 말이다. 현재 섹션에 처음 소개되는 내용이 있다면 이 내용을 응용하는 내용은 현재 섹션 뒤에 배치되어야 한다. 마치 블록을 하나하나 쌓듯이 내용을 섹션별

로 쌓아가야 한다.

　난이도도 서서히 높아지도록 구성한다. 처음에는 소개, 기본, 응용 순으로 진행하여 독자가 학습할 때 부담이 없도록 해야 한다.

　나열형은 단순하다고 해서 매우 쉬워 보이지만 실제로는 제일 구성하기가 까다롭다. 각 섹션끼리 연결성을 생각해야 하기 때문이다. 원고를 쓰다고 이러한 연결성이 어긋나면 구성을 다시하는 일도 종종 생긴다. 이 구성은 파트가 없기 때문에 페이지가 많지 않은 도서에 적합하고 내용도 복잡한 내용보다는 초보자용 도서에 잘 어울린다.

파트 구분형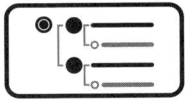

　가장 일반적으로 많이 볼 수 있는 구성이다. 우선 <u>내용을 크게 파트로 구분하고 해당 파트에 섹션으로 나누는 구조</u>이다. 이 구성이 좋은 점은 내용을 파트로 세분하여 독자들이 한눈에 원하는 파트를 찾아 볼 수 있다는 점이다. 그래서 초급자부터 중고급자 용 까지 다양하게 사용된다. 가장 일반적으로 많이 볼 수 있는 구성이다.

　이 구성을 사용할 때 주의할 점은 분량 체크를 잘 해야 한다는 점이다. <u>각각의 파트의 분량이 비슷해야 한다.</u> 파트의 분량은 파트의 전체 분량과 파트에 속하는 섹션의 개수를 말한다. 어느 파트는 짧고 어느 파트는 길면 이는 구성을 잘못했다는 것을 말한다. 이러한 경우 다시 파트를 재구성해야 한다. 도서 구성을 잘 했는지 확인할 때 분량 구성이 잘 돼었는지 체크한다. 이 부분이 초보자와 전문가를 나누는 기본 사항 중 하나이다.

하위 타이틀 구분형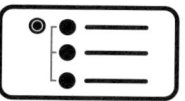

이 구성은 파트 서브 목차형의 각 섹션에 하위 목차가 있는 구성을 말한다. 목차를 구성할 때 가능한 하위 목차를 만들지 않는 것이 좋다. 하위 목차가 많을수록 독자들이 볼 때는 복잡해 보이기 때문이다. 그러나 내용이 많고 분류가 많은 원고는 하위 목차가 필요할 때가 있다. 이럴 때 이 구성을 사용한다. 어떠한 경우에는 하위에 또 하위의 목차가 필요할 때도 있을 것이다. 이렇게 하위에 하위의 목차를 만들다 보면 끝도 없이 하위 목차가 발생한다. 이는 매우 잘못된 구성이다. 최대한 하위를 줄이는 것이 전문가적인 목차 구성이다. 만일 하위가 계속 생긴다면 목차 구성을 다시 설정하도록 한다.

보통 정보를 자세하게 소개하는 매뉴얼 도서에 많이 사용한다. 복잡한 구성이다 보니 초보자 도서보다는 중고급 난이도의 딱딱한 내용들이 많다. 그리고 전체적으로 파트 구분형 구성인데 일부 특정 섹션에서만 하위 타이틀을 사용하는 경우도 있다.

원고 구성에 대해서 알아보았다. 크게 3가지로 구성을 나누어 보았다. 원고의 특성에 따라 구성을 설정하는데 가장 기본은 파트 구분형이다. 이 구성을 기본으로 잡고 목차를 구성해 본다. 이때 최대한 간결하게 만드는 것을 목표로 설정해야 한다. 그런 다음 나열형으로 구성이 가능한지 설정해본다. 하위 타이틀형은 파트 구분형으로 부족할 경우 어쩔수 없는 경우 설정하도록 한다.

목차 구성에 맞지 않는다면 목차를 처음부터 다시 해야 한다. 목차 구성 때 제대로 설정하지 않고 진행하면 나중에 원고 집필 중 원고를 다시 써야 하는 문제가 발생한다. 그러므로 목차 구성에 신경을 써야 한다.

초보자들도 가장 힘들어하는 부분이고 전문가들도 도서의 완성도를 체크할 때 제일 먼저 확인하는 부분도 목차 구성인 것 만큼 매우 어려운 작업이다. 목차를 잘 설정하기 위해서 필요한 스킬은 잘 만들어진 도서를 많이 참고하는 것이다. 그리고 많이 해보고 많이 수정하는 작업을 많이 하는 것이다. 수정을 피하지 말고 적극 수정하는 습관을 가지도록 한다. 이렇게 작업하다 보면 좋은 목차를 만들 수 있을 것이다.

앞에서 가장 기본이 되는 3가지 구성 방법을 소개했다. 이 구성을 중심으로 연습하고 익숙해지면 다양한 구성도 만들어 보도록 한다. 도서의 내용에 따라 다양한 구성이 존재하기 때문이다. 다각도로 구상하면서 도서에 잘 어울리는 목차를 만들어 보자.

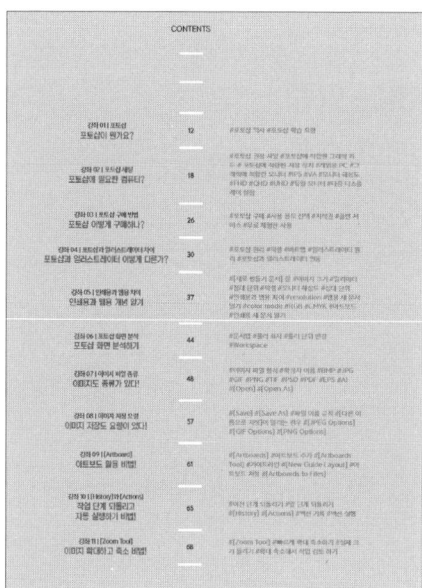

나열형

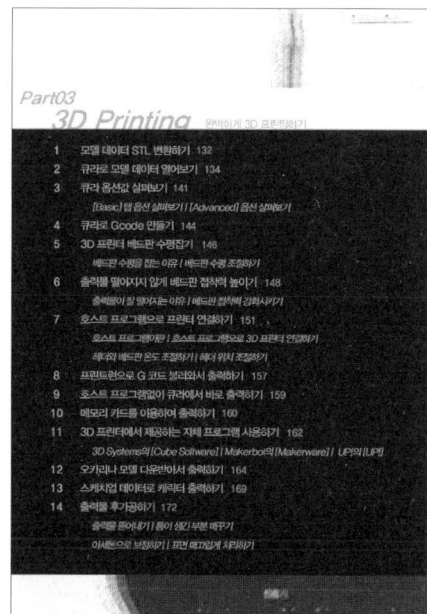

하위 타이틀형

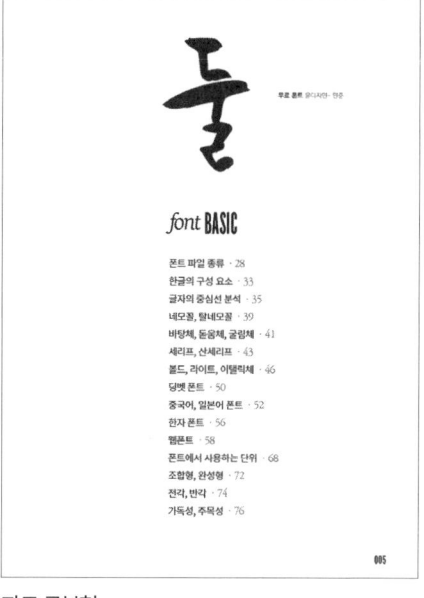

파트 구분형

2장 | 책의 핵심은 목차! {목차 잘 구성하는 비결}

❻ 목차 작성 잘하는 요령

막상 목차를 만들려고 하면 무엇부터 해야 할지 막막할 것이다. 여기서는 필자가 경험을 통해 습득한 목차 잡는 방법을 소개한다. 반드시 이렇게 할 필요는 없지만 목차 만들기가 힘들다면 한번 따라해보길 바란다. 많은 도움이 될 것이다. 목차 작업을 할 때 중요한 점은 한 번에 목차를 완성할 생각을 버려야 한다는 것이다. 그리고 처음부터 너무 많은 생각을 해도 안 된다. 시작도 전에 제 풀에 지치기 십상이기 때문이다. 여기서 소개하는 방법대로 하나하나 단계별로 진행하면 어렵지 않게 목차를 구성할 수 있을 것이다.

[1단계] 이 책의 차별점을 적어본다

우선 내가 쓸 책이 어떠한 내용을 다룰지 생각해 본다. 그리고 이 책이 다른 책과 어떤 차별점이 있는지도 생각해본다. 생각한 내용을 종이에 러프하게 적어본다. 이때 어떤 규칙도 필요없다. 그냥 생각나는 대로 적어 본다. 굳이 서술형으로 적을 필요도 없다. 생각나는 단어만 적어도 된다. 머리에서 필터링 없이 적는 것이 매우 중요하다.

자! 여러분이 적은 것이 여러분 도서의 특징이다. 여기서 적은 내용을 참고하여 도서의 제목을 설정할 때 키워드가 될 것이다.

[2단계] 이 책에 꼭 다룰 내용을 특징별로 적어본다

이번에는 이 책에 꼭 다루고 싶은 내용을 적어본다. 역시 머리에서 필터링하지 말고 적어본다. 내용순으로 적을 필요도 없다. 한 번에 모든 것들이 나오지 않을 수 있다. 여기서는 세세한 내용을 적기보다 반드시 넣어야 할 중요한 내용을 위주로 적는 것이 핵심이다. 반드시 넣어야 할 내용이 아닌 내용은 여기에 적지는 말자. 여기서는 도서에 꼭 포함시켜야 할 주요 핵심 내용만 적도록 한다.

[3단계] 내가 쓸 내용을 적는다

앞에서 도서에 꼭 넣어야 할 내용을 적었다면 여기서는 도서에 소개할 내용을 조금 세세하게 적어본다. 앞에서는 핵심 내용만 적었다면 여기서는 생각 나는 모든 내용을 적어본다. 이 작업은 단번에 작업되지 않을 것이다. 시간을 가지고 기록해보자. 또는 참고 서적도 찾아보면서 도서에 넣으면 좋을 내용을 찾아보는 것도 좋다. 평소에 메모장을 들고 다니면서 생각나는 대로 적는 것이 좋다. 가능한 많이 적는 것이 좋다. 앞에서 소개한 메모 앱을 이용하면 좋다. 필자도 평소에 생각나는 내용을 메모 앱으로 적어둔다.

여기서 중요한 점은 내가 아는 내용만으로 정리할 생각을 하지 말아야 한다. 다양한 자료를 참조하여 좋은 내용을 찾아서 해당 파트에 넣도록 한다. 그리고 도서의 성향에 따라 요즘 트렌드 정보도 찾아서 넣는 것도 좋다. 그만큼 이 단계에서는 다양한 정보를 찾아서 내 도서에 넣고 싶은 내용을 적는 것이 중요한 단계이다. 여기서 적은 내용은 이 도서에 다룰 내용이다. 나중에 이 내용을 정리하여 섹션 구성을 할 것이다.

[4단계] 내용을 크게 나눠본다

앞에서 작업하면서 이 책에서 대해서 많이 구상했을 것이다. [3단계]에서 적은 내용을 내용별로 분류해 보자. 간단하게 파트를 만들어 보자는 이야기다. 처음에는 분류할 영역이 많을 것이다. 비슷한 영역은 합치면서 가능한 6개의 파트를 넘지 않도록 조절해보자.

파트는 앞에서 소개한 방식대로 앞부분에는 소개 파트, 그 다음은 입문, 다음은 기본과 활용 등의 내용을 다룬다. 매뉴얼적인 도서라면 보다 기능적으로 내용을 분류할 수도 있을 것이다. 이러한 틀을 중심으로 파트를 구성해 본다.

앞에서는 단순하게 내용을 찾아서 적었다면 이번에는 많은 고민을 하게 되는 단계일 것이다. 그러나 앞에서 내용을 찾느라고 많은 분석을 했기 때문에 조금은 정리하기 쉬울 것이다. 파트 구성은 목차 구성에서 매우 중요한 역할을 한다. 파트를 어떻게 구성하는가에 따라 도서의 색깔이 정해지기 때문이다. 그리고 파트를 잘못 잡으면 저질의 도서로 만들어지기도 하므로 정말 신중하게 파트를 나누도록 한다.

잘 안 되면 억지로 작업하지 말고, 다시 참고 도서를 참조하면서 재정비한 후 다시 작업하도록 한다. 이러한 과정을 겪다보면 조금씩 다듬어지는 것을 느낄 것이다. 경험이 많으면 많을수록 이러한 작업에 걸리는 시간도 줄어 들 것이다.

[5단계] 섹션을 구성하자

파트를 나누었으면 파트를 구성하는 섹션을 만든다. [3단계]에서 적어 둔 내용을 참조하여 해당 파트를 찾아 넣어 둔다. [2단계]에서 적은 꼭 들어갈 내용은 반드시 해당 파트를 찾아서 넣도록 한다. 처음에는 섹션 순서는 신경쓰지 말자. 개수도 생각하지 말자. 무조건 들어갈 내용을 많이 적자. 이때부터는 러프하게 작업하는 것이 아니라 체계적으로 작업할 필요가 있으므로 메모지에 적지 말고 엑셀처럼 정리할 수 있는 프로그램을 이용하여 적는 것이 좋다.

섹션을 구성할 때는 많은 생각을 하지 않는 것이 좋다. 이 내용을 이 파트에 넣으면 좋을까? 좋지 않을까? 라는 고민은 지금하지 말자. 무조건 적합한 파트에 내용을 많이 찾아서 넣는 것이 중요하다.

[6단계] 다듬자

자! 어느 정도 파트와 섹션이 만들어졌으면 매끄럽게 다듬어야 한다. 섹션 내용이 서로 겹치지는 않는지, 섹션끼리 합쳐야 하는 부분은 없는지 확인한다. 겹치는 부분은 삭제하고 합쳐야 할 부분은 합친다.

섹션으로의 존재감이 부족한 내용도 있을 것이다. 이러한 경우 다른 관련 섹션에 내용을 포함시키도록 하자. 섹션은 큼직한 핵심 내용이지 팁 정보가 아니기 때문이다. 팁 정보에 가까운 내용은 엑셀에서 해당 섹션 옆에 칸을 만들어서 적어 둔다. 이 부분은 잊지 말고 해당 섹션에서 다루도록 한다.

어느 정도 정리되었으면 섹션의 순서를 정해보자. 이야기 순으로 정렬하면 된다. 정리하다 보면 위치가 잘못된 부분도 발생할 것이다. 만일 이러한 경우가 있다면 적당한 위치로 이동하면서 정리한다.

이번에는 파트 안의 섹션 개수를 살펴보자. 각 파트 별로 섹션 개수를 균등하게 맞추도록 한다. 만일 아무리 맞추어도 안 된다면 파트 구성을 잘 못한 것이다. 파트에 섹션이 너무 많다면 내용에 맞게 파트를 분리한다. 반대로 파트 분량이 너무 적다면 다른 파트와 합쳐서 볼륨감을 균형있게 만든다.

이 단계는 앞 단계와 다르게 생각과 고민을 많이 하게 될 것이다. 해당 내용이 해당 파트에 적합한가? 이 내용은 다른 내용과 비슷한 거 같은데 합쳐야 할까? 해당 파트에 내용이 너무 많은데 어떻게 해야 하지? 등등 수많은 고민을 하게 될 것이다. 우리는 이 고민을 하나하나 해결하면서 목차를 정리해야 한다. 목차를 다 정리한 후에도 전반적으로 재검토를 하여 목차를 다듬도록 하자. 이러한 과정을 여러 번 거치다보면 더 이상 문제가 없어 보는 단계가 올 것이다. 그 단계까지 고민에 고민을 하면서 다듬어야 한다.

[7단계] 원고 집필 중 수정

앞에서 그렇게 고생해서 만든 목차는 과연 완벽할까? 그렇지 않다. 원고를 쓰지 않은 상태에서 만든 목차이기 때문에 원고 작성 중에 변화가 생기기 마련이다. 가능한 원고를 쓰는 과정에서는 목차를 수정하지 않는 것이 좋다. 자칫 잘못 수정하면 전체 목차의 변경이 생기고 결국에는 원고를 다시 써야 하는 문제가 발생하기도 하기 때문이다. 그러나 필자의 생각은 다르다. <u>좋은 도서를 만들려면 원고를 다시 써야 하는 일이 생긴다 하더라도 필요에 따라 목차를 재구성하는 작업을 피하지 말아야 한다고 생각한다.</u> 필자도 처음에는 목차를 재구성해서 원고를 다시 쓰는 일이 많았다. 아무리 목차를 잘 잡아도 원고를 쓰다보면 달라지기 때문이다. 많은 도서를 집필한 후에는 원고를 다시 쓰는 일은 거의 없어졌지만 지금도 필요하다면 원고를 다시 쓰는 일을 주저하지 않는다. 원고를 빨리 엎을수록 시행착오를 줄이고 더 좋은 원고를 얻을 수 있다. 아깝다고 원고 엎는 타이밍을 놓치면 나중에는 더 힘들어 진다는 점을 기억하자.

<u>목차는 원고가 끝나는 순간까지 계속해서 변화되고 수정해야 하는 작업이</u>라는 것을 잊지 말도록 하자.

문학 작품 목차 만드는 요령

시, 수필과 같은 문학 작품인 경우 앞에서 소개한 방법과 목차 구성하는 방법이 다르다. 대부분 시와 수필은 작품을 먼저 써놓고 작품을 묶어서 책으로 내는 경우가 많기 때문이다. 어떠한 경우는 도서 기획을 먼저 하고 기획에 맞게 도서를 집필하는 경우도 있다. 각각의 방법에 따라 목차 구성을 어떻게 하는지 알아보자.

먼저 도서 기획을 먼저하는 문학 도서는 처음부터 책을 쓰기 위한 목적으로 도서를 기획하고 그 기획에 맞게 작품을 쓰는 경우이다. 보통 콘셉트를 잡고 콘셉트에 맞게 파트를 구분한 후 기획에 맞게 작품을 집필하는 경우다. 소설이나 연작 작품에서 주로 사용한다. 기획에 맞게 집필을 새로 하는 경우라 집필 기간도 오래 걸린다.

이미 써놓은 작품을 묶어서 도서를 출간하는 경우는 시, 수필과 같은 단편적인 작품을 쓸 때 주로 사용하는 방식이다. 이와 같은 경우 먼저 작품들을 분석해서 특징을 조사해야 한다. 그리고 도서에 담을 작품을 추려내도록 한다. 작품성이 떨어지거나 준비하는 도서와 어울리지 않은 작품들은 빼고 도서에 알맞은 작품은 골라낸다. 작품을 정리해서 시 작품은 60편 정도, 수필은 50편 정도 준비한다.

```
차례                사인의 말 · 4              작품 해설 · 96

1부   느닷없이                      2부   가여움


햇살_14                              엄-니_32
껍질_15                              가여움_33
기억을 물고 와_16                      심자가_34
어둠_18                              신 심청전_35
자불녀_19                             디코이_36
어쩌면_20                             골목_37
안부_21                              부활_38
입적_22                              새 떼_40
잃어버린 봄_24                         새들은 다 어디로 갔을까_41
어깨_26                              白夜_42
느닷없이_28                           마로니에_43
무심천_29                            베토벤 교향곡 5번_44
```

시집 목차

 그리고 조사한 특징들을 중심으로 작품들을 묶을 파트를 구분한다. 먼저 전체적으로 **도서의 주제를 찾자**. 그리고 그 주제에 맞게 파트를 구성하자. 도서 주제가 '추억'이라면 추억을 의미하는 단어로 나누거나 시간과 관련된 단어로 나누면 된다. 예를 들어 어린 시절, 가족, 사랑, 삶 등으로 구분하거나 봄, 여름, 가을, 겨울, 그리고 봄 등 계절로 나눌 수도 있을 것이다. 파트로 나눈 내용이 정확하게 부합하게 하기는 어려우므로 잘 아우를 수 있도록 하자. 파트명은 굳이 새로운 이름을 지정하지 않고 작품 제목을 사용하는 경우도 많다.

 이렇게 구분한 파트에 해당되는 작품들을 분류한다. 이때 파트의 개수는 너무 많아도 않되고 너무 적어도 안된다. 보통 5~6개의 파트로 설정하는 편이다. 각 **파트에 들어갈 작품의 수는 10개 정도로 맞춘다**. 가능한 파트별로 작품의 개수를 비슷하게 맞추도록 한다.

시는 한 작품당 보통 1~2 페이지, 수필은 3~4 페이지 정도 할애되므로 시집은 150 페이지 내외, 수필집은 250 페이지 내외가 나오게 된다. 본문 분량에 차례, 도비라, 작품 해설 등의 추가되는 페이지를 포함하면 대략 이 정도 페이지가 나오게 된다. 단 이는 보편적인 작품의 분량을 기준으로 설정한 것으로, 작품 길이가 길다면 더 많은 페이지가 나올 수 있으므로 페이지 설정할 때 반영하도록 한다.

시집은 150 페이지, 수필은 250 페이지에 맞추는 이유는 작품이 주는 볼륨감으로 적당하기 때문이다. 시집은 너무 두꺼우면 무거워 보인다. 시는 상대적으로 짧은 글인데 짧은 작품들이 자주 반복해서 나열되어 있으면 독자는 부담을 느끼기 때문이다. 수필은 시보다 긴 작품이지만 이 역시 파트에 10편 이상 담으면 지루해 보이기 십상이다. 이 기준은 통상적인 방법이지 절대적인 기준은 아니므로 참고하기 바란다.

전체 작품이 적은 경우 글자의 크기를 크게 하고 여백을 많이 넣고 종이도 조금 두꺼운 종이를 사용해서 분량이 있어 보이게 만든다. 요즘에는 적은 분량으로 볼륨감 있는 책을 만드는 경우가 많다.

작품 분류를 맞추었으면 <u>파트에 넣은 작품의 순서도 정리</u>한다. 보통 작품성이 좋거나 강조하고 싶은 작품을 상위에 배치한다. 이는 작품을 배열을 하는 방법 중 하나이지 반드시 이렇게 해야 할 필요는 없다. 내용의 구성을 중시한다면 파트 내의 작품을 유기적으로 연결하여 배치하기도 한다.

8
섹션 이름 지정하는 요령

목차를 만들었다면 목차를 구성하는 각 섹션의 이름을 정리하도록 하자. 특히 원고를 투고하거나 이 도서를 제안하는 목적이라면 더욱 섹션 이름을 지정하는 데 공을 들여야 한다.

섹션 이름을 지정할 때는 이 섹션에서 다루고 싶은 내용이 담겨 있어야 한다. 그렇다고 섹션 이름이 너무 복잡해서도 안된다. 어렵다면 이렇게 한 번 해보자. 해당 섹션에서 다루고 있는 내용의 단어들을 적어 보자. 적었으면 이 단어들을 조합하여 섹션 이름을 지정하면 된다.

그다음은 섹션 이름의 규칙을 통일하도록 한다. 예를 들어 서술형으로 지정했다면 모든 섹션 이름을 서술형으로 지정하고 명사형으로 지정했으면 모든 섹션 이름을 명사형으로 통일한다. 초보자들이 가장 실수하는 부분이 섹션 이름을 통일하지 않는 것이다. 이러한 디테일의 차이가 전문가와 비전문가를 나누는 기준이 된다.

그리고 섹션 이름은 단문으로 간결하게 설정하고 문장 길이도 최대한 짧게 설정한다. 도서를 구매할 때 섹션 이름을 누구도 신중하게 읽지 않는다. 그러므로 대충 보아도 무엇인지 알 수 있도록 단문으로 직관적으로 표현해야 한다. 그리고 문장이 길면 길수록 내용을 파악하기 어려우므로 짧게 쓰도록 한다.

대중 도서라면 유행어나 트렌드를 반영하는 것도 좋은 방법이다. 서점에서 신간 도서들을 살펴보면 다들 문장들이 비슷한 것을 볼 수 있다. 그 시대의 트렌드를 반영하고 있기 때문이다. 트렌드를 반영하면 독자들의 공감을 사기 좋기 때문에 도서 선택에 큰 도움을 준다. 단 너무 과도하면 품격을 떨어뜨려 오히려 안 좋은 결과를 초래할 수 있으므로 적당하게 반영하자.

섹션 이름을 지정하는 작업은 매우 고단한 작업이다. 예전에 섹션 이름을 정하는 데만 한 달이 걸린 적이 있을 정도다. 제안을 목적으로 할 경우에는 나중에 수정하는 일이 있더라도 가능한 목차 작업 때 섹션 이름 지정까지 마무리하도록 한다. 그렇지 않다면 대신 처음에 섹션 이름을 대충 지정하고 원고 집필을 끝낸 후 마지막 단계에서 다시 설정하는 것도 방법이다.

대부분 메이저 출판사에서는 섹션 이름 지정에 매우 공을 들이며 도서 편집이 완료된 후까지도 수정하기도 한다. 그만큼 중요한 작업이므로 앞에서 소개한 규칙을 참고하여 나만의 섹션 이름을 만들어 보도록 하자.

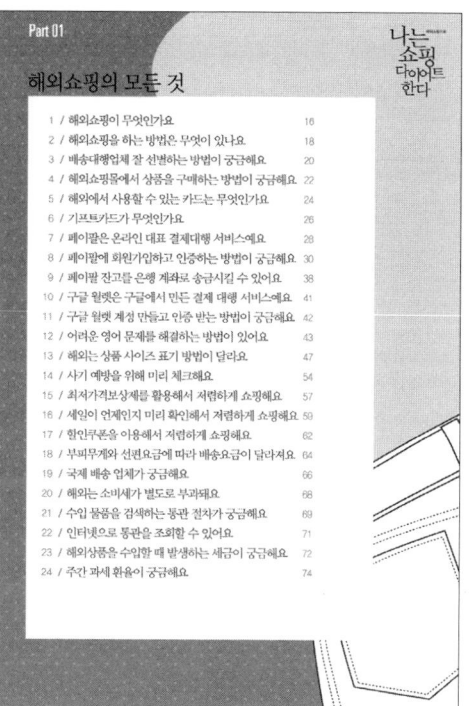

섹션 이름을 '~요'로 끝나도록 통일하였다.

PART1 스트레칭과 마사지 꼭 하세요

스트레칭이 왜 필요한가요 … 10

마사지로 근육의 피로를 풀어줘요 … 13

근육통은 왜 생기나요 … 16

근육통 이렇게 줄일 수 있어요 … 18

근육의 움직임을 살펴봐요 … 21

마사지 건을 살펴볼까요 … 25

좋은 마사지 건은 이렇게 고르세요 … 30

마사지 건 이렇게 핸들링하세요 … 33

마사지 건 이렇게 사용해요 … 35

마사지 볼 이렇게 사용해요 … 39

폼 롤러 이렇게 사용해요 … 42

서술형 목차

깨끗하고 안전하게 자동차 타는 방법 000000002

01 자동차 운전 시 항상 확인해야 할 사항 52
02 타이어 공기압 확인 53
03 타이어 확인 및 교체 방법 55
04 램프 점등 검사 57
05 와이퍼 동작 검사 59
06 보닛 여는 방법 61
07 자동차에 필요한 오일 점검 62
08 와셔 액 점검 69
09 배터리 점검 70
10 에어클리너 점검 71
11 트렁크에 비치할 비상용품 72

명사형 목차

❾ 도서 제목 만드는 요령

도서의 제목은 도서의 모든 것을 표현하는 대표적인 네이밍이다. 도서의 제목의 중요성을 말하지 않아도 알 것이다. 같은 원고라도 어떤 제목을 설정하는 가에 따라 판매량이 달라질 정도로 제목은 아주 큰 역할을 담당한다. 그럼 도서 제목은 어떻게 설정하는지 알아보자.

도서 제목은 유행에 민감하다. 해당 시기에 유행하는 트렌드를 따르는 경향이 강하다. 그만큼 공감대를 형성하기 쉽기 때문이다. 이러한 트렌드를 찾으려면 요즘 유행하는 콘텐츠를 찾아보고 그 속에서 도서의 제목들을 찾아보자.

꼭 포함할 단어로 직관적으로!

간단하게 도서 제목을 잘 짓는 방법은 '직관적으로 표현하라'라고 말하고 싶다. 먼저 이 도서를 대표하는 단어나 문장들을 적어보자. 이때 필터링 없이 생각나는 대로 무작위로 적는다. 그런 다음 적어둔 단어나 문장 중 제목에 꼭 포함해야 할 핵심 내용을 체크해보자. 그리고 이 내용들을 조합하여 제목을 만들자. 여러 개의 제목을 만들어 보자. 이때도 복잡하게 생각하지 말고 단순하게 많이 조합하는 것에 집중하자. 만들어진 제목 중에 괜찮은 것을 골라낸 후 잘 꾸며서 제목으로 만든다. 그래도 마음에 드는 것이 없다면 같은 방법으로 마음에 드는 제목이 나올 때까지 다시 조합하여 제목을 뽑아 내도록 한다.

도서의 목적이 제목으로

도서 제목을 열심히 짓다보면 도서에 담아야 할 핵심 내용과 관계없이 다른 방향으로 가는 경우가 발생하기도 한다. 특히 요즘 유행에 따르다가 이 도서의 내용과 무관하게 휩쓸리는 경우가 많다. 정말로 이러한 최악이 상태로 가는 길을 막기 위해서는 이 <u>도서의 목적을 포함하는 서술형의 제목을 적어두고 이 제목을 보면서 큰 틀에서 벗어나지 않도록 한다.</u> 이와 같이 도서 제목은 유행을 따르는 것도 중요하지만 정말로 제목에 담아야 할 핵심이 포함되어 있어야 한다는 사실을 잊지 말자.

유행을 따르자!

도서의 내용도 그 시기의 유행에 민감하듯이 도서 제목도 유행을 따른다. 요즘 대세인 유행어를 참고하여 제목을 만들면 이목을 집중시킬 수 있다. 단, 책이 가벼워 보일 수 있고 유행이 끝날 때쯤에는 도서가 올드해 보일 수 있다는 점 또한 명심하기 바란다. 유행어를 잘 참고하면 좋지만 그렇지 않은 경우 단점이 더 많을 수 있으니 제목을 정할 때 신중하도록 한다.

소제목을 공략하자!

도서의 제목 이외에 소제목도 있다. 소제목은 제목을 부각시켜주는 보조 제목이다. ISBN을 등록하거나 도서 정보를 입력할 때 소제목란이 있으며 소제목의 내용도 도서 검색에 반영된다. 그러므로 도서 제목에 미처 포함시키지 못한 단어를 소제목에 넣으면 도서 검색에 많은 도움을 받을 수 있다.

시리즈 명칭에 신경 쓰자!

여러 권의 도서를 준비하고 있는 경우 웬만하면 같은 시리즈로 묶는 것이 좋다. 예를 들어 21세기북스 출판사의 취미 도서로 [탐탐] 시리즈가 있는데 이 시리즈에 와인, 레진아트, 식물 등을 소재로 한 도서들이 있다. 시리즈로 묶어두면 해당 도서를 검색 시 같은 시리즈의 다른 책도 함께 검색되어 시너지 효과를 누릴 수 있다. 길벗의 [무작정 따라 하기!], 유노북스의 인문서 시리즈 [마흔에 읽는] 서양 고전 등이 시리즈명이며 도서 제목만큼이나 시리즈명 작명이 매우 중요하다. 시리즈명 또한 도서 정보 입력 시 등록되는 항목으로 도서 검색에 많은 도움을 줄 수 있다.

많은 시간을 투자하자!

많은 시간을 제목 설정에 투자하는 것이 좋으므로 도서 집필과 함께 도서 제목도 함께 고민하기 시작하자. 좋은 아이디어가 떠오르면 바로바로 메모해 둔다. 그렇게 적어둔 메모를 참조하면 좋은 제목이 나올 확률도 높아진다. 이때 주의할 점은 하나의 제목을 뽑아내려고 애를 쓰지 말자. 생각나는 제각기의 내용을 적어두자. 그렇게 해서 적어둔 내용들을 합치거나 잘라내거나 버리거나 하면서 조합해서 만들어 내도록 하자. 이렇게 고민하다보면 책 집필이 끝날 즈음에 좋은 제목도 만들어질 것이다.

도서 제목을 잘 짓는 방법에 대해서 알아보았다. 이대로만 하면 좋은 제목을 지을 수 있으면 좋지만 꼭 그렇지는 않다. 경험이 많을수록 제목을 잘 만들겠지만 경험이 많다고 제목을 잘 만드는 것도 아니다. 그만큼 어려운 부분이 제목 설정이 아닐까 생각한다. 도서 제목만 한 달 동안 잡았던 기억이 있다. 이때 이 도서 담당자들이 온종일 제목만 생각하느라 하늘을 쳐다봐도, TV를 쳐다봐도 제목만 생각했던 적이 있다. 그만큼 제목을 설정하는 것은 매우 어려운 일이다. 그러므로 앞에서 소개한 방법을 참조하여 오랜 시간을 두고 도서 제목을 설정하도록 하자.

도서 제목 : 킥스타터 혁명
부제목 : 아이디어 하나로 성공하는 스타트업 전략!

아이디어, 킥스타터, 스타트업 핵심 단어를 포함

도서 제목 : 홈카페로 더 싸고 맛있게 커피 즐기는 비결
부제목 : 홈카페를 준비하는 초보자를 위한 본격 커피 추출 입문서

홈카페, 커피, 커피 추출, 초보자 핵심 단어를 포함

도서 제목 : Wine for Beginners
부제목 : 초보자를 위한 와인의 이해

와인, 초보자, 와인의 이해 핵심 단어를 포함

도서 분량 체크하는 요령

목차를 구성할 때 전체 페이지도 감안해서 작업해야 한다. 300페이지로 구성했는데 500페이지가 나오거나 100페이지만 나오면 안 되기 때문이다. 정확하지는 않지만 여기서 알려주는 방식을 사용하면 대략적인 페이지를 맞출 수 있다.

먼저 한 개의 섹션의 페이지 분량을 세팅한다. 섹션은 하나의 주제로 소개하는 구성으로 보통 독자가 한 번에 볼 수 있는 분량으로 설정한다. 너무 길면 지루하고 너무 짧으면 시시해질 수 있기 때문이다. 보통 샘플 원고를 작성하면서 섹션의 분량을 체크한다. 보통 6~8페이지를 기본으로 설정하는 편이다. 8페이지가 넘어가면 쉽게 지루해질 수 있다. 이는 기본적인 학습형 콘텐츠를 기준으로 설명한 것이므로 절대적인 기준은 아니다.

자! 그럼 한 섹션을 6~8 페이지라고 가정해보고 평균값인 7페이지를 한 섹션의 분량으로 잡도록 한다. 어떤 섹션은 6페이지가 나올 수 있고 어떤 섹션은 8페이지가 나올 수 있기 때문이다. 만일 내용이 전체적으로 길거 같다면 8페이지로 설정하는 것도 좋은 방법이다. 섹션당 페이지는 샘플 원고를 통해 대략적인 페이지를 구할 수도 있다.

섹션 당 페이지를 세팅했다면 목차에서 전체 섹션의 개수를 세어 보자. 한개의 섹션을 8페이지로 잡고 20개의 섹션으로 구성했다면 160 페이지가 나오게 될 것이다. 여기에 차례 페이지, 도비라 페이지 등등의 기타 영역 페이지로 20페이지 정도 설정하면 총 180페이지가 나오게 된다.

이와 같이 페이지를 계산하면 대략적인 페이지를 구성할 수 있을 것이다. 여기서 중요한 점은 섹션을 지정한 페이지에 맞게 잘 설정하는가이다. 중요한 포인트를 잘 잡아 지정한 페이지에 잘 녹일 수 있다면 좋지만 그렇지 않다면 지정한 페이지보다 적게 나오거나 많이 나오게 될 것이다. 적게 나오는 경우 페이지를 맞출려고 내용을 늘리게 되고 페이지가 너무 많이 나오게 되면 내용을 줄이려고 하게 될 것이다. 이는 낮은 품질의 원고가 나오게 되는 지름길이다.

섹션에 담을 내용 구성을 잘 잡으면 좋겠지만 이는 많은 경험이 필요한 영역이다. 필자도 초기에는 섹션 구성을 잘 못해서 원고를 뒤집은 경우가 매우 많았다. 그러다 보니 시행착오를 줄일 수 있는 방법을 찾게 되더라. 그래서 원고를 쓰기 전에 섹션마다 섹션에 담을 내용을 미리 적어 두었다. <u>섹션에 어떤 내용을 담을지 중요한 포인트를 보통 3개 정도를 적는다.</u> 어떤 섹션은 넣을 내용이 많다면 이 섹션은 2개로 나눌 필요가 있는 것이고 반대로 넣을 내용이 없다면 이 섹션은 부실한 것이므로 다른 섹션과 합치거나 삭제하는 등의 재조정이 필요한 것이다.

섹션에 담을 내용은 목차 작업할 때 엑셀로 작업하는 것이 좋다. 엑셀에서 목차를 작성한 후 섹션 이름 옆에 3~4개 칸을 추가한 다음 섹션에 다른 내용을 들어갈 내용을 적으면 된다. 이렇게 적다보면 내용 간에 겹치는 부분도 발견할 수 있고 섹션 구성의 문제점도 찾을 수 있다. 만일 20개의 섹션이라면 60개의 작은 섹션이 만들어지는 셈이다. 이 작은 섹션을 만들고 서로간에 간섭은 없는지 찾는 작업은 쉽지는 않을 일일 것이다. 하지만 이 작업을 잘 해두면 나중에 원고를 다시 쓰거나 하는 문제가 덜 발생하게 된다.

전체 페이지를 설정하는 방법과 섹션 구성을 세밀하게 구성하는 방법에 대해서 알아보았다. 앞에서부터 계속해서 목차 구성의 중요성에 대해서 설명하고 있는데 그만큼 목차 구성을 제대로 해야 원고의 오류를 줄일 수 있기 때문이다. 필자가 그동안 겪은 방법을 알려드렸으니 직접 시행해보고 나만의 경험을 만들어 보도록 하자.

	섹션 서브 제목	서브1	서브2	서브3	서브4
1	스마트폰 사용 준비하기	스마트폰 살펴보기	새로운 연락처 등록하기 - 새로운 연락처 등록하기 - 최신 통화 목록 연락처로 등록하기 - 연락처 편집하기	메시지 주고 받기 - 메시지 보내기 - 메시지 확인하고 답메시지 보내기 - 메시지 삭제하기 - 대화형 문자 메시지 보내기	홈 화면 꾸미기 - 배경화면 꾸미기 - 폰트 바꾸기 - 자주 쓰는 프로그램을 홈 화면에 바로가기 만들기 - 홈 화면 위젯 설치하기
2	인터넷과 앱으로 정보 구하기	인터넷으로 정보 찾기	앱스토어로 중앙일보 앱 설치하기	게임 앱으로 고스톱 즐기기	
3	알림으로 중요한 순간 놓치지 않기	정해진 시간에 알람 울리게 하기	약 복용 시간 관리하기	중요한 날 스케줄로 등록하기	
4	스마트폰 유용하게 이용하기	스마트 정보 큰 글자로 보기	스마트폰을 돋보기로 이용하기	스마트폰을 손전등으로 이용하기	
5	건강 관리하기	내 건강 상태 체크하고 관리하기	척추측만증 체크하기	만보기로 운동량 체크하기	
6	사진으로 추억 남기기	사진과 동영상 촬영하기	사진 재미있게 편집하기	바탕화면에 가족 사진 넣기	
7	음악 듣고 노래 연습하기	MP3 음악 파일 스마트폰으로 듣기	네이버 뮤직으로 음악 골라듣기	가라오케로 노래 연습하기	라디오 듣기
8	가고 싶은 마음대로 찾아가기	다음 지도 앱으로 위치 찾아보기	버스 교통 정보 보기	스마트폰으로 네비게이션 이용하기	
9	친구와 정보 공유하기	카카오 스토리로 정보 나누기	시니어 잡 직업 구하기	시니어 커뮤니티로 정보 공유하기	
10	은행 업무 관리하기	스마트폰 은행 서비스 신청하기	계좌 정보 확인하기	계좌 이체 하기	
11	정보보안, 백신 사용법 이용하기	정보보안	백신		

엑셀을 이용하여 목차를 작성한 경우

3장
원고는 어떻게 쓰지?
{원고 작성 요령}

❶ 샘플 원고 쓰기

원고를 쓰다보면 원래 취지와 달라지거나 원고의 흐름이 뒤죽박죽되는 문제를 겪을 수 있다. 이것은 목차의 구성을 제대로 설정하지 않거나 원고의 규칙을 제대로 설정하지 않고 집필해서 생기는 문제이다.

이러한 문제를 줄이기 위해서 샘플 원고를 작성한다. 샘플 원고란 말 그대로 원고 집필 전에 원고의 일부를 미리 써보는 것을 말한다. 샘플 원고는 작성한 목차에서 도서의 핵심이 될 만한 섹션을 골라서 집필하도록 한다. 보통 2~3 섹션 정도 골라서 원고를 써본다.

샘플 원고를 작성하는 작업은 보통 출판사에서 목차 구성이 끝나면 저자에게 요구하는 작업이기도 하다. 이 작업을 하는 이유는 샘플 원고를 써보면서 원고의 규칙을 설정하고 원고의 분량도 체크할 수 있기 때문이다. 그리고 앞으로 원고를 어떻게 쓸지 대략적인 스타일도 확인할 수 있다. 반대로 기획했던 대로 집필이 되지 않거나 저자의 집필 능력도 확인할 수 있다. 원하는 결과가 나오지 않는다면 원고 진행을 포기하기도 한다.

출판사에서 샘플 원고 작업을 통해 기획의 타당성도 보지만 저자의 능력과 저자의 성실성도 파악한다. 샘플 원고는 1~2주 정도의 시간을 주는데 그 기간 동안 작성하지 못하면 저자의 성실성이 부족하다고 판단하여 원고 진행을 보류하기도 한다. 실제로 샘플 원고 진행 단계에서 종료되는 경우도 허다하다.

작성된 샘플 원고를 통해 도서로 만들었을 때 원고 구성이 잘 되는지 확인한다. 기획자와 저자의 협의를 통해 수정할 사항을 파악한다. 필요에 따라 수정 샘플 원고를 요구할 수도 있다. 이러한 과정을 마친 후에 비로소 샘플 원고가 마무리된다.

이렇게 만들어진 샘플 원고를 참고하여 도서 편집 디자이너를 통해 도서 레이아웃을 만든다. 도서 레이아웃이란 도서처럼 보이는 내용 배치를 뜻하는 것으로 보통 PC의 어도비 인디자인이나 MAC PC의 퀵 익스프레스 또는 인디자인 프로그램을 이용하여 작업한다. 이렇게 편집한 내용을 토대로 원고가 잘 배치되었고 내용과 잘 어울리는지 확인한다.

❷ 한컴 한글 문서 작성 요령

보통 원고는 한글이나 마이크로소프트의 워드 워드프레스 프로그램을 이용하여 작성한다. 보통 한글을 선호하는 편이다. 그리고 가능한 맥보다는 IBM으로 작업하도록 한다.

문서 작성 스타일은 특별하게 없다. 스타일을 설정하지 않고 기본 스타일을 이용하여 본문을 작성한다. 어떤 사람은 원고 작성할 때 예쁘게 스타일을 지정하기도 하는데 별 의미없는 작업이다. 그냥 기본 스타일로 작업하면 된다. 제목과 섹션과 서비스 제목 정도만 알아볼 수 있게 볼드체로 지정하고 글자 크기를 조금 키우도록 한다.

원고에 이미지를 삽입하는 경우가 있는데 이때도 별도의 스타일을 지정하지 않는다. 단, 이미지를 [글자처럼 취급]으로 설정하여 이미지 위치가 임의대로 움직이지 않도록 한다. 책처럼 배치한다고 그림과 글을 어울리게 꾸미는 사람들도 있는데 굳이 그렇게 할 필요가 없다. 그냥 글, 그림 순으로 나열하면 된다.

다시 정리하자면 문서를 예쁘게 꾸밀 필요가 없다는 뜻이다. 단순

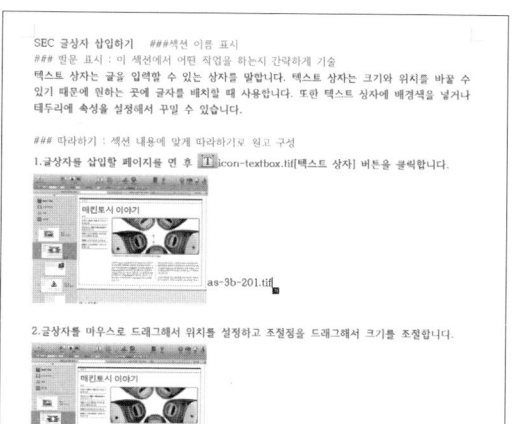

| 한글로 작성한 샘플 원고 : 편집에 참고할 내용은 ## 기호를 통해 표시해두었다.

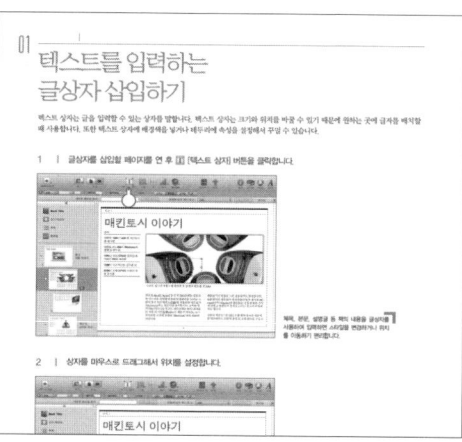

| 샘플 원고를 통해 도서 레이아웃을 설정하고 편집한 장면

하게 글과 그림을 쭉 나열해서 작성하면 된다. 어떠한 경우 글과 그림 배치를 특별하게 요구해야 하는 경우에는 주석으로 표시한다. 예를 들어 필요한 부분에 ##???? 등의 기호를 이용하여 빨간색 글자로 표시해둔다. 이렇게 표시해두면 편집자가 이 부분을 참고하여 반영해 줄 것이다. ## 표시는 임의의 기호이다. 다른 기호를 사용해도 된다. 샵을 두 개를 표시한 이유는 본문에 한 개의 # 기호가 표시되는 경우를 고려해 이것과 서로 구분하기 위한 목적이다. 예를 들어 ##로 검색을 하면 주석의 글만 찾아 볼 수 있을 것이다.

❸ 도서 사용 이미지 자료 준비 요령

원고에 많은 이미지들이 사용될 것이다. 디지털카메라로 촬영한 사진일 수도 있고 인터넷에서 다운로드 받은 이미지일 수도 있고 화면 캡쳐 이미지를 사용하는 경우도 있을 것이다. 도서에 사용하는 이미지는 아무 이미지는 사용하면 안 되고 도서 환경에 맞는 이미지를 이용해야 한다.

도서에 사용하는 이미지에 대해서 알아보기 위해 먼저 '이미지 해상도'에 대해서 알아보자. 우리 PC에서 사용하는 인터넷 검색을 통해 사용하는 이미지는 화면용 이미지이다. 해상도로 사용하는 단위에는 DPI가 있는데 DPI란 사방 1인치에 픽셀이 몇 개가 있는지를 표시하는 것을 말한다. 보통 화면용 이미지는 72dpi인데 인쇄에서 사용하는 이미지는 300dpi이다. 즉 화면용보다 4배 정도 많은 픽셀이 필요하다. 이 말은 화면에 보이는 이미지 사이즈와 같은 이미지를 인쇄용으로 이용하려면 최소 4배 이상 커야 한다는 의미이다. 반대로 지금 내 눈으로 보이는 적당한 크기의 이미지를 인쇄용으로 변환하면 1/4 크기로 작아진다는 것을 말한다. 그만큼 인쇄용으로 이용하는 이미지는 해상도가 높아야 한다. 그러므로 화면상에서 잘 보인다고 인쇄용으

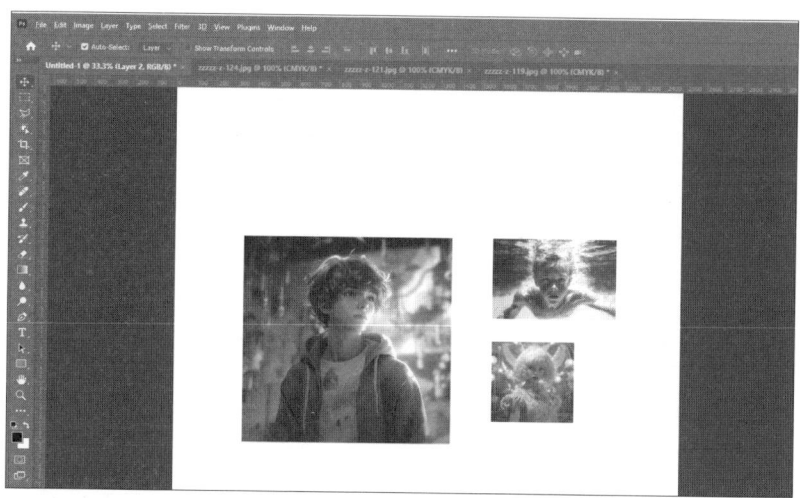
A4 빈 문서를 연 다음 가로 1024px, 600px, 400px 이미지를 붙여 넣은 장면

로 사용하면 안된다. 도서에 작은 크기의 이미지로 사용할 경우 <u>최소 1000px 크기 이상의 이미지를 이용</u>하면 된다. 해상도가 크면 클수록 이미지 품질이 우수해진다.

실제로 200px도 안되는 이미지를 모니터에서 잘 보인다는 이유로 도서용으로 사용하는 경우를 쉽게 볼 수 있는데 이대로 도서가 출간되면 이미지 해상도가 부족해 뿌옇게 인쇄된 이미지를 보게 될 것이다.

이미지가 도서 인쇄용으로 사용했을 때 제대로 보이는지 확인하는 방법이 있다. 우선 포토샵을 열고 인쇄용 A4의 빈 문서를 연다. 인쇄용이기 때문에 DPI가 300으로 설정되어 있을 것이다.

그 다음 도서에 사용할 이미지를 불러 온다. 그리고 Ctrl + A 와 Ctrl + C 를 눌러 이미지를 복사한 후 A4 사이즈의 빈 문서 탭을 클릭한 후 Ctrl+V를 눌러 붙여 넣는다. 그리고 🔍 버튼을 더블 클릭해서 실제 크기 보기를 실행한다. 지금 보이는 이미지가 실제 인쇄했을 때 보이는 화질이다. 약간의 지글지글함 정도는 인쇄 시 티가 나지 않지만 윤곽이 보이지 않을 정도의 화질이라면 해당 이미지를 사용해서는 안된다.

다음은 화면 캡처에 대해서 알아보자. 보통 컴퓨터나 소프트웨어 동작 과정을 이미지로 만들 때 사용한다. 화면 캡처를 하는 방법은 PrtSc 버튼을 누른 후 포토샵과 같은 그래픽 편집 프로그램에서 새 문서를 열고 Ctrl+V를 눌러 캡처한 이미지를 붙여 넣는다. 만일 열려 있는 창의 내용만 캡처하려면 Alt+PrtSc를 누른다.

보다 전문적으로 화면을 캡처하려면 화면 캡처 프로그램을 사용한다. 국내 무료 앱으로는 [알캡처]가 있다. 이 프로그램을 이용하면 다양한 방법으로 화면을 캡처할 수 있다. 또한 마우스 포인터도 캡처가 가능하다. 컴퓨터 과정을 보여줄 때 마우스 포인터는 필수 요소이다. 그러므로 마우스포인터가 필요한 경우에는 화면 캡처 앱을 이용하도록 한다.

자! 이번에는 이미지 저장 방법에 대해서 알아보겠다. 도서에 사용하는 이미지는 어떤 파일을 이용해야 할까? 꼭 정해진 것은 없지만 요즘에는 JPG 파일을 많이 사용한다. 단 파일 저장시 압축률을 0으로 지정해두어야 한다. 그래야 화질이 우수한 이미지를 얻을 수 있다. 이 외에 TIF나 BMP 등의 파일도 사용이 가능하다.

그렇다고 모든 이미지 파일을 사용할 수 있는 것은 아니다. 예를 들어 GIF, PNG 등은 사용할 수 없다. 도서에 사용한 이미지는 나중에 CMYK나 Grayscale로 변환해야 하는데 GIF나 PNG는 변환이 되지 않으므로 다른 확장자로 변경해서 사용해야 한다.

앞에서 설명한 내용을 간단하게 정리하면 도서에 사용하는 이미지는 가능한 해상도가 큰 것을 이용하고 확장자는 JPG 파일을 사용하도록 한다.

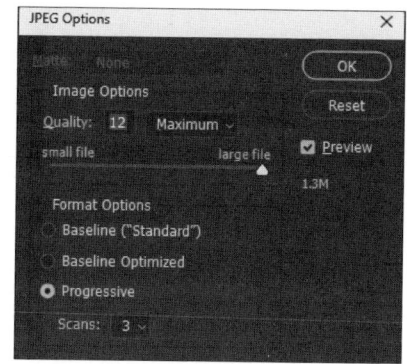

JPG 파일 저장 시 나타나는 [JPEG Options]에서 [Quality]를 [large file]로 지시해서 압축률을 '0'으로 설정한다.

❹ 문서에 이미지 삽입하는 요령

원고 작성시 이미지를 삽입하는 방법에 대해서 알아보겠다. 문서에 이미지를 삽입할 때 보통 이미지를 문서에 포함시키는 경우가 있는데 가능한 문서에 포함하지 않아야 한다. 보통 이미지 포함은 기본값으로 설정되어 있기 때문에 사용자가 별도로 옵션을 지정하지 않으면 문서에 이미지가 포함된다. 문서에 이미지를 포함하게 되면 문서의 파일이 커지게 된다. 이렇게 이미지를 포함하는 경우 원본 이미지가 없어도 문서에 이미지가 보이기 때문에 원고를 보낼 때 원고 파일만 보내는 경우가 있다. 대부분의 책 제작을 문의하는 사람들이 이렇게 원고를 보내는데 매우 좋지 않은 방법이다.

도서를 편집할 때 문서는 단지 텍스트를 가져오는 용도로 사용하고 이미지는 모두 이미지 파일로 사용한다. 만일 문서에 이미지를 포함하고 원본 이미지가 없는 경우 이미지 파일을 이용할 수 없게 된다. 이러한 경우 작업자는 문서에 삽입된 이미지를 일일이 분리해서 작업해야 하는 번거로움으로 거쳐야 한다.

이러한 불편함을 해소하기 위해서 문서에 이미지를 불러올 때는

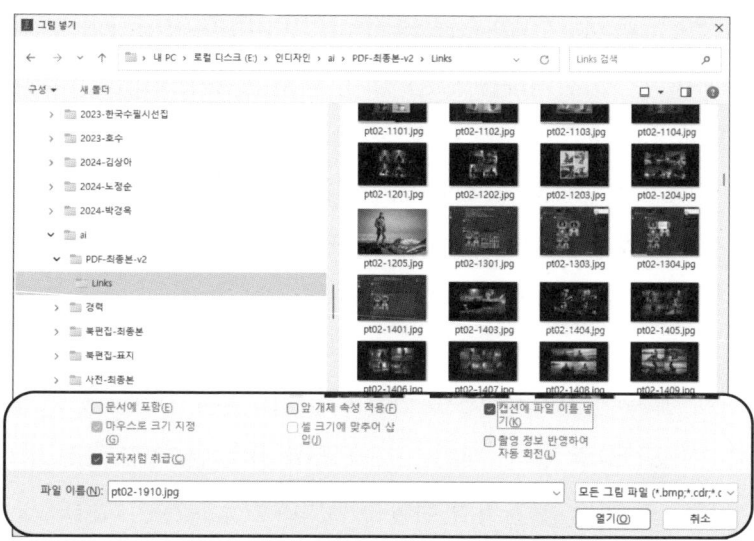

[한글]에서 [그림 넣기]를 실행한 후 [문서에 포함] 항목은 비활성, [글자처럼 취급]과 [캡션에 파일 이름 넣기] 항목은 활성화해서 그림 삽입

반드시 이미지를 문서에 포함시키지 않도록 한다. 이렇게 설정해 두면 문서에서 해당 이미지를 열 때 이미지가 있는 있는 위치에서 이미지를 불러오는 방식으로 이미지를 표시하게 된다. 이때 이미지 파일들은 문서가 저장된 폴더에 함께 위치시키도록 한다. 문서에서 이미지를 불러 올 때 이미지가 있는 경로를 찾아 불러오기 때문에 문서와 이미지를 같은 폴더에 위치시키면 경로가 잘못되어 이미지를 불러오지 못하는 오류를 줄일 수 있기 때문이다. 다시 정리하면 원고 파일과 이미지 파일을 같은 폴더에 담고 원고에서 이미지를 불러 올 때는 문서에 포함시키지 않고 불러오도록 한다.

그럼 한컴 한글을 기준으로 이미지를 삽입하는 방법에 대해서 알아보겠다. 먼저 이미지를 불러 오기 위해서 이미지를 불러오는 메뉴인 [입력] 메뉴에서 [그림]-[그림]을 클릭하거나 Ctrl+N+I를 누른다. 이때 이미지를 선택하는 [그림 넣기] 대화 상자가 열리는데 여기서 하단에 있는 옵션에 주목한다. 옵션을 살펴보면 [문서에 포함] 항목이 체크되어 있는데 이 항목을 클릭해서 체크를 해제해 주면 된다. 그러면 이미지를 문서에 포함하지 않게 된다. 이 옵션은 처음에만 지정해두면 설정한 옵션이 계속해서 반영된다.

이번에는 원고 작성에 도움되는 다른 옵션들도 알아보겠다. 앞에서 알아본 [그림 넣기] 대화 상자의 옵션 중에 [글자처럼 취급] 항목은 체크하도록 한다. 글자처럼 취급은 이미지를 글자처럼 하나의 공간으로 지정하여 이미지가 밀려 다른 곳으로 밀리지 않도록 해준다. 이 항목이 체크되어 있지 않으면 문서에 삽입된 이미지가 다른 위치에 표시되는 문제를 일으키기 때문에 반드시 이 항목은 체크하도록 한다. 대신 이 항목을 체크해두면 글들과 어울리게 이미지를 표시하는 기능을 사용할 수 없게 된다. 책 만들기로 사용하는 원고에서는 글과 그림을 순서대로 나열해서 작성하기 때문에 글과 어울리게 배치하는 기능은 이용하지 않도록 한다. 오히려 이미지가 밀려 다른 위치에 이미지가 표시되는 문제만 발생한다.

다음은 옵션 중에서 [캡션에 파일 이름 넣기]를 체크해 준다. 이 기능은 문서에 이미지를 삽입할 때 이미지 밑에 이미지 파일명으로 표시해주는 기능이다. 파일명을 표시하는 이유는 도서 편집할 때 해당 이미지를 잘 찾을 수 있도록 해주기 때문이다. 특히 문서에 이미지가 많이 들어가는 경우 다른 이미지와 혼란을 일으키기 쉬우므로 반드시 이미지 파일명을 표시하여 정확하게 이미지를 알아둘 수 있도록 한다.

책 만들기용 원고 작성할 때 중요한 3개의 옵션에 대해서 알아보았다. 이 옵션은 한컴 한글 기준으로 설명하였다. MS 워드는 문서에 삽입된 이미지를 문서에 포함시키며 이미지 파일을 자동으로 표시하는 기능도 제공하지 않는다. 단지 이미지를 오른쪽 클릭 후 [텍스트 줄 바꿈] 항목을 [텍스트 줄 안]으로 선택하여 한컴 한글의 [글자처럼 취급] 기능처럼 설정할 수 있다. 이러한 차이가 있으므로 원고용 문서 작성은 MS 워드보다는 한컴 한글을 사용하기를 권장한다.

❺ 원고 파일 관리 요령

원고 작성할 때 파일 관리를 잘 해주어야 한다. 파일 관리를 잘못하여 같은 파일이 여러 개 존재할 경우 나중에 자료가 엉키는 문제가 발생하기 때문이다. 가능한 원고에 사용하는 문서나 이미지 파일의 이름은 같지 않게 해주어야 도서 편집시 데이터 취합할 때 파일명이 같아서 생기는 문제를 줄일 수 있기 때문이다. 그러면 파일명이 같지 않게 하려면 어떻게 하면 좋을까? 파일마다 규칙을 정해서 네이밍해주면 파일 이름이 같지 않도록 만들 수 있다. 그리고 자료도 섹션별로 폴더로 따로 따로 만들어주면 파일 관리뿐만 아니라 자료 관리하기도 편리하다.

예를 들어 5개의 파트가 있는 원고를 생각해보자. 이러한 경우 각 파트별로 폴더를 만든다. 그리고 그 폴더에 포함하는 섹션을 각각의 폴더명으로 만든다. 폴더명은 규칙을 가지고 지정한다. 필자는 파트는 1bu, 2bu… 식으로 만든다. 그리고 섹션 폴더는 1b1s, 1b2s… 순으로 지정한다. 1b1s은 1부의 1섹션이라는 의미이다.

폴더를 만들었으면 문서와 이미지 파일도 정리한다. 1부의 1섹션 원고는 1b1s 폴더에 1b1s.hwp 이름으로 저장한다. 그리고 이 문서에 사용된 이미지들은 해당 폴더에 저장하고 이미지 파일명도 순서대로 1b1s-101.jpg, 1b1s-102.jpg 순으로 지정한다. 1b1s-101.jpg은 1부 1섹션의 1서브의 첫번째 이미지를 의미한다. 만일 해당 섹션의 두번째 서브의 이미지는 1b1s-201.jpg 순으로 지정한다.

이렇게 규칙을 가지고 지정하면 이름이 같은 파일의 이미지가 만들어지지 않을 뿐만 아니라 파일명만으로 해당 위치를 체크할 수도 있다.

파일명을 지정할 때 가능한 영문으로 지정하고 이니셜은 최대한 짧게 지정하도록 한다. 한글 이름과 빈칸 또는 하이픈이나 괄호를 제외한 특수 문자 사용은 자재하는 것이 좋다. 요즘에는 한글 이름이나 빈칸을 사용해도 작업하는데 무리는 없지만 특별한 경우 문제를 발생할 수 있기 때문이다. 예를 들어 ePub용 전자책 제작에 사용할 경우 한글 파일 이름은 오류를 발생하기 때문이다. 만일 한글 파일명으로 되어 있다면 일일이 파일명으로 영문으로 바꾸어야하는 번거로움이 생길 수 있다. 그러므로 처음부터 발생할 수 있는 오류를 줄여주는 것이 좋다.

그리고 원고 작업 중 추가되거나 수정되는 이미지가 있을 경우에는 파일명 앞에 'sj-' 또는 'cg-'처럼 추가 또는 수정을 의미하는 이니셜을 추가하도록 하도록 한다. 이렇게 설정하면 이미지 파일명만으로도 나중에 추가된 이미지인지 파악할 수 있게 된다.

더 이상 필요 없는 자료는 파일명 앞에 'del-'을 추가해두면 필요없는 자료임을 확인할 수 있을 것이다. 또는 'zz-'이라고 이니셜을 추가하는 것

원고 데이터 자료

도 좋은 방법이다. 이렇게 설정한 경우 파일을 가나다 순으로 정렬하면 해당 자료는 마지막 쪽에 몰려 있게 될 것이다. 필요 없는 파일을 몰아서 확인하거나 삭제할 때 편리하다.

    더 이상 필요없는 파일은 즉시 삭제하지 말고 앞에서 소개한 방법으로 이니셜을 표시해서 보관해두자. 그동안 경험에 의하면 필요 없다고 판단한 자료들도 어느 순간 필요하게 되는 일이 생기곤 했다. 작업이 완료되기 전까지 삭제하지 말고 보관해두는 것도 자료 관리에 도움이 될 것이다.

    앞에서 소개한 방법은 필자가 그동안 경험을 통해 필요에 의해 만들어 놓은 규칙들이다. 꼭 이렇게 해야 하라는 의미가 아니므로 반드시 이렇게 할 필요는 없다. 이보다 더 좋은 방법이 있다면 나만의 방법으로 활용해 적용해도 좋다.

문장 표현 방식 선정 요령

원고를 쓰기 전에 제일 먼저 고려할 사항은 어떤 말투로 작성할 것인지 결정해야 한다. 첫 번째 평어체(반말)로 적을 것인가, 경어체(높임말)로 적을 것인가이다. 평어체는 읽는 속도가 빠르기 때문에 글이 많은 도서에 흔히 사용한다. 경어체는 좀 더 친절하게 정보를 제공하는 경우에 사용되는데 보통 초급자용 도서에 주로 사용된다. 평어체가 원고를 쓰기엔 좀 더 쉽다. 문장을 연결하고 끊기가 수월하기 때문이다. 처음 원고를 쓸 때는 평어체로 시작하는 것을 추천한다.

다음은 구어체(대화체)로 할 것인가 문어체(서술형)으로 할 것인가이다. 대부분의 도서는 객관적인 시각으로 풀어가는 문어체로 풀이한다. ~합니다. ~해 보겠습니다. ~ 입니다. 형식이 주를 이룬다. 전체적으로 딱딱한 느낌이 있고 글이 많아지면 지루해질 수 있는 편이다.

반면 구어체는 친구를 앞에 두고 이야기 하듯이 풀어가는 방식이다. ~알아볼까요. ~한답니다. 식으로 독자들이 볼 때 좀 더 친근하게 접근하기 좋다. 글 전체를 대화체로 끌고 가기에는 한계가 있으므로 서술형과 혼용해서 사용하는 게 자연스럽다. 이때 문어체와 구어체와 이어지는 부분에 문장의 어색함이 발생하므로 자연스럽게 연결해주는 테크닉이 필요하다.

   이번에는 시선의 차이로 인한 서술 방법을 알아보자. 보통 도서는 3자 시선을 기본으로 한다. '~가 …한다.' 형식이 주를 이룬다. 상황에 따라 1인칭 시점이 사용되기도 한다. 예를 들어 '필자가 생각하기에'와 같은 표현들이다. 특별한 경우가 아니면 3인칭 시점을 중심으로 글을 쓰도록 한다.

   초보자들이 가장 위험한 실수가 바로 시점 혼용이다. 시점 혼용은 독자들이 글을 읽을 때 혼란을 야기할 수 있는 요인이므로 내가 쓴 글의 시점이 혼용되었는지는 확인하도록 한다.

   이번에는 말투에 대해서 알아보자. 보통 대화할 때 '~라고 생각한다'라는 추측적인 말투를 많이 사용하지만 도서에서는 이러한 표현은 사용에 주의가 필요하다. 문학 도서나 주관적인 도서에는 추측성 말투를 사용하는 데 문제가 없지만 정보를 제공하는 도서에서는 추측성 말투는 사용하지 않는 것을 원칙으로 한다. 교과서나 교재 등의 도서를 살펴보면 추측성 말투를 사용하지 않는 것을 확인할 수 있다. 만일 자기 주관적인 글을 꼭 써야 할 경우에는 팁으로 적거나 문단과 분리하여 본문과 구분해서 적도록 한다.

최근에 들어 3D 프린터의 관심이 높아졌을 뿐이지 3D 프린터에 대한 기술은 이미 오래 전부터 시작되어 왔습니다. 1984년에 3D 프린터 기술이 처음 개발된 이래 많은 특허가 출원되어 왔으며 이 기술들은 특허권을 소유하고 있는 특정 업체에서만 독점해 왔습니다. 이때 출시된 3D 프린터는 가격이 비쌌기 때문에 가정용보다는 회사에서만 사용이 가능한 장비였습니다. 시간이 흘러 특허권이 만료가 되어 독점권이 풀리면서 3D 프린터의 대중화의 바람이 거세게 불기 시작했습니다. 현재 보급형으로 많이 출시되고 있는 FDM 방식의 3D 프린터는 스트라타시스사가 원천 특허를 가지고 있었는데 이후 2008년 특허가 만료되면서 대중화되었습니다. FDM 방식은 다른 방식보다 개발이 쉽고 제작비가 저렴했던 것이 대중화가 쉽게 이루어질 수 있었습니다. FDM 방식 보다 출력 품질이 우수하고 다양한 재료를 이용할 수 있어 활용 범위가 넓은 3D Systems의 SLS(Selective Laser Sintering) 방식은 2014년 2월에 특허가 풀리게 되면서 많은 사람들이 보다 혁신적인 3D 프린팅 기술의 대중화를 기대하게 되었습니다.

경어체로 표현한 문장

다양한 활용서, 정보를 제공하는 입문서 등 초보자용 도서에 주로 사용하는 문체로 편안한 느낌을 준다.

평어체보다 글쓰기가 어렵다.

지난 주에 시작된, 비디오 게임 제작 프로젝트인 더블 파인 어드벤처Double Fine Adventure도 흥미롭다. 미국의 인디 게임 개발사인이 '더블 파인'에서 어드벤처 게임 개발을 위한 프로젝트를 시작했다. 앨리슨의 경우 2천 달러를 목표로 7천 달러를 모았고, 이 프로젝트는 지난 수요일에 시작해서 목요일에 백만 달러가 모였다. (2012년 3월, 최종 3백만 달러 달성) 더블 파인 팀은 게임 커뮤니티에서 매우 유명한 개발팀이었지만, 퍼블리셔들은 아무도 이 게임을 사지 않을 것이라며 모두 투자를 거부했다. 결국 이들은 킥스타터에 프로젝트를 올렸고, 3만 5천 명의 사람들이 이 게임을 사겠다고 나섰다. 단 하루 동안 백만 달러를 후원한 것이다.

평어체로 표현한 문장

자기계발서 등 독자에게 정보를 강력하게 제공하는 전문성이 요구하는 도서에 주로 사용하는 문체로 초급자 보다는 초중급자 이상의 도서에서 많이 사용한다. 딱딱한 느낌을 준다.

다른 문체에 비해 글쓰기가 용이한 편이다.

드립 커피의 매력은 물을 어떤 방식으로 어떻게 붓느냐에 따라 커피맛이 달라진다는 점이에요. 그래서 드립에 대한 공부와 연습이 필요해요. 노력한 것만큼 맛있는 커피가 만들어지고요. 하나하나 배워 가다보면 어느덧 드립 커피에 푹 빠지게 된답니다. 그리고 장비를 갖추는 데드는 비용이 상대적으로 저렴하기 때문에 홈카페에 입문하는 사람들에게 적합한 방법이라 생각합니다.

드립 커피도 단점은 있어요. 드립 커피는 한 잔 한 잔 따르는 방식이라 시간이 걸리기 때문에 한 번에 많은 잔을 만들기엔 어려움이 있을 수 있어요. 그럼에도 불구하고 일반적인 커피전문점의 진하게 농축된 에스프레소가 아닌 미시기 편한 농도로 맞춰진 드립 커피는 나름의 매력이 있기 때문에 옛날부터 꾸준히 사랑받고 있답니다.

구어체로 표현한 문장

어려운 내용을 쉽게 전달하고자 하는 등 좀 더 편안하게 읽을 수 있도록 해준다.

다른 문체에 비해 글쓰기가 어렵다. 경어체와 혼용해서 사용하는 경우가 많다.

본문 작성 요령

원고를 작성할 때 다양한 요소들을 이용하여 원고를 작성한다. 이렇게 요소들을 사용해서 원고를 작성해야 효과적으로 원고 정리가 쉽다. 원고 작성에서 요소에는 섹션 제목, 본문, 발문 등이 있다. 여기서는 원고 작성시 사용되는 요소들에 대해서 알아보겠다.

원고를 첫 장식은 섹션 이름으로 시작한다. 섹션 이름을 말하는 것으로 원고 첫 줄에 이름을 적는다. 이때 섹션 이름 앞에 SECTION의 단어로 간단하게 SEC이라고 쓴다. 그리고 섹션 제목은 글자를 키우고 볼드로 처리하는 것이 좋다. 본문의 글보다 눈에 잘 보이도록 꾸미면 된다.

그 다음은 한 줄을 띄고 발문을 적는다. 발문이란 해당 섹션에서 다룰 내용이 무엇인지 소개하는 글을 말한다. 독자들이 발문을 통해 이 섹션에서 무엇을 다루는지 한 번에 알아볼 수 있도록 해야 한다. 발문은 보통 3~4줄 정도로 적는다. 글을 쓸 때 섹션 제목 다음에는 이러한 발문을 적는 것을 습관을 드리도록 한다. 요즘에는 발문을 생략하는 경우가 많은데 나중에 생략하더라도 습관적으로 발문을 적어두면 해당 섹션이 다루는 내용을 파악하는 데 도움이 된다.

발문 작성이 처음할 때는 매우 어려울 수 있다. 그럴때는 발문은 해당 섹션을 모두 작성한 후 마지막에 작성하는 것도 방법이다. 원고를 쓰면서 원고의 내용을 파악한 후 발문을 작성하면 보다 수월하게 내용을 기록할 수 있을 것이다.

본문의 글을 기록할 때는 한글의 기본 스타일로 적도록 한다. 이미 다른 스타일로 적용되어 있다면 글을 드래그해서 선택한 다음 Ctrl+1을 누르면 한글의 기본 스타일로 변경된다.

섹션 안에 서브 제목이 있다면 동일한 방법으로 제목과 발문을 작성한다. 서브 제목은 'sub'라고 표기하고 옆에 서브 제목을 넣어준다. 스타일은 기본 스타일에 볼드만 넣어주어 섹션 제목과 구분되도록 해주면 좋다.

다음은 본문에 대해서 알아보자. 본문을 어떻게 풀어가는지 내용에 따라 결정한다. 서술로 풀어가기도 하고 따라 하기로 풀어가기도 한다. 서술은 설명을 글로 풀어가는 방식이고 따라 하기는 순서대로 진행하는 과정을 나누어서 표현하는 방식을 말한다.

이 원고를 서술형으로 풀것인지 따라 하기로 풀 것인지 결정한 후 결정한 방식을 주로 구성하도록 한다. 꼭 하나의 방식을 고집할 필요는 없지만 도서의 특성을 위해 통일하는 것이 좋다.

먼저 서술형에 대해서 알아보겠다. 서술형은 말 그대로 이야기를 풀어가듯이 서술하는 방식이다. 대부분의 도서가 이러한 서술형 구조를 가지고 있다. 막상 글을 쓰려고 하면 무엇부터 써야 할지 난감할 것이다. 먼저 해당 섹션에서 다룰 내용을 적어 본다. 그리고 적은 내용에 대해 나누어서 글을 쓴다. 이때 각각의 내용을 연결할 필요는 없다. 각각 개별적으로 내용을 쓰도록 한다. 만일 구분한 내용이 서브 타이틀로 구분된다면 상관없지만 만일 하나의 서브 타이틀에 담기는 내용이라면 구분해서 작성한 글을 자연스럽게 연결되도록 문장을 이어주도록 한다.

그럼 각 내용은 어떻게 쓰는지 알아보겠다. 예를 들어 AI에 대해서 소개한다면 처음에는 '요즘에는 매스컴을 통해서 AI라는 단어를 쉽게 접할 수 있습니다.' 식으로 공감대가 이루어지는 글로 풀어간 다음 AI가 유행인 이유를 소개하고 AI의 정의를 알려주도록 한다. 그리고 AI가 어떻게 사용되고 앞으로 어떻게 활용되는지 소개한다. 즉, 글을 쓸 때 처음에는 도입부로 공감대를 형성하는 글로 시작하고 다음은 정의, 다음은 심화 내용 순서대로 나열하면 된다.

글을 쓸 때 처음부터 맞춤법을 지키고 완벽하게 작성하려고 하지 말자. 처음에는 대충 쓰자. 내용의 골격을 먼저 맞추자는 말이다. 그런 다음 리라이팅하면서 살을 붙여가며 원고의 완성도를 높이면 된다.

그럼 실제 출간된 3D 프린터 도서 중 나에게 맞는 3D 프린터를 찾아보는 섹션을 예를 들어 보겠다. 우선 이 섹션의 주제는 '3D 프린터 찾기'이다. 3D 프린터를 찾기 위해서는 먼저 3D 프린터의 제원을 알 수 있어야 제품을 고를 수 있는 분별력이 생길 것이다. 그 다음은 대표적인 3D 프린터 업체를 알아두고 용도에 따른 3D 프린터를 고르는 노하우를 알려주면 독자들이 3D 프린터를 찾을 때 도움을 얻을 수 있을 것이다.

이렇게 섹션 내용을 구성했으면 3D 프린터 스펙 분석, 3D 프린터 제조사, 3D 프린터 선택 요령으로 크게 3개의 서브 타이틀로 나누도록 한다. 여기서 3D 프린터 선택 요령은 용도, 가격, 유지비 등 상황에 따라 내용을 또 나눌 수 있을 것이다. 그래서 이 부분은 하위 타이틀로 나눌 필요가 있다. 이 부분을 별도의 섹션으로 나눌 수도 있지만 3D 프린터 찾기라는 하나의 섹션으로 묶는 것이 더 자연스럽다.

이렇게 구분했으면 우선 한컴 한글에서 섹션과 서브 타이틀을 서로 간격을 띄어서 적는다. 이젠 조금은 어떻게 글을 써야 할지 윤곽이 잡힐 것이다. 이것이 바로 원고의 골격을 세우는 작업이다. 다음은 서브 타이틀 별로 앞에서 소개한 방법으로 글을 작성하면 된다.

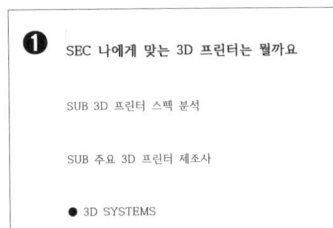

❶ 처음에는 섹션에 넣을 내용을 특정 규칙 없이 섹션에 담을 내용을 적는다.

❷ 다음은 내용에 맞게 글을 쓰면서 살을 붙인다.

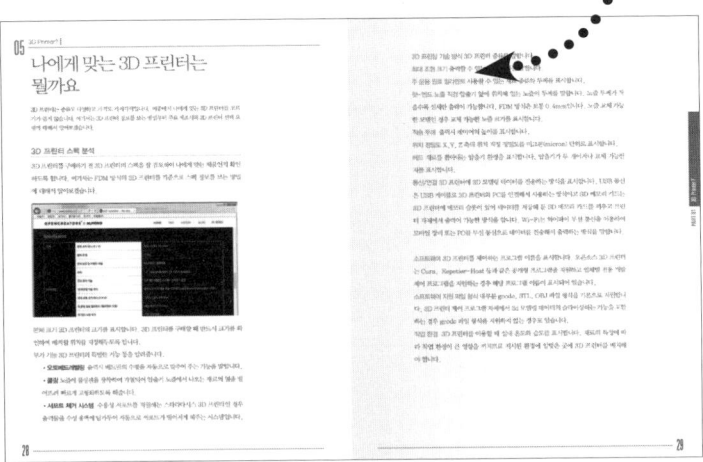

8 따라 하기 본문 작성 요령

앞에서 서술형과 따라 하기에 대해서 살펴봤는데 여기서는 따라 하기 구조에 대해서 자세하게 알아보자. 따라 하기는 어떤 과정을 순서대로 보여주고 독자가 따라할 수 있도록 구성하는 방식을 말한다. 순번을 통해 과정을 소개하는 경우도 있고 글과 그림을 함께 첨부하여 과정을 소개하는 경우도 있다. 흔히 요리 과정, 운동 과정, 컴퓨터 학습 과정 등 다양한 활용 도서에 사용된다.

따라 하기 구성의 장점은 서술형에 비해 학습하기가 쉬워서 독자들이 쉽게 따라할 수 있다는 점이다. 단점은 하나의 과정에 국한되어 있어 많은 정보를 담지 못한다는 점과 제작자 입장에서는 따라 하기는 이미지가 첨부되는 경우가 많으므로 인쇄 시 컬러 인쇄가 꼭 필요하다는 제작비 부담감도 가지고 있다.

그럼 따라 하기는 어떻게 구성하는지 알아보자. 우선 섹션 또는 서브 타이틀에서 어떤 내용을 다룰지 정한다. 그런 다음 따라 하기 과정을 시행해 보고 그 과정을 단계별로 글로 기록해본다. 이때 과정은 아주 사소한 것까지 모두 기록해 두는 것이 좋다. 그리고 기록해 둔 내용을 정리해 본다. 과정을 합칠 부분은 합치고 분리할 부분은 분리해 본다.

따라 하기 과정은 상황에 따라 짧게 나올 수도 있고 길게 나올 수도 있을 것이다. 보통 한 페이지에 6개 정도의 과정이 들어간다고 생각을 하고 몇 페이지가 나올지 알아본다. 하나의 따라 하기 과정이 가능한 6페이지가 넘지 않도록 한다. 그 이유는 과정이 많으면 집중도가 떨어지기 때문이다. 만일 과정이 많다면 내용을 분리해 보도록 한다. 그렇게 해서 따라 하기 과정을 정리한다.

어느 정도 정리가 되었다면 과정에 따라 이미지를 만든다. 모니터 화면이라면 화면 캡처를 하고 사진이 필요하다면 사진을 준비하거나 촬영한다. 이미지 작업이 어렵다면 이미지 작업은 나중으로 미뤄도 된다. 원고를 검토 후 마무리한 후 마지막에 이미지 작업을 하면 괜히 힘들게 이미지를 만들었는데 수정을 통해 삭제되거나 추가되서 다시 만드는 수고를 덜 수 있다.

원고 작성은 다음과 같이 작성한다. 보통 따라 하기 구조는 1번과 2번 과정을 수평으로 나열해서 작성하는 방법과 수직으로 나열해서 작성하는방법이 있다. 두 방법 중 선택을 한다.

수평 구조는 원고에서 1번의 따라 하기 내용을 적고 줄을 바꾼 후 2번의 따라 하기 내용을 적는다. 그 밑에 1번과 2번의 관련 이미지를 삽입한다. 이미지는 앞에서 소개한 대로 '글자처럼 취급'으로 하고 이미지 크기를 줄인 후 두 번째 이미지를 수평으로 나열한다. 이와같은 방법으로 원고를 작성한다. 이 방식을 이용하면 원고 1페이지와 도서 편집 1페이지와 분량을 얼추 맞출 수 있다는 장점을 가지고 있다.

왼쪽은 수직 구조로 작성한 경우이고 오른쪽은 수평 구조로 작업한 경우이다. 수직 구조는 원고 1페이지에 2개의 따라 하기만 넣을 수 있는 반면 수평 구조는 4개의 따라 하기를 넣을 수 있어 대강 편집했을 때 1페이지 분량을 맞출 수 있다.

단점은 원고 편집 시 수직 구조에 비해 작업 시간이 더 소요된다.

수직 구조라면 1번 따라 하기 글 다음에 이미지를 삽입해서 순번대로 작업하면 된다. 이 방법은 작가들이 가장 선호하는 방법이다. <u>매우 빠르게 작업할 수 있다는 장점</u>을 가지고 있다. 반면 원고 1페이지와 도서 편집 1페이지 분량을 맞추기 어렵다는 단점을 가지고 있다.

따라 하기 구조는 언뜻 보면 매우 쉬워 보이지만 서술형보다 작성하기가 어렵다. 따라 하기 과정을 구성하고 다음 섹션과 연결해서 효과적인 정보를 전달하도록 해야 하기 때문이다. 실제로 업무 중 따라 하기를 너무 쉽게 생각하고 접근했다가 실패하는 사례를 너무 많이 접한다. 눈으로 보기에는 쉽지만 막상 작업하면 어려운 구조가 따라 하기 구조라는 사실을 알아두도록 한다.

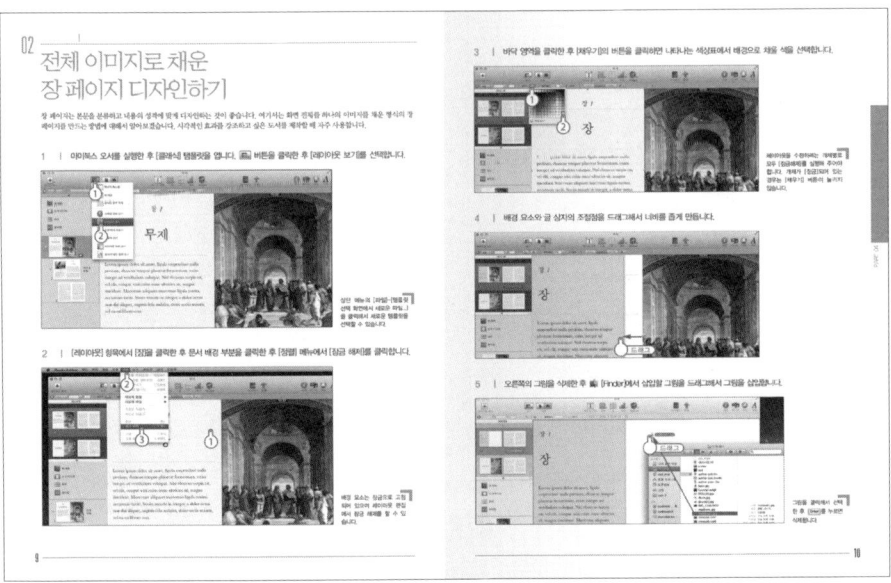

따라 하기를 수직 구조로 편집한 경우. 오른쪽 공간이 비기 때문에 여백의 미가 있고 팁 정보 공간으로 활용할 수 있다.

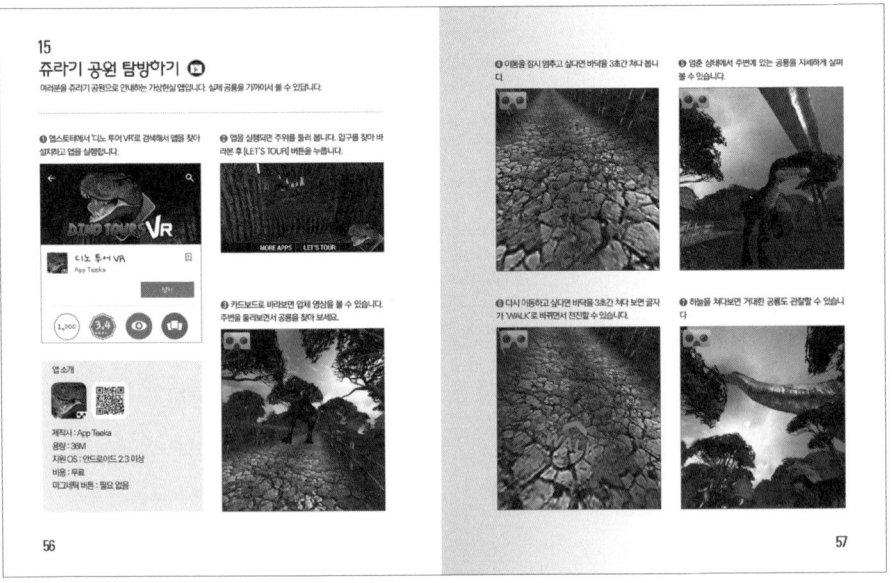

따라 하기를 수평 구조로 편집한 경우. 수직 구조보다 더 많은 정보를 담을 수 있다. 여백의 미가 없고 꽉 찬 느낌을 준다.

팁 구성하는 요령

도서를 보면 중간 중간에 본문과 관련된 정보를 담은 팁 박스를 본 적이 있을 것이다. 팁 박스는 작은 크기도 있지만 본문 반 페이지를 차지하거나 어떠한 경우에는 한 페이지를 차지하는 경우도 있다.

<u>팁 박스는 내용을 전달하는 목적도 있지만 도서 편집 시 생기는 빈 공간을 활용하는 경우에도 사용</u>한다. 예를 들어 원고의 내용이 페이지 가운데 쯤 끝나는 경우 페이지 반 정도의 공간이 빌 것이다. 어떠한 도서는 빈 공간을 비어 두는 경우도 있지만 어떠한 도서는 이 빈 공간에 팁 박스로 정보를 제공하는 경우도 있다. 어떤게 더 좋다고 말하긴 어렵지만 대부분 메이저

출판사에서 제작하는 도서에는 빈 공간을 적극 활용하여 더 많은 정보를 제공하는 편이다. 더 많은 성의를 보이는 경우라고 볼 수 있다.

보통 본문에 다루지 못하는 내용이 생길 수밖에 없기 때문에 팁 박스라는 요소로 표현한다. 어떠한 경우에는 넣을 내용이 없는데도 불구하고 빈 공간이 생기는 바람에 억지로 팁을 넣는 경우도 있다.

이는 빈 공간을 활용하기 위한 행동이라고 볼 수 있다.

이번에는 팁 종류에 대해서 알아보자. 팁으로 들어갈 수 있는 정보로는 부연 설명의 일반적인 정보, 주의할 사항의 알려주는 정보, 반드시 알아야할 강조하는 정보 등으로 나눌 수 있다. 이러한 정보를 하나의 팁으로 묶는 경우도 있지만 각각 아이콘을 다르게 하여 구분해서 등록하기도 한다. 시각적인 아이콘 뿐만 아니라 팁 이름도 만들기도 한다. 예를 들어 주의할 정보는 '이건 주의하세요!' '꼭 알아두세요!'라고 하거나 어린이를 대상으로 하는 경우 '보물 상자' '체크체크' 등으로 표시하기도 한다. 이렇게 아이콘으로 구분해두면 독자들이 손쉽게 팁 정보의 종류를 확인할 수 있어서 도움이 된다.

팁 종류는 보통 샘플 원고를 작성하는 단계에서 구상한다. 원고를 써 보면서 필요한 팁이 무엇인지 체크해 보면서 팁 요소를 만든다. 이러한 팁 정보는 원고를 쓰면서 보완되기도 한다.

원고에서 팁 정보는 팁 이름에 설명을 적으면 된다. 예를 들어 [꼭 알아두세요]라고 대괄호로 이름을 표시하고 줄을 바꾸어서 내용을 적으면 된다. 본문과 구분하기 위해서 해당 글의 색을 지정하는 것도 좋은 방법이다. 반드시 팁 정보는 사전에 제안하여 기획자나 편집 디자이너들이 알 수 있어야 한다. 아니면 팁 박스 글 밑에 ##으로 표시하고 주석으로 이 팁이 무엇인가 적어서 구분하기도 한다.

3장 | 원고는 어떻게 쓰지? {원고 작성 요령}

처음에는 러프하기 작성하자

 원고를 쓰다보면 어떠한 부분에서 막히는 경우가 있을 것이다. 머릿속의 생각으로는 잘 풀리는데 막상 글로 잘 옮겨지지 않거나 사례를 풀어야 하는데 적당한 사례가 없다면 진행되던 원고 작업이 멈춰버리는 경우가 발생한다. 이는 누구나 글을 쓰다 보면 겪는 문제이다. 이러한 경우에는 잠시 멈추고 다음 섹션 원고로 넘어가는 것이 좋다. 억지로 풀어보겠다고 붙들고 있어봤자 진행되지 않으며 오히려 정신적인 스트레스를 받기 쉽다. 그러므로 잘 안 풀리면 바로 다음 섹션으로 건너뛰도록 한다.

 다음 섹션으로 넘어 갔는데도 막힌다면 그때도 역시 그 다음으로 건너뛰도록 한다. 그렇게해서 한 파트를 마무리한다. 그런 다음 다시 막혔던 부분으로 되돌아가 작업한다. 그래도 잘 안 풀리면 막혔던 다른 부분으로 건너뛰도록 한다. 이런 방법으로 작업하고 도저히 풀리지 않은 부분은 메모를 하고 다음 파트로 진행한다.

 글쓰기는 현재의 컨디션에 따라 잘 풀리기도 하고 안 풀리기도 하기 때문에 잘 안될때 억지로 작업하는 것은 오히려 역효과가 나기 쉽다. 그러므로 처음에는 러프하게 작업하자. 빈 문서에 섹션과 서브 타이틀명만 적고 넘어가도 된다. 어쨌든 작업을 하면서 풀어야 할 문제를 체크할 수 있게 되기 때문이다. 그런 다음 다시 반복해서 접근하면 조금씩 문제가 해결된다.

이래도 진행이 막힌다면 원고 쓰기를 중단하고 관련 서적이나 자료를 참고하면서 쉬도록 한다. 떠오르는 생각은 메모해 두는 것도 좋다. 이렇게 쉬면서 생각을 정리하고 다시 원고 쓰기를 하면 전보다는 잘 풀리게 될 것이다.

개인적으로 초기 원고를 쓸 때는 매우 러프하고 작업하는 편이다. 흔히 뼈대 잡기라고 하는데 제목 명과 아주 기본적인 내용만 적고 넘어가는 편이다. 그리고 다시 돌아가서 작업한 원고에 문제는 없는지 확인한다. 러프하게 쓴 원고다 보니 수정도 어렵지 않다. 전체적인 골격에 이상이 없다면 그제서야 작업한 원고에 살을 붙이는 작업을 한다. 대충 쓴 글을 다듬고 부연 설명도 넣으면서 작업을 한다. 역시 막히면 주저 없이 건너뛴다. 이렇게 해서 원고 작성을 한다.

처음부터 완벽하게 글을 쓰려고 말자. 처음부터 정성 들여 쓴 글을 나중에 수정하려면 더 어려울뿐더러 불필요한 힘을 낭비하게 된다. 그러므로 러프하게 시작해 조금씩 다듬어서 완성하기를 추천한다.

참고 자료 출처 표기 요령

　　　　　원고를 쓰다보면 여러 가지 정보를 참고하게 된다. 인터넷에 있는 정보를 참고하거나 관련 도서를 참고하게 마련이다. 관련 도서를 참고할 때는 참고한 내용이 인용으로 사용될 경우 반드시 출처를 표시해야 한다. 출처는 해당 페이지 하단에 주석으로 표시하기도 하고 책 마지막에 한꺼번에 모아 표시하기도 한다.

　인용이라는 것은 다른 사람의 글 일부를 참고하는 것을 말하는 것이지 그대로 사용하는 것을 말하지는 않는다. 실제로 출처라고 관련 정보를 있는 그대로 가져와서 쓰는 사람이 의외로 많다. 더욱 문제는 이 글이 마치 본인이 쓴 것처럼 포장하기도 한다. 매우 잘못된 행동이다.

　참고의 내용을 사용할 때는 인용된 내용이 도서를 통해 안 좋게 비치면 안된다. 만일 그러한 내용이라면 해당 글을 쓴 저자에게 미리 허락을 받아야 한다. 그렇지 않으면 아무리 참고를 표시하더라도 법적 불이익을 받을 수 있다. 그렇다고 좋은 내용으로 인용한다고 해서 마음대로 사용할 수 있다는 것을 의미하는 것은 아니다. 원칙상 도서의 일부를 인용할 경우 저자의 허락을 직접 받아야 한다. 단지 관용적으로 큰 문제가 없을 경우 암묵적인 허락을 하는 것이지 출처로 허락되는 것은 아니기 때문이다. 그런데 인용의 범위를 넘어 복제 수준이거나 안 좋은 의미로 사용하는 경우 저자가 법적 소송을 걸 수 있다. '내 책은 괜찮겠지'라는 생각도 위험하고 안일한 생각이다. 내용을 인용한 경우 항상 출처를 표시하는 습관을 들이도록 하자.

저자의 허락을 받아야 하는 경우에는 해당 도서의 출판사에 전화하여 문의하거나, 온라인의 자료라면 이메일을 통해 허락을 구하면 된다. 문의는 신중해야 한다. 이미 문의한 경우에는 반드시 저자의 승인을 받은 다음에 인용하도록 한다. 인용하고 싶다는 나의 의견을 저자 쪽에 전달했다고 해서 문의에 대한 답변을 기다리지 않고 허가 없이 인용의 글을 싣게 되면 소송당할 위험이 더 높아진다. 문의에 대한 답변이 없다면 기다리거나 인용을 관두는 것이 좋다.

그리고 출처를 적을 때는 정확하게 참고 도서명과 저자명 등의 정보 등이 명확해야 한다. 기억이 잘 안 난다고 대충 출처를 적는 분도 보았는데 매우 잘못된 행동이다. 출처는 언제나 정확하게 남겨야 한다.

1) 테드 휴즈, 『시작법』, 한기찬 옮김, 청하, 1996.

3) 앤 카슨, 『플로트』, 봄날의책, 2023.

인터뷰 요청 요령

필요에 따라 관련 정보에 대한 전문가의 의견을 다루고 싶을 때가 있다. 이럴 때는 전문가를 인터뷰해서 인터뷰 자료를 원고에 싣는 것이 좋다. 인터뷰 형식은 질문자와 전문가의 질의응답 형태로 구성하거나 특집 페이지를 따로 할애하여 전문가의 의견을 서술형으로 소개하기도 한다. <u>전문가의 의견은 독자들로 하여금 신뢰도를 높이는 큰 요소로 작용</u>하므로 가능한 인터뷰 자료를 많이 담으면 좋다.

전문가 섭외하는 방법은 인터넷을 통해 섭외하고 싶은 분의 이메일이나 연락처를 찾은 후 작업하고 있는 도서 소개와 인터뷰하고 싶은 내용을 적은 후 인터뷰 협조문을 메일로 보내면 된다. 연락처를 찾기 어렵다면 전문가가 출간한 도서의 출판사 또는 강의하는 학교 측에 전화해서 상담을 하면 연락처를 얻을 수 있다. 대부분의 언론사들도 이러한 방식으로 연락처를 확보한다.

처음 진행하는 경우 전문가 섭외가 어렵다고 생각하고 지레 포기하는 경우도 있다. 전문가 섭외를 쉽게 하는 방법은 없다. 안 된다고 생각하지 말고 적극적인 자세로 요청하는 것이 관건이다. '이런 분이 내 도서에 도와주겠어'라는 생각을 가져서는 안 된다. 군대를 갓 제대한 한 젊은이가 무작정 국내외 유명 인사에게 편지를 보내서 받은 인터뷰 자료를 묶어서 출간한 최영환님의 『우유곽 대학을 빌려 드립니다』 도서를 통해 적극적인 자세가 얼마나 중요한지를 알 수 있다.

요즘에는 유튜버의 영향력이 커서 관련 분야의 유튜버의 인터뷰도 많이 활용한다. SNS는 소통하기 편하기 때문에 보다 손쉽게 접근할 수 있다.

인터뷰 방식은 크게 대면과 비대면으로 나눌 수 있다. 대면은 직접 만나서 준비한 질문을 이용하여 인터뷰하는 방식이다. 이때 인터뷰 질문지를 미리 전문가에게 알려주는 것이 좋다. 그리고 인터뷰를 할 때는 사전에 양해를 구하고 녹음기를 이용하여 녹취하면 좋다.

질문지는 QnA 형식으로 질문은 단문으로 짧고 명료하게 적도록 한다. 전문가가 쉽게 이해하기 쉽도록 하는 것이 관건이다. 질문의 개수도 너무 많으면 지루해지기 쉽고 전문가가 인터뷰를 거절할 수도 있으므로 간략하면서 명료한 질문으로 최소한 적게 정리하는 것이 좋다. 시간도 30분 이내로 짧게 끝낼 수 있도록 질문지를 작성한다. 질문할 내용이 2시간 이상이 된다면 한 번에 하지 않고 여러 번 나누어서 인터뷰하여 전문가가 피로를 느끼지 않도록 하는 것이 좋다.

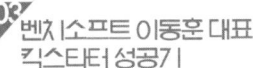

인터뷰로 작성한 원고

이번에는 비대면 방식에 대해서 알아보겠다. 비대면 방식은 메일이나 전화를 통해 인터뷰하는 방식이다. 먼저 질문지를 메일로 보낸 후 전문가가 메일을 이용하는 답변을 받는 방식이다. 통화를 이용하는 경우는 미리 약속된 날짜에 통화를 통해 인터뷰하는 방식이다.

보통 대면을 편애하는 경향이 있다. 메일을 이용한 비대면 방식은 그만큼 노력을 할애해야 하기 때문에 답변 받는데도 시간도 오래 걸리고 인터뷰 품질도 떨어지는 경우도 있다. 아주 짧은 글도 답변 받는데 1달 이상 걸린 적도 있을 만큼 답변을 받는 일은 쉬운 일이 아니다.

그러므로 가능한 대면으로 유도하고 간단하게 차를 마시면서 진행할 수 있다는 식으로 부담감을 줄여주는 것이 좋다.

이렇게 해서 녹취한 인터뷰 내용은 다시 청취하면서 재정리하여 원고에 실으면 된다. 정리된 내용은 반드시 인터뷰한 전문가에게 다시 보내서 내용을 확인을 받도록 한다. 아무리 허가받은 인터뷰라 하더라도 내용 정리를 통해 잘못된 내용이 들어갈 경우 문제가 발생할 수 있기 때문이다.

보통 전문가들은 인터뷰에 긍정적이다. 특히 도서에 실리는 것에 대해 매우 호의적이므로 적극적인 자세로 임한다면 손쉽게 인터뷰를 받을 수 있을 것이다. 자신감을 가지고 도전해 보자!

⑬ QR 코드 활용 방법

QR 코드는 정방형 모양의 코드로 스마트 기기의 카메라 앱으로 스캔하면 QR 코드로 등록해둔 정보 또는 하이퍼링크 페이지를 열어 준다. 보통 도서에서는 참고 페이지 링크 QR 코드에 등록해 두어 독자가 스마트 기기로 해당 페이지를 열어 보게 할 때 주로 사용한다.

도서는 텍스트와 이미지로 구성된 콘텐츠이지만 QR 코드를 이용하면 링크 이동을 통해 웹페이지나 동영상을 열 수 있게 만들 수 있다. 그래서 요즘에는 도서에 QR 코드를 이용하는 경우가 많아지고 있다.

QR 코드를 이용하려면 먼저 QR 코드를 만들어야 한다. QR 코드 신청은 [네이버 QR 코드] 홈페이지(https://qr.naver.com)에서 무료로 만들 수 있다. QR 코드는 페이지 유형을 [URL 링크]로 선택해서 만들고 연결하고 싶은 주소를 입력한다. 유튜브라면 [공유]를 클릭하면 나타나는 경로를 복사해서 붙여 넣고 홈페이지 주소라면 관련 주소를 붙여 넣으면 된다.

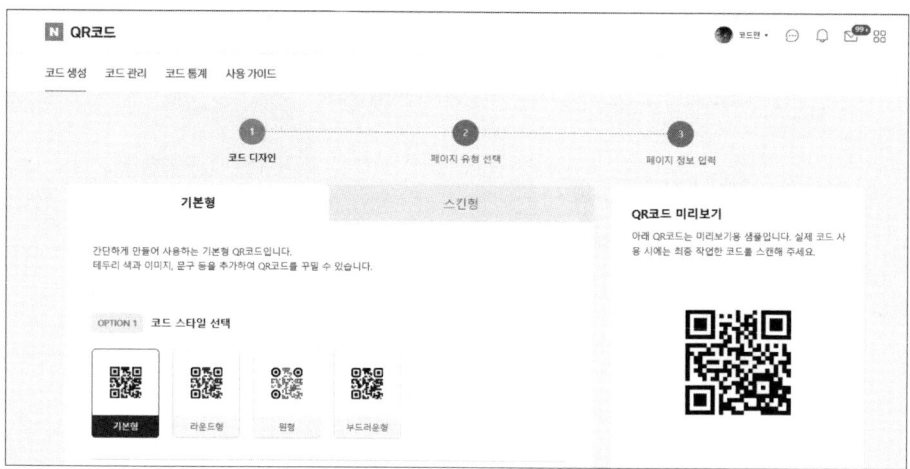

네이버 QR 코드로 편집하는 장면. QR 코드 스타일은 기본형으로 깔끔하게 설정하는 것이 좋다.

이렇게 설정해서 제작하면 QR 코드를 이미지로 만들 수 있다. 이 이미지를 도서에서 해당 위치에 넣으면 된다. 독자는 이 QR코드를 스마트폰으로 스캔하여 정보를 열어 볼 수 있게 된다.

QR 코드를 사용하면 도서에 멀티미디어 요소를 살릴 수 있게 된다. 도서는 인쇄하면 고칠 수 없지만 QR 코드 정보는 갱신된다는 점을 활용하면 좀 더 재미있게 도서를 만들 수 있을 것이다.

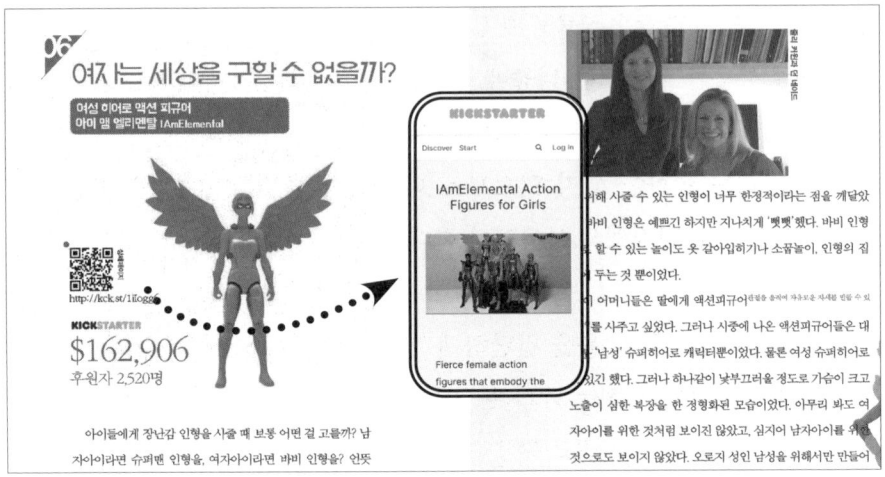

QR 코드로 관련 페이지를 열어 볼 수 있게 할 수 있다.

유튜브 영상도 열어 볼 수 있게 할 수 있다.

4장

원고 마무리는 이렇게

{원고 검토 및 출간 노하우}

❶ 원고 구성 재검토하기

처음 수정할 때는 문법적인 부분이나 문장 수정보다는 전체적인 구성이 잘 되었는지 검토한다. 들어가야 할 내용은 잘 들어갔는지, 전체적인 흐름은 잘 설정되었는지 확인한다.

목차를 잡고 원고를 썼겠지만 막상 원고를 쓰다보면 목차에 구성했던 내용이 추가되기도 하고 빠지기도 하여 처음 목차랑 차이가 생길 것이다. 가능한 목차 그대로 작업하면 좋지만 더 좋은 원고를 위해 목차가 보강되는 것은 당연한 일이다. 제대로 원고를 집필했다면 기존 목차보다 내용이 더 세밀해지고 풍부하게 추가되어 있을 것이다.

어떤 사람은 처음 설정한 목차에 맞게 그대로 원고를 집필하는 사람이 있다. 이것이 잘못된 것은 아니지만 원고를 쓰다보면 목차보다 디테일해지는 것이 맞다. 그리고 힘들더라도 그렇게 하는 것이 옳은 일이다. 다시 추가하기 싫다고 처음 목차대로 쓰는 사람이 좋은 결과를 얻기는 쉽지 않다.

목차가 보강되면 원고의 질은 좋아지지만 구성에 오류가 발생할 수도 있다. 그러므로 원고 집필이 끝나면 다시 한번 구성에 오류가 있는지 확인하도록 한다. 수정된 목차를 재정리하고 목차를 보면서 전체적인 흐름을 체크하도록 한다. 필요하다면 순서도 변경하고 내용도 수정할 일이 생길 수도 있다.

원고의 흐름을 체크하려면 각 섹션의 내용이 잘 연결되는지 확인해야 한다. 만일 각 섹션이 내용 상 위치가 적당하지 않는다면 위치를 변동하도록 한다. 위치가 바꾸었을 때 다른 오류는 없는지 체크한다.

섹션과의 연결을 확인할 때는 원고의 내용을 확인하기보다 목차를 검토하도록 한다. 목차에 적힌 섹션 순으로 하나하나 생각하면서 연결해 본다. 예를 들어 섹션 A 다음에 섹션 B가 자연스럽게 연결되는지 생각하는 것이다. 매끄럽게 연결되지 않는다면 더 좋은 위치를 찾아서 옮기도록 한다. 마치 테트리스의 블록을 맞추든 적당한 위치로 조절하도록 한다. 이 작업이 익숙해지면 나중에는 눈을 감고 머릿속에서 책을 펼쳐 보듯이 책 내용을 확인할 수 있는 단계까지 발전하게 된다.

원고를 수정할 때 내용 보강하거나 나중에 다시 검토가 필요한 부분은 앞에서 소개했던 ## 기호를 이용하여 주석으로 표시하자. 예를 들어 예제를 다시 써야할 경우 '## 예제 다시 쓸 것'이라고 표시하면 된다. '##' 기호를 이용하는 이유는 나중에 주석 위치를 찾을 때 '찾기' 기능을 사용해 '##'을 검색하면 주석 부분만 빠르게 찾을 수 있기 때문이다.

앞에서 소개한 방법으로 1차 검토를 시행한다. 검토하면서 발견한 간단한 수정은 바로 고치도록 한다. 1차 검토를 통해 원고의 전반적인 내용이 파악될 것이다. 1차 검토를 마쳤으면 다시 처음으로 돌아가 2차 검토를 시작한다. 2차 검토에서는 ## 기호로 표시된 부분을 본격적으로 수정한다. 해결된 부분은 ## 기호의 주석 부분을 삭제하고 해결하지 못한 부분은 주석 부분을 남겨 둔다. 해결하지 못한 부분은 다시 검토해보고 내용을 수정하는 등 다른 방법을 찾도록 하여 ## 기호를 모두 없애도록 한다. 잘 안풀리는 부분은 계속 붙들어 두지 말고 건너뛰도록 하자. 원고를 모두 검토했으면 다시 돌아가서 건너뛰었던 부분을 다시 수정하도록 한다. 이와같은 방법으로 수정 작업을 한다.

2차 검토가 끝났으면 이번에는 다시 전체적으로 원고를 검토하자. 처음부터 다시 전반적인 사항을 꼼꼼하게 확인하면서 검토를 마무리한다. 여기서는 맞춤법, 교정·교열 등 좀 더 디테일하게 원고 검토를 한다. 이 단계에서는 앞에서 이미 전반적인 원고를 확인했기 때문에 보다 쉽게 검토할 수 있을 것이다.

여러 번 원고를 검토하다 보면 원고가 눈에 익숙해져서 중요한 수정을 놓치는 문제가 발생하기도 한다. 이 부분은 베테랑 작가도 항상 겪는 부분이다. 그래서 어느 정도 원고를 검토한 상태에서는 본인이 검토하는 것보다 다른 검토하는 것이 더 효과적일 수 있다. 내용을 확인을 부탁할 수 있는 사람이 있다면 이 단계는 다른 사람에게 검토를 부탁하는 것도 좋은 방법이다.

아직은 도서를 편집하지 않은 원고 상태이기 때문에 검토하는 것에 한계가 있을 수 있다. 전체적인 구성과 교정·교열 위주의 검토가 될 것이다. 그리고 나중에 원고를 편집한 후 보다 자세한 검토 과정이 있으므로 여기서는 이 정도 단계까지 진행하자.

어느 정도 검토가 마무리 되었으면 찾기를 이용하여 '##'을 검색하여 수정 체크할 부분이 아직도 남아 있는지 확인하자. 그리고 원고 파일과 이미지 등의 자료 파일도 앞에서 소개한 파일 관리 방식을 이용하여 잘 정리되어 있는지도 마지막으로 확인하면서 원고 검토를 마무리한다.

❷ 원고의 오류 대처하는 요령

　　누구든 원고를 쓰다 보면 오류가 생기기 마련이다. 원고의 오류의 원인에는 여러 가지가 있겠지만 대표적인 문제는 크게 두 가지로 나눌 수 있다. 첫 번째는 <u>내용의 연결성 오류</u> 문제이다. 비슷한 내용끼리 묶는 등 섹션과 섹션 사이의 관계가 유기적으로 연결되어야 하는데 서로 연결되지 않고 뒤죽박죽되는 문제이다. 두 번째는 <u>난이도의 정렬 오류</u> 문제다 원고상 앞에서부터 순서대로 난이도가 높아져야 하는데 원고의 오류가 발생하면 앞부분이 뒷부분에 비해 난이도가 높아져 있거나 앞에서 소개하지 않은 내용이 갑자기 튀어나오기도 한다. 이러한 원고의 오류는 초기 목차를 잘못 설정했거나 원고를 수정하면서 이러한 오류가 발생할 수 있다. 원고 오류가 없으면 좋겠지만 원고를 쓰다보면 이러한 오류는 필연적이라고 볼 수 있다. 중요한 것은 원고의 오류가 발생했을 때 대처 방식에 따라 달라진다.

　　누구는 원고의 오류가 발견될 때 원고 쓰기를 중지하고 무엇이 문제인지 찾는 사람이 있는 반면 누구는 원고의 오류를 인지했음에도 불구하고 무시하고 진행하는 경우가 있다. 내가 힘들게 쓴 원고를 뒤엎는 것에 대한 두려움 때문에 자기 위안으로 넘어가는 경우이다.

누구나 원고의 오류를 발견할 때의 심정은 갈등의 시작을 알리는 종소리와 같을 것이다. 이럴수록 평정심을 찾아야 한다. 먼저 무엇이 문제인지를 찾는다. <u>그동안 쓴 원고와 목차를 다시 검토</u>해 본다. 내용이 중복되거나 연결되어 있는 내용들이 함께 묶이지 않고 떨어져 있거나 하는 문제들이다.

먼저 칼을 들이대고 수정이 가능한지 확인해 보자. 원고 집필 중 수정하는 일은 매우 어려운 일이다. 내용의 흐름이 깨질 수 있기 때문이다. 하지만 살짝 어긋날 때 수정하지 않으면 나중에는 돌이킬 수 없을 정도로 크게 수정해야 할 것이다.

내용의 위치를 옮기거나 조금만 고칠 수 있다면 다행이다. 만일 그렇지 않고 많은 변화가 있다면 고민하지 말고 아예 <u>해당 부분을 다시 쓰기를 추천</u>한다. 그 이유는 원고를 이러저리 칼을 대면 내용의 연결성이 깨지게 되는데 이러한 연결성을 다시 잇는 것이 힘들기 때문이다. 아예 해당 부분을 다시 쓰는 것이 효과적이다. 명심하자. 귀찮다고 칼을 이리저리 대고 고치는 것은 좋은 원고를 만드는 방법이 아니라는 것을.

❸ 새로운 용어가 등장하면 정의하고 시작하기

　예를 들어 커피 만들기 원고를 쓸 때 '도징'이라는 단어가 처음 등장했다고 생각해 보자. 그러면 도징하는 방법을 소개하기에 앞서 도징이란 무엇인지 정의가 앞서야 한다. 그래야 독자들이 이해하기 편하기 때문이다. 만일 도징이라는 용어를 소개한 페이지를 중심으로 앞부분에 도징을 이용하는 방법이 소개되면 안 된다. 목차를 구성하거나 원고를 쓸 때 이러한 점을 감안하여 내용을 구성해야 한다. 어떤 용어를 사용할 때는 해당 용어를 정의한 후에 등장해야 독자들이 도서를 보는 데 혼란이 생기지 않게 된다.

　상황에 따라 이러한 규칙을 지키기 어려울 경우에는 '도징'이라는 단어를 쓰지 않고 도징의 뜻인 '파우더를 담다'라고 풀어 써서 표현하는 것도 방법이다. 또는 해당 페이지 빈 곳에 '도징 → 123p 참조'라고 색인으로 표시하기도 한다.

　해당 용어를 적당한 위치에서 등장시키고 이 위치보다 앞부분에는 해당 용어를 등장시키지 말아야 하지만 원고를 쓰다 보면 생각보다 이것이 쉽지는 않을 것이다. 자칫 잘못하면 구성의 오류를 유발

> 색을 구성하기 때문에 색의 4원색인 CMYK 컬러를 사용합니다. 전문적인 출력물 작업인 경우는 [CMYK]로 설정하지만 일반적인 작업 시에는 대부분 [RGB]로 설정합니다. 그리고 [Web] 탭에서 제공하는 목록은 모두 [Artboards] 항목이 체크되어 있어서 문서를 만들면 아트보드 형으로 만들어 집니다. 만일 아트보드가 아닌 일반 작업용으로 작업하려면 [Artboards] 항목을 클릭해서 체크를 해제하도록 합니다.

아트보드
→61p

하게 되고 결국 원고를 다시 써야 하는 불상사가 생기기도 할 정도로 쉽게 보이지만 지키기 어려운 부분이다.

'이 정도는 독자도 알겠지'라는 생각에 무시하는 경우에 생기는 문제이다. 이는 독자의 눈높이를 못 맞춰서 생기는 문제로 결국 독자들이 도서를 보는 데 불편함을 느끼게 된다. '이 정도는 알겠지'가 아니라 '이건 모를 테니 어떻게 설명하지'라는 생각이 앞서야 좋은 글을 쓸 수 있다는 것을 명심하자.

④ 불필요한 내용 정리하는 요령

원고를 검토하다 보면 불필요한 내용, 반복되는 내용들을 볼 수 있을 것이다. 처음 글을 쓸 때는 괜찮아 보였는데 막상 원고를 검토하다 보면 어떤 부분들은 사족처럼 보이기도 할 것이다. 이러한 부분을 발견했을 때 어떻게 해야 할지 알아보자.

먼저 해당 부분이 꼭 필요한 내용인지 체크한다. 그럴려면 반대로 해당 섹션에서 꼭 필요한 부분은 어딘지 알아야 한다. 내가 많이 사용하는 방법은 원고를 프린트한 다음 형광펜으로 원고에서 꼭 필요한 부분을 찾아서 줄을 긋는다. 어떤 페이지에는 꼭 필요한 부분이 많을 것이고 어떤 페이지는 아예 없을 수도 있을 것이다. 아예 없는 페이지는 불필요한 부분이다. 이 부분은 재구성해야 한다. 내용을 정리하거나 삭제하고 필요한 부분을 찾아서 재구성하도록 한다.

이렇게 정리한 후 다시 한번 중요한 부분을 검토해 본다. 형광펜으로 체크된 영역이 골고루 존재한다면 잘 구성된 것이다. 이번에는 꼼꼼히 글을 읽어보면서 사족이라고 생각되는 부분을 다른 색의 형광펜으로 표시해 보자. 그리고 표시한 부분을 생략해 보고 읽어보자. 어느 편이나은지 판단해 보면서 정리하도록 한다.

검토를 해보면 대부분 반복되는 내용과 너무 늘어진 부분이 많을 것이다. 반복되는 내용은 반드시 정리하도록 너무 늘어진 부분은 필요에 의해 늘어진 부분인지 검토 후 정리하도록 한다. 처음에는 원고를 프린트해서 형광펜으로 체크하는 것이 편하지만 나중에 익숙해지면 눈으로도 체크할 수 있게 될 것이다.

언젠가 베스트셀러였던 도서를 읽다가 이와 같은 방법으로 체크해 본 적이 있다. 어떤 섹션에는 필요한 부분이 한 줄만 있는 경우가 허다했다. 나머지는 페이지를 늘리기 위한 사족들이었다. 마케팅으로만 인기몰이를 하는 도서들이 이러한 경우가 많은 것을 볼 수 있다.

제대로 만들어진 책을 보면 사족은 적고 페이지마다 빼꼭하게 필요한 부분이 넘쳐난다. 문제는 이러한 책이 많지는 않다는 것이다. 그만큼 불필요한 내용 없이 글을 쓴다는 것이 쉽지 않다는 걸 뜻한다. 우리들은 최대한 완성도 높은 도서를 만들기 위해서 불필요한 부분을 줄이도록 노력해야 할 것이다.

❺ 원고 교정·교열하는 요령

흔히 원고 집필 후 '교정·교열한다'고 부르는데 교정이란 오탈자, 문법 오류 등을 고치는 것을 말하고 교열은 내용 상 잘못된 부분을 고치는 것을 말한다. 앞에서 교열을 어느 정도 했다면 이번에는 맞춤법 검사 등 교정 작업을 한다. 원고를 쓸 때 문법과 오탈자를 확인하면서 작성하면 좋지만 그렇게 작업하기 쉽지가 않다. 그래서 대부분 원고를 마무리할 때 진행하는 경우가 많다. 한국어는 쓰기 편리한 점은 있지만 띄어쓰기 원칙이 다른 언어에 비해 복잡한 편이고 문법 교정이 애매한 부분이 있다. 문법 전문가가 아니라면 원고의 교정을 하기란 여간 쉽지 않을 것이다.

그래서 인터넷에서 맞춤법 검사 기능을 이용하길 추천한다. 많은 사람들이 사용하는 맞춤법 검사기로는 [한국어 맞춤법/문법 검사기] (http://speller.cs.pusan.ac.kr)가 있다. 해당 홈페이지에 접속한 후 검사를 할 원고의 글을 복사해 입력 창에 붙여 넣고 [검사하기] 버튼을 클릭하면 글을 교정해 준다. 생각보다 자세하게 교정을 해주며 도움말을 제공해 왜 그렇게 수정해야 하는지 이유도 알려준다. 다만 교정 내용이 항상 올바른 것은 아니므로 교정 결과를 주의 깊게 참

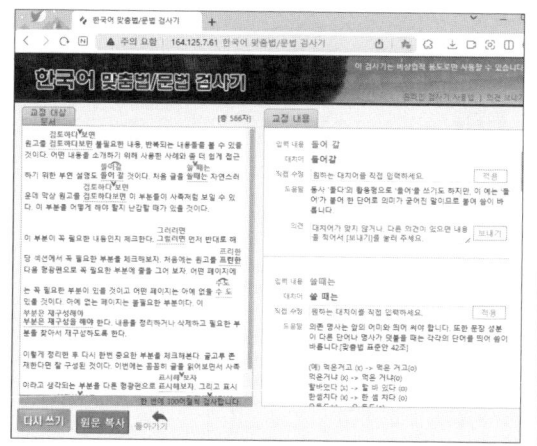
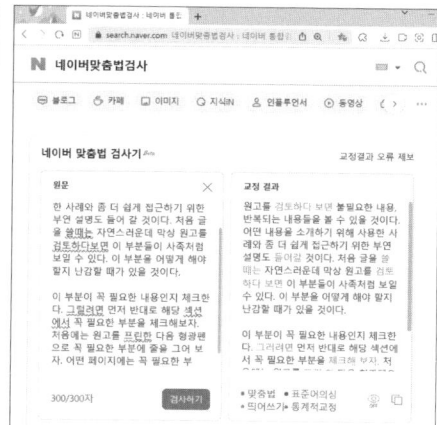

한국어 맞춤법/문법 검사기
http://speller.cs.pusan.ac.kr

네이버 맞춤법 검사기

고하며 원고를 수정하도록 한다. 이 사이트는 많은 분량을 교정할 수 있기는 하지만 양이 많을수록 처리 속도가 느려지기 때문에 조금씩 나누어서 교정하도록 한다. 교정 결과에서 애매한 부분이 생긴 경우는 [국립국어원 표준국어대사전](https://stdict.korean.go.kr)에서 해당 내용을 검색하여 확인하도록 한다.

다음은 조금 더 빠르게 맞춤법 검사를 해주는 [네이버 맞춤법 검사기]에 대해서 알아보자. [네이버] 홈페이지에서 '네이버 맞춤법 검사기'라고 검색하면 찾을 수 있으며 이곳에서는 300자 분량까지 빠르게 교정을 해준다. 이 사이트의 특징은 대기 시간이 짧아 검사 결과를 매우 빠르게 얻을 수 있다는 점이다. [한국어 맞춤법/문법 검사기]의 처리 속도가 매우 느릴 때 대체해서 사용하면 좋다. 조심할 점은 [한국어 맞춤법/문법 검사기]보다 오류가 많다는 점이다. 그러므로 교정 결과를 맹신하지 말고 참고용으로 이용하며 확실치 않은 것은

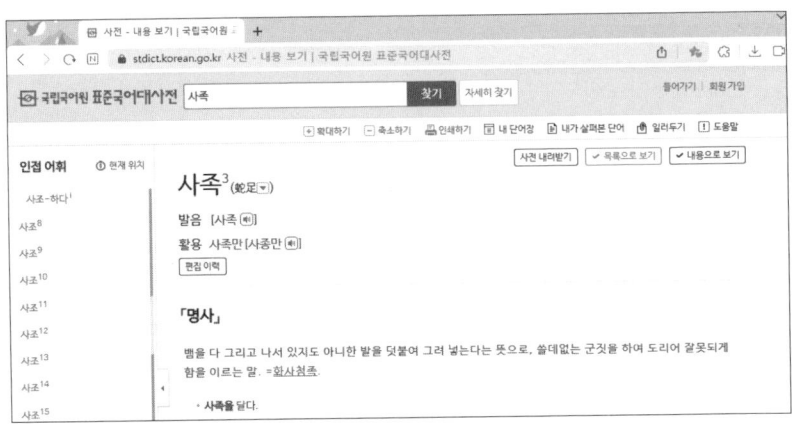

국립국어원 표준국어대사전(https://stdict.korean.go.kr)

[국립국어원 표준국어대사전]을 통해 확인하도록 한다.

다시 정리하면 [한국어 맞춤법/문법 검사기]를 우선으로 이용하고 확실치 않은 것은 [국립국어원 표준국어대사전]으로 확인, 빠른 검사는 [네이버 맞춤법 검사기]를 이용한다. 3가지 서비스 중 가장 확실한 것은 [국립국어원 표준국어대사전]이다.

교과서, 수험서 등 오타가 용납되지 않는 도서들은 교정·교열에 엄청나게 공을 들인다. 내로라하는 교수부터 전문가들까지 초빙하여 교정을 진행하지만 출간해서 보면 오타들이 수두룩 나온다. 사공이 많으면 배가 산으로 간다고 너무 많은 사람이 교정하는 것보다 2~3명이 크로스 체크하면서 교정을 보는 것이 더 좋은 결과를 얻을 수 있다. 그리고 한국어 교정은 정말 어렵다. 어떤 전문가들도 100% 확실한 교정·교열을 하기가 어려울 정도니 말이다. 전문가가 교정·교열을 하나하나 하는 것이 제일 좋지만 여의치 않을 경우는 앞에서 소개한 방법으로 교정해도 충분히 좋은 결가물을 얻을 수 있다. 단, 교정 결과를 맹신하지 말고 검증하는 습관을 들이도록 한다. 또한 교정·교열 내용을 해당 도서에 통일시켜야 한다는 점을 잊지 말자. 예를 들어 '교정' '교열' 단어 사이에 점을 넣기로 했다면 도서 전체에서 해당 단어에 일관되게 적용해야 한다는 점이다. 그래서 교정자들은 원고를 검토하면서 통일안을 기록한 교정표를 만들어서 사용한다.

앞에서 소개한 방법을 잘 이용하면 바른 교정·교열을 할 수 있을 것이다. 100% 완벽한 교정은 어렵겠지만 가능한 완벽하게 교정할 수 있도록 노력하자.

❻ 용어 정리 요령

원고를 쓰다 보면 여러 가지 용어들이 사용될 것이다. 고유 명사도 있을 것이고 프로그램의 메뉴 이름도 사용할 수 있을 것이다. 이러한 용어들을 사용하다 보면 다양한 문제들이 발생할 수 있는데 여기서는 이러한 문제를 어떻게 해결하는지 알아보기로 한다.

프로그램의 명칭

프로그램의 메뉴나 홈페이지 사이트 명칭 등을 언급하는 경우가 있을 것이다. 이러한 메뉴 이름은 대괄호로 묶어서 표현한다. 그리고 메뉴 이름에 오타나 띄어쓰기가 잘못되어 있더라도 그대로 표시하는 것이 원칙이다. 이외에 특정 강조하고 싶은 고유 명사도 대괄호로 표시한다.

외래어 표시

외국어를 표현하는 경우 정확한 외래어 표기법에 준수해서 써주는 것이 좋다. [한국어 맞춤법/문법 검사기](http://speller.cs.pusan.ac.kr)에서 외국어를 입력해서 검사해보면 잘못 표기된 경우 바르게 교정해준다. 이 교정이 바른지는 [국립국어원 표준국어대사전]

아이콘에 표시됩니다. 만약 마지막에 [Eliptical Rectangular Marquee Tool] 도구를 선택했다면 [Rectangular Marquee Tool] 도구 위치에 [Eliptical Rectangular Marquee Tool] 아

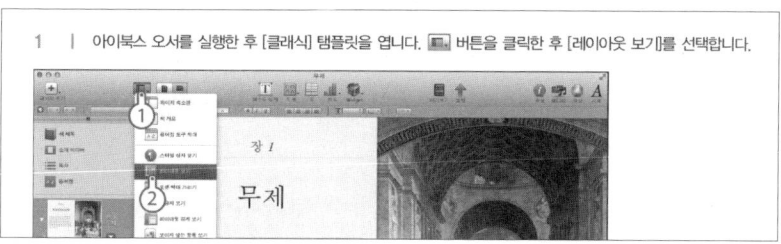

프로그램 메뉴 이름은 대괄호로 묶어서 표시한다.

(https://stdict.korean.go.kr)에서 검사해보면 바른 결과를 볼 수 있다. 예를 들어 '컨텐츠' 용어가 바른 표기인지 확인해 보자. [한국어 맞춤법/문법 검사기]로 검사해보면 '콘텐츠'가 바른 표기임을 알려준다. [국립국어원 표준국어대사전]에서도 콘텐츠가 바른 표기인지 알려준다. [우리말 샘](https://opendict.korean.go.kr)에 접속하면 보다 다양한 정보를 참조할 수 있다. 이와 같이 우리가 잘못 쓰고 있는 외래어들이 많으므로 반드시 위의 방법을 참조하여 바른 말로 쓸

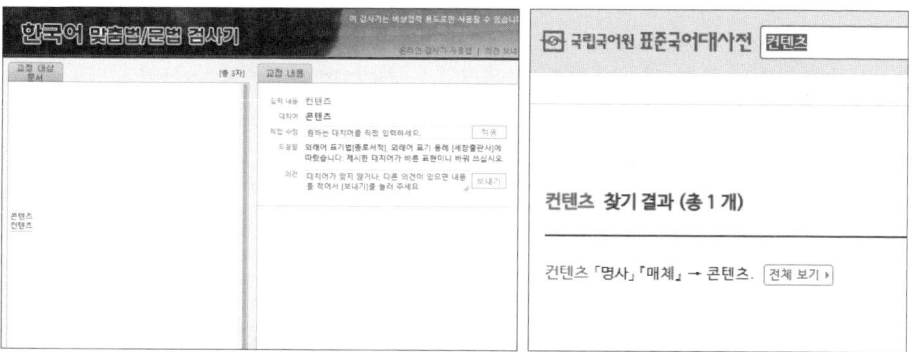

'컨텐츠' 용어를 [한국어 맞춤법/문법 검사기]와 [국립국어원 표준국어대사전]으로 검색한 결과

수 있도록 한다. 특히 외국 지명이 표기법에 맞지 않게 사용되는 경우가 많으므로 이러한 방법을 이용하여 바르게 표현하도록 하자.

예외도 있다. 시와 같은 문학 작품에서는 국립국어원의 표기법대로 쓰기보다는 평소 일상에서 사용하는 말을 쓸 때도 있다. 이런 때는 저자와 협의하여 어떤 표기법으로 사용할지 결정한 경우이다.

영화, 도서명 작품 표기법

영화 이름이나 도서명 등을 구분하기 위한 표식은 통일된 하나의 표기법이 없다. 보통 영화 이름은 보통 홑화살괄호(〈 〉)로 표시하고 도서명은 겹화살괄호(《 》) 또는 겹낫표(『 』)를 사용한다. 작품 이름은 홑화살괄호(〈 〉) 또는 홑낫표(「 」)를 사용한다. 위의 표시 중 하나를 선택해서 도서 전체에 통일시키도록 한다.

대화와 인용

대화나 인용은 쌍따옴표(" ")를 이용하고 말이 아닌 생각이나 어떤 말을 강조할 때는 홑따옴표(' ')를 사용한다. 그리고 대화나 인용 안에 다른 대화나 인용이 들어갈 경우에는 홑따옴표(' ')를 사용한다.

었다. 『우리 죽은 자들이 깨어날 때』[1]와 『문턱 너머 저편』[2]에 대하여 『우리 자들이 깨어날 때』를 번역한 이주혜 작가님께서 2회에 걸쳐 진행하는 에이 언 리치 북토크에 참여하기 위해서였다. 두 권의 책은 각각 544쪽, 672쪽이

공간 포에트리앤에서 열 명의 여성들이 함께 읽고 말했다. 에이드리언 리치 시 「북미 대륙의 시간」에서 "그리고 나는 말하기 시작한다 다시"라고 말했듯 서로의 다름을 인정하지만 우리가 함께 쓸 수 있는 언어를 찾아 말하기 시작

책 제목이나 인용에 사용하는 표기 방법

원고 감수 문의하는 요령

도서를 쓰고 나면 내가 쓴 도서의 내용이 모두 바른가, 또는 충분한 전문성을 갖추고 있는지 의문이 들 것이다. 이러한 문제를 검증하기 위해 전문가의 감수가 필요하다. 정보를 제공하는 활용 도서뿐만 아니라 문학 도서도 가능한 전문가의 조언을 얻는 것이 좋다. 내가 아는 정보가 잘못되었을 수도 있고 잘못된 정보를 제대로 정정하지 않았을 수도 있기 때문이다. 정보를 다루는 도서는 정보의 내용이 맞는지 검토가 필요하고 문학 도서는 경험이 많은 전문가의 조언을 통해 부족한 부분을 확인받을 수 있다.

이와 같이 전문가에게 원고를 검토받는 것을 감수라고 한다. 감수는 내가 쓴 원고를 검토할 수 있을 정도의 경험이 있는 분에게 의뢰해야 한다. 감수를 통해 원고의 문제를 바로 잡을 뿐 아니라 독자에게는 신뢰를 줄 수 있다. 감수는 원고 상태에서 진행하기도 하지만 주로 내용을 보기 편하도록 편집을 마친 상태에서 시행된다. 다만 원고 상태에서 시행하면 시간적인 여유를 가질 수 있고 내용 오류를 잡고 편집하는 것이 수월하다는 장점이 있다.

감수자 의뢰는 지인이면 더할 나위 없이 좋지만 그렇지 않다면 직접 감수할 사람을 찾아봐야 한다. 요즘에는 SNS가 발달되어 있어 유튜브나 인스타그램을 통해 전문가를 찾기가 쉬워졌다. SNS의 연락처를 통해 연락을 취해 본다. 연락을 취할 때는 내가 쓴 도서의 정보를 미리 제공해 주는 것이 좋다. 흔히 협조문이라고 부르는데 <u>협조문은 도서명, 도서 내용, 분량, 인쇄 부수 등의 정보를 적고 의뢰인에게 부탁할 내용을 적은 형식</u>이면 된다. 공식적인 제안서이므로 상대방에게 신뢰를 줄 수 있다.

협조문을 첨부해서 메일로 보내면 된다. 연락이 바로 오지 않는 경우가 많다. 어떤 분은 가부를 연락을 주는 경우도 있지만 아예 오지 않는 경우도 있다. 그러므로 무작정 기다리는 것은 좋지 않다. 그러므로 감수를 의뢰할 사람을 최소 3명 이상 확보한다. 그리고 최소 1주일 간격으로 메일로 연락을 취하도록 한다.

감수 의뢰가 결정되면 전화 통화를 통해 자세한 내용을 협의하도록 한다. 보통 감수 비용에 초점이 맞춰질 것이다. 가장 이상적인 것은 서로 협조 효과를 누리면 좋다. 예를 들어 감수를 해주는 대신 감수하는 당사자 또는 특정 상품을 홍보해 주는 것이다. 필자가 예전에 출간한 도서에서는 감수자의 제품을 도서에 소개하여 홍보를 해주는 조건으로 감수를 받았던 적이 있다. 당연히 홍보할 제품의 품질에 문제가 없어야 한다. 이러한 방식으로 서로 간에 협조를 구하는 방식으로 감수를 받는 것이 가장 좋다. 생각보다 서로 간의 협조를 통해 무료로 감수를 해주는 경우가 많다. 사전에 협조를 어떻게 진행할지 플랜을 잘 짜두고 협의를 진행할 때는 자신감이 있어야 한다. 그렇다면 긍정적인 결과를 얻을 수 있을 것이다. 감수를 의뢰한 분이 유명하거나 감수비를 요구하는 경우에는 감수비를 책정해야 한다. 감수비는 페이지 당 계산하는 경우도 있고 도서 전체에 대해서 계산하는 경우도 있다. 상대가 원하는 페이를 맞춰 진행하도록 한다.

감수자가 결정되었으면 원고를 보내 감수를 요청한다. 원고는 가능한 PDF 파일로 변환해서 보내도록 한다. PDF의 첨삭을 이용하면 더 손쉽게 피드백을 받을 수 있을 것이다. 감수자가 PDF를 잘 다루지 못한다면 원고를 인쇄해서 보낸다. 그리고 계약서도 작성하여 어떻게 계약을 진행했는지 서류로 만들어 두도록 한다.

감수 기간은 서로 협의하여 정하도록 한다. 감수자들 대부분 약속한 기간을 못 지키는 경우가 많다. 그러므로 <u>약속 기간을 못 맞춘다고 가정하고 일정을 조절한다</u>. 수시로 진행 여부를 체크하고 확인하는 것도 좋은 방법이다.

감수는 생각보다 섭외부터 진행까지 오랜 시간이 걸린다. 그러므로 감수를 결정했다면 미리 준비를 시작하도록 한다. 시간을 단축하기 위해서 원고도 러프하게 정리된 상태에서 보내도 무관하다. 그래야 원고 검토 시간과 감수 시간이 얼추 비슷하게 맞아 떨어지기 때문이다.

감수 내용도 잘 검토할 필요가 있다. 감수를 대충 보는 경우도 자주 있기 때문이다. 가능한 도서에 감수자의 이름을 명기해서 책임감을 갖게 하고 저자도 감수자의 감수 내용을 꼼꼼하게 확인하도록 한다. 이러한 불편함이 있어도 감수를 의뢰하는 것은 도서의 오류를 줄이고 신뢰를 높이는 방법이기 때문이다.

전문가가 아니라 독자에 해당하는 일반인에게 원고를 검토해달라고 부탁하는 방법도 있다. 도서가 출판되기 전에 독자를 대상으로 벤치마킹을 할 수 있는 방법으로 전문가 감수와는 더 다른 결과를 얻을 수 있기 때문에 실제로 많이 사용되고 있는 방법이다. 그리고 도서를 읽은 후기를 도서에 실어 신뢰감을 높이는 방법으로 사용하기도 한다. 이 방법도 원고 상태보다는 도서 편집 완료한 후에 많이 시행된다.

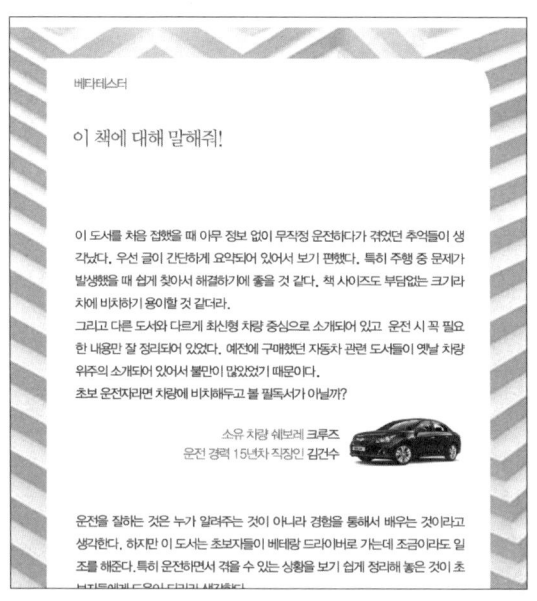

도서 리뷰 페이지

머리말과 프로필 작성 요령

원고가 마무리되었으면 머리말이나 저자 소개글, 저자 사진 등 도서에 필요한 부수적인 자료를 만들도록 하자. 각각의 자료를 어떻게 준비하는지 알아보자.

머리말

머리말은 이 도서를 만들게 된 이유와 이 도서의 특징 등의 글을 넣는다. 독자들이 이 글을 통해 저자가 어떤 이유로 도서를 만들었으며 어떤 특징이 있는지 알 수 있도록 한다. 예전에는 머리말을 장문의 글로 쓰는 경우가 많았는데 요즘에는 간략하게 적는 편이다. 간결하고 군더더기 없이 쓰는 것이 좋다. 필요에 따라 한 줄로 쓰는 것도 요즘 트렌드이다. 잘 생각해서 도서에 필요한 내용을 적도록 한다.

저자 소개글

저자 소개글도 예전에는 세세한 이력까지 썼다면 요즘에는 간결하게 쓰는 편이다. 이력이 많다고 좋다고 생각해서 출신 학교를 초, 중, 고, 대학교까지 다 넣거나 소소한 정보까지 넣는 경우를 많이 본다. 전혀 도움이 되지 않는다. 학력은 가능한 최종 학력만 기입하고 나머지는 해당 도서에 필요한 이력을 중심으로 간략하게 넣는 것을 추천한다. <u>문학 도서인 경우는 반드시 등단 연도와 발표지를 표기하도록</u> 한다.

프로필 작성하는 방법도 여러 가지다. 예전에는 이력서처럼 한 줄 한 줄 이력을 적었다면 요즘에는 간략한 서술 형태로 적는 편이다. 이 방법이 트렌드이긴 하지만 꼭 이것을 따를 필요는 없다. 예를 들어 정보를 제공하는 도서라면 해당 정보의 전문가라는 것을 알릴 수 있게 정보를 많이 적는 것이 좋다. 독자들은 저자의 프로필을 보고 도서를 선택하는 경우가 많기 때문이다.

프로필 사진

프로필 사진도 신중해야 한다. 예전에는 증명 사진처럼 정자세로 찍은 사진을 사용했다면 요즘에는 작가만의 개성이 느껴지는 사진을 사용하는 편이다. 어떤 도서는 저자의 뒷모습만 보이게 하거나 어떤 사람은 자신의 손만 찍힌 사진을 넣는 경우도 있다. 아무 생각 없이 넣는 것이 아니라 어떤 의도를 가지고 이에 맞는 장면을 구상해서 넣도록 한다.

그리고 도서의 성격에 맞는 사진을 넣도록 하자. 예를 들어 문학 도서라면 화려한 것보다 지적이고 차분한 사진이 잘 어울린다. 그래서 흑백 사진으로 투박하게 찍은 사진이 잘 어울린다. 프로필 사진으로 예쁘게 나온 사진을 넣고 싶어 선글라스나 모자를 쓰고 연예인처럼 꽃단장한 사진을 넣는 사람들을 참 많이 본다. 분위기 나는 거친 얼굴에 고민하는 모습이 의도적으로 연

출된 사진이 작가 사진으로 어울린다는 점을 명심하자. 스마트폰 카메라로 조금은 어설퍼도 개성 있게 찍는 사진이 오히려 좋다. 프로필에 어떤 사진을 넣는가에 따라 세련된 도서가 되기도 하고 올드한 도서가 되기도 하므로 신중하게 선택하자.

> 이 도서는 초보자를 대상으로 3D 프린터를 사용하는 방법을
> 소개하는 도서로 3D 프린터의 개론부터
> 이용 방법들을 쉽게 소개합니다.
> 무료 3D 모델링 프로그램인 123D Design을 이용한
> 3D 모델링을 제작하는 방법부터 3D 스캔, 3D 프린터로 출력하는 모든 과정을
> 따라하기 과정으로 쉽게 풀었습니다.
> 이 도서를 통해 3D 프린터가 무엇이고 어떻게 사용하는지
> 누구나 쉽게 배울 수 있습니다.
>
> 오픈크리에이터즈의 강민혁 대표님, 김성산 과장님, xyzist.com의 감수민님,
> 캐리마의 이병국 대표님, 3D스튜디오 모아의 김태수 대표님 등 많은 분들의 도움으로
> 만들어 졌습니다. 다시 한번 진심으로 감사드립니다.
>
> 모쪼록 독자 여러분이 이 도서를 통해
> 3D 프린터의 신세계를 느끼시기를 기원합니다.

> 폰트는 알면 알수록 가까우면서도 멀게만 느껴진다.
> 오랜 역사가 묻어 있고
> 개발자의 숨소리가 담겨 있어서가 아닐까 생각한다.
> 벌써 15년을 함께 해왔지만
> 이제야 폰트의 존귀함을 새삼 느끼고 있다.
>
> 이 도서는 이러한 느낌을
> 느낄 수 있는 계기를 마련하고자 기획했다.
>
> 불필요한 내용을 배제하고 꼭 알아두어야 할
> 내용만 정리하였다.
> 그리고 상업용으로 자유롭게 사용할 수 있는 무료 폰트
> 위주로 다루어 폰트의 활용도를 높이도록 하였다.
>
> 무료 폰트를 이용하면서 폰트의 중요함을 일깨웠으면 좋겠다.
> 그리고 유료 폰트를 이용하여
> 다른 언어에 비해 개발하기 어려운 한글의 폰트 개발에
> 활력소가 되었으면 한다.
>
> 끝으로
> 한글을 폰트로 개발하기 위해서 노력해오신 분들과
> 그리고 현재도 아름다운 한글 폰트를 위해서
> 노력하고 계신 분들에게 감사의 말씀을 드린다.

> ─ 당신이 빠져나간 구름의 무게는
> 천둥의 조각난 파편들이 날을 세우는
> 오후였다.
>
> 아홉 번째 시집을 출간한다.
> 매 순간 숨을 쉬듯이 소중한 생명을 잇고 있는
> 숨결이 한 편의 스토리를 접는다
> 시인, 끊어 버릴 수 없는 天刑의 죄를 등에 지고
> 다시금 내일이라는 시간과 걸음을 딛기로 한다
>
> 유난히 붉디붉은 사과 한 알의
> 빛 밝은 낯빛을 바라본다. 폭풍이 흩트리고 간
> 모진 시간을 융숭하게 감내했을
> 선물일 것이다

도서 머리말

안창현

궁금한거 못 참고 만드는 거 좋아하는 성격을 지닌 25년 차 디자이너 및 전문 테크니컬 라이터이다.

이러한 성격 때문인지 새로운 콘텐츠 관련한 도서 집필 제작에 오래 일을 했다. 「미키의 포토샵」, 「홈카페로 더 싸고 맛있게 커피 즐기는 비결」을 비롯하여 「나는 콘텐츠다! 3D 프린터」, 「나는 아이폰 아이패드 앱으로 음악한다!」, 「할 수 있다! HTML+JAVASCRIPT」, 「돌댓 카메라」, 「쨍한 사진을 위한 DSDLR 활용 테크닉」, 「알 수 있다! 나모 웹에디터」등 베스트셀러 도서를 집필, 수많은 컴퓨터 자격증 콘텐츠 제작, 인증 교과서 제작, 서울시 영상 교육 콘텐츠 제작하는 등 수많은 도서를 집필하러 제작했다. 휴~ 많이도 했다. 새로운 콘텐츠를 다루다 보니 「나는 콘텐츠다! 3D 프린터」, 「나는 아이폰 아이패드 앱으로 음악하는」, 「포토샵으로 배우는 미술 공부」 해외 판권 수출도 이루었다.
여러 기회가 생겨 울지대, 가천길대 겸임 교수 및 10여 년간 대학 강사로도 활동도 하였다.

새롭게 떠오르는 인공지능, 챗GPT 뿐만 아니라 인공지능 아트 또한 생산성을 높이는 기술로 자리매김하리라는 생각에 이 도서를 준비했다.

지연희

시인, 수필가. 1948년 충북 청주 출생. 1983년 월간문학 신인상, 2003년 시문학 신인상에 당선. 한국문인협회 수필분과회장, 국제PEN 한국본부 자문위원, 한국수필가협회 이사장 역임, 한국여성문학인회 이사장. 계간 「문파」발행인.

저서
1986년 수필집 「이제 사랑을 말하리라」 출간
1988년 수필집 「사랑찾기」 출간
1989년 수필집 「가난한 마음을 위하여」 출간
1989년 수필집 「그리운 사람이 울것만 같아」 출간
1989년 시 집 「마음읽기」 출간
1990년 수필집 「비추이는 것이 어디 모습뿐이랴」 출간
1991년 수필집 「그대 가슴에 뜨는 초록빛 별처럼」 출간
1992년 전   기 「도전 노벨빙상」 전3권 출간
1994년 수필집 「네게 머무는 나는 얼마나 아름다운지」 출간
1998년 수필집 「하얀 안개꽃 사랑」 출간
1998년 시 집 「하루가 저물고 다시 아침이」 출간
2000년 수필집 「시간의 유혹」 출간
2001년 시 집 「초록물감 한방울 떨어져」 출간
2003년 시 집 「나무가 비에 젖는 날은 바람도 비에 젖는다」 출간
2004년 시 집 「사과나무」 출간
2006년 작품론 「현대시 작품론」 출간
2006년 작품론 「현대수필 작품론」 출간
2007년 수필집 「시간의 흔적」 출간
2009년 시 집 「남자는 오레오 라고 쓴 과자 케이스를 들고 있었다」 출간
2010년 수필집 「매일을 삶의 마지막 날이라고 생각할 수 있을 때」 출간
2013년 수필집 「시계절에 취하다」 출간
2013년 수필선집 「알리사」 출간
2014년 수필선집 「식탁 위 사과 한 알의 낯빛이 저리 붉다」 출간
2014년 시 집 「씨앗」 출간
2016년 시 집 「메신저」 출간
2018년 시 집 「그림에도 좋은 날 나무가 웃고 있다」 출간
2020년 작품론 「지연희 작품 세계」 출간
2022년 시 집 「숨겹」 출간

강진

초보 운동가이다.
나이 들면 누구나 겪는다는 비대한 몸을 가지고 있었고
누구나 겪는다는 고혈압과 작은 질환을 가지고 살았으며
어설프게 한 운동으로 인해 관절 통증까지 안고 있었다.

'약은 잠자', '관절 통증을 없애자'는 생각으로
누구나 시작하는 헬스를 통해 첫 운동을 시작했다.

공부도 하고 전문가의 코치를 받으면서 트레이닝을 시작했고
2달 만에 10KG을 감만하는 기쁨도 누렸다.
기쁨도 잠시, 관절 통증으로 시작하는 새로운 문제를 접하게 되었고 학습과 교정을 통해 통증에서 벗어나게 되었다.

이러한 노하우를 바탕으로 이 도서를 기획했다.
수많은 사람들이 마사지 건, 마사지 볼, 폼 롤러를 가지고 있지만
잘못된 방법으로 사용하고 있어서
마사지를 제대로 사용하는 법을 소개하고 싶었다.

약력 페이지

Mickey Ahn

대학 강단에 서기도 하고
글도 쓰고 디자인도 한다.
포토샵은 어깨너머 배우고
사용한 지는 20여 년 됐다.

그동안 디자인에 대해서
떠들었던 말들을 글로 옮겨
이 책에 담았다.

⑨ 도서 출판 제안서 작성 요령

원고를 마무리한 후 도서 출판을 위해 출판사에 출판을 제안한다. 내가 쓴 원고가 어떤 것인지 소개하는 문서를 작성해서 각 출판사 담당자에게 메일로 보내면 된다. 이 문서를 '출판 기획서' 또는 '출판 제안서'라고 부른다. 모든 원고 작업을 마친 후 출판 기획서를 작성해도 되지만 목차와 샘플 원고만 작성한 상태에서 진행해도 상관 없다.

출판 기획서의 내용은 출판사마다 다르다. 그러나 기본적으로 도서 제목, 기획 의도, 집필 방향, 저자 소개, 세부 목차 내용을 담는다. 특별하게 규칙을 가지고 있는 것은 아니므로 자유롭게 작성하도록 한다. 기획서를 작성할 때는 이 기획서를 읽는 사람의 입장을 고려하는 것이 중요하다. 무작정 장문으로 길게 쓰기보다 간략하게 도서의 특징을 한눈에 알아볼 수 있도록 작성하도록 한다. 그럼 각 요소별로 어떻게 작성해야 하는지 알아보자.

도서 제목

도서의 제목은 확정 제목이 아니므로 흔히 가제라고 부른다. 제목은 추후에 다시 설정하는 내용이므로 그렇게 중요하지 않다. 단, 이 도서가 무엇인지 잘 알아볼 수 있도록 구성하도록 하자. 앞에서 소개한 도서 제목 설정하는 방법을 참고하면 된다.

기획 의도

기획 의도는 이 도서를 준비하게 된 이유를 적는다. 개인적인 이유를 적는 것은 중요하지 않다. 요즘 트렌드가 이러해서 앞으로 어떤 내용이 인기를 끌 것이기 때문에 이 도서가 필요하다는 식으로 작성하면 된다. 중요한 것은 이 도서가 앞으로 인기를 얻을 것이라는 합리적인 설명이 필요하다는 점이다.

그리고 도서를 보는 독자의 대상과 이 도서만이 가지는 특징을 적는다. 이 부분을 적을 때 역시 장문의 글보다는 한눈에 알아볼 수 있도록 요약해 적는 것이 좋다. 또한 이 도서만이 가지고 있는 특징을 살려야 한다. 이 도서는 다른 도서와 이렇게 다르므로 독자들에게 어필할 수 있다는 구성으로 작성해야 한다.

집필 방향

여기서는 이 도서의 특징을 어떻게 풀어갈지를 설명한다. 도서의 파트는 어떻게 나누고 각 파트의 섹션은 어떻게 구성할지를 설명한다. 또한 본문 구성을 어떻게 만들어서 독자들이 손쉽게 볼 수 있도록 할지를 설명한다. 이 부분은 초보자들에게는 매우 어려운 부분일 것이다. 팁을 주자면 책이라는 큰 덩어리를 어떻게 나누고 묶고 분류하여 독자들이 쉽게 볼 수 있도록 정리했는지를 설명하도록 한다. 예를 들어 6개 파트를 나누고 1번과 2번 파트는 초급, 3~4 파트는 중급, 5~6 파트는 고급 영역으로 나누고 단계별로 학습할 수 있도록 구성하였고 섹션은 따라 하기 또는 설명 또는 구어체로 소개한다는 식으로 설명하면 된다.

경쟁 도서 분석

이 도서와 유사한 내용을 다룬, 이미 출간된 도서에는 어떤 책들이 있고 얼마나 인기가 있는지 설명하는 부분이다. 그리고 해당 도서와 이 도서가 어떤 차이가 있는지를 소개한다. 경쟁 도서는 가능한 가장 잘 팔린 도서를 선택해야 한다. 만일 경쟁 도서가 잘 팔리지 않은 도서라면 이 기획안 또한 인기가 없다고 판단되어 선택되지 않을 확률이 높아진다. 아니면 경쟁 도서가 인기가 없지만 이렇게 하면 잘 팔릴 수 있다고 설득해야 한다. 아주 형식적인 영역이면서 동시에 아주 중요한 영역이기도 한다. 대부분 이 파트를 과장해서 작성하는 경우가 많기 때문에 개인적으로 이 부분을 중요하게 보지 않는다. 반대로 이야기하면 경쟁 도서 분석은 그만큼 잘 작성하기 어려우며 상대방을 설득하기 힘든 부분이라고 봐도 될 것이다.

저자 소개

저자 소개 부분은 자신을 어필할 수 있도록 자세하게 기록한다. 도서 프로필은 간략하게 적어도 되지만 출판 제의서에서는 장황하게 소개해도 된다. 최대한 자신을 어필하도록 작성한다.

세부 목차

다음은 세부 목차이다. 도서의 목차를 어떻게 구성할지 적는다. 기획자들이 주의 깊게 살펴보는 매우 중요한 부분이다. 앞에서 소개한 목차 구성하는 방법을 참고하여 공을 들여서 작성한다. 이때 섹션 제목도 어떤 내용을 담는지 알아볼 수 있도록 잘 다듬는다. 정해진 서식이 있는 것은 아니므로 위에서 소개한 방식으로 자유롭게 작성하면 된다. 가능한 한컴 한글 워드프로세서를 이용해서 작성하도록 한다. 어필할 수 있는 다른 요소가 있다면 추가해서 작성하도록 한다.

좀 더 시각적으로 작성하고 싶다면 파워포인트 또는 인디자인을 이용해도 된다. 이 방법을 이용할 때는 장문의 글은 자제하고 최대한 텍스트를 요약해서 간결하게 표현하는 것이 관건이다. 담당자의 시선을 집중하는 데 좋다. 이 방법을 이용할 때는 PDF로 변환해서 보내도록 한다.

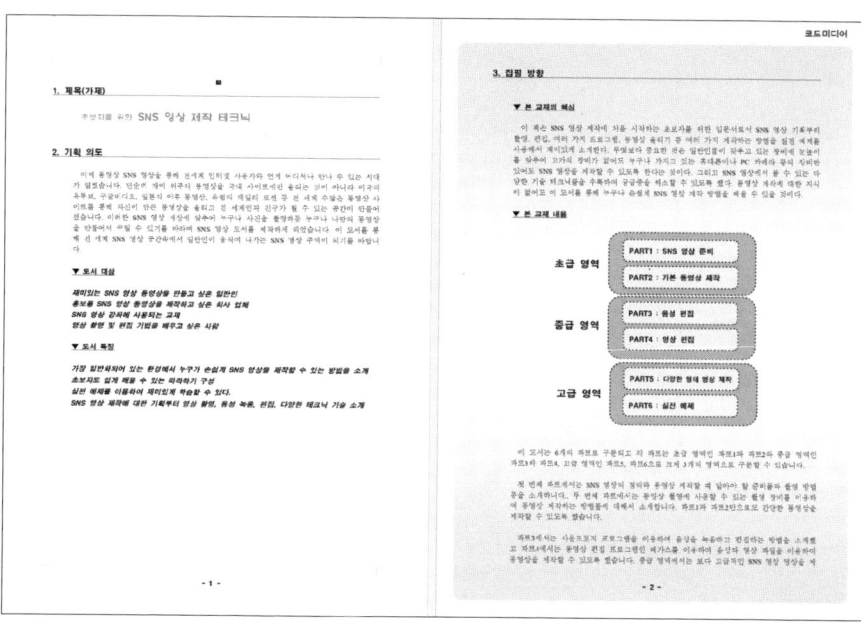

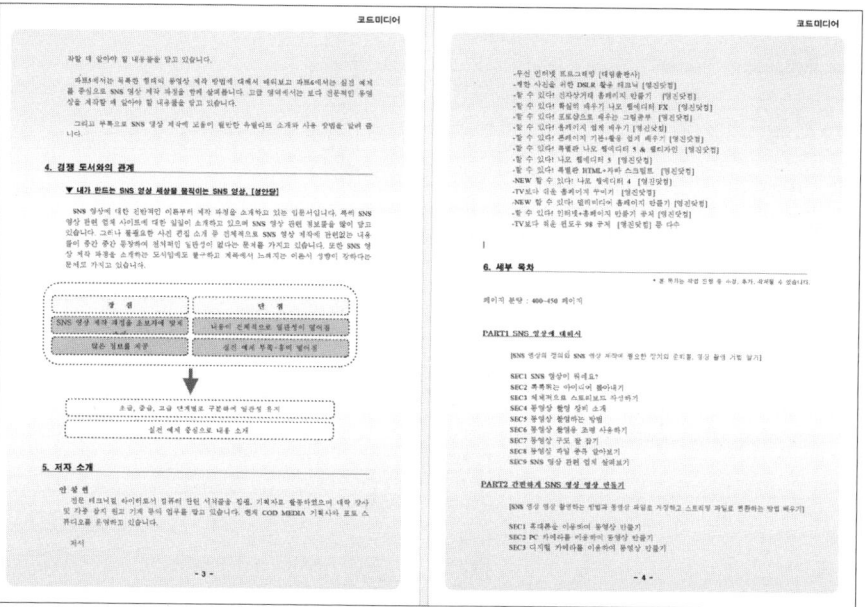

한컴 한글로 작성한 기본 형식의 출판 제안서 : 대부분 출판사에서 이용하는 대표적인 출판 제안서이다. 제목, 기획 의도, 집필 방향, 경쟁 도서, 저자 소개, 세부 목차 내용을 담고 있다.

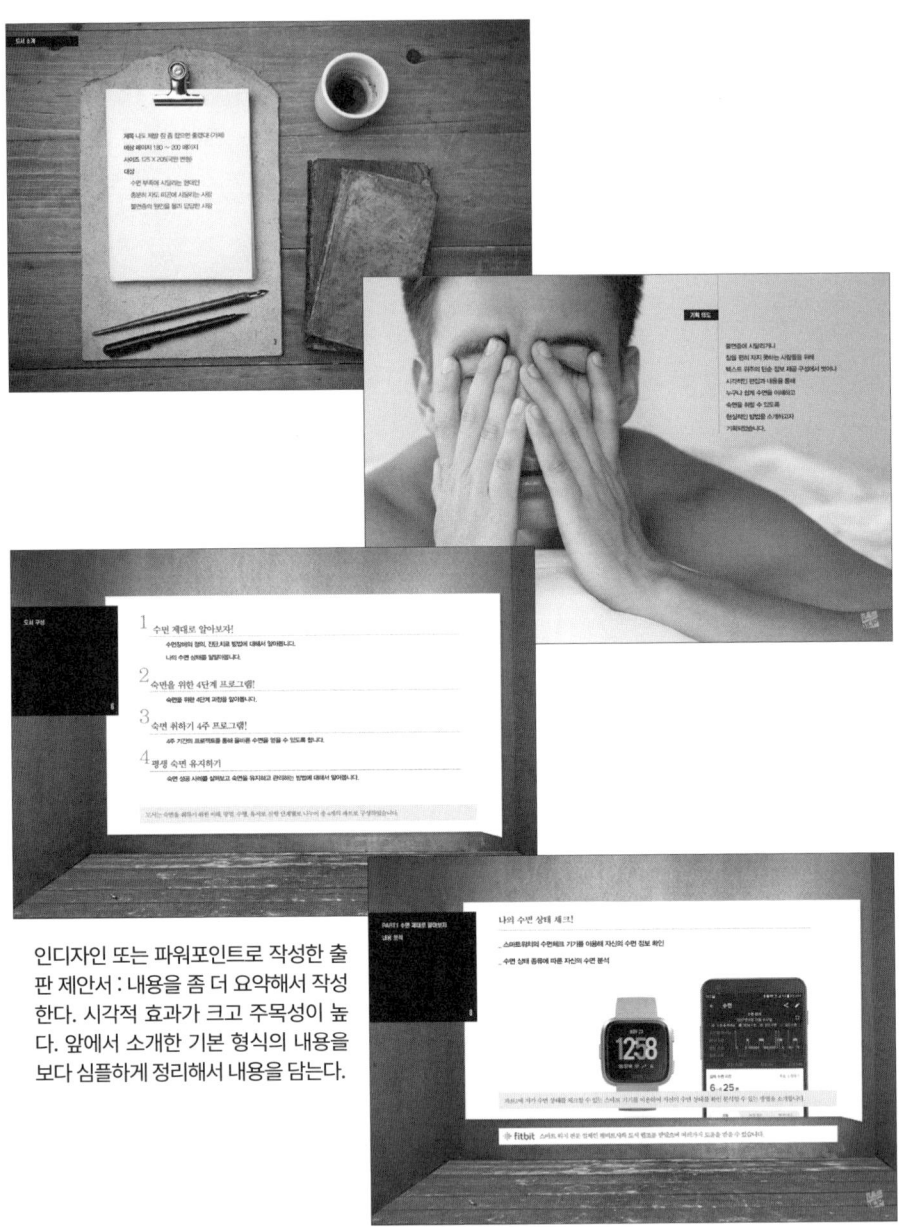

인디자인 또는 파워포인트로 작성한 출판 제안서 : 내용을 좀 더 요약해서 작성한다. 시각적 효과가 크고 주목성이 높다. 앞에서 소개한 기본 형식의 내용을 보다 심플하게 정리해서 내용을 담는다.

⑩ 기획자 원고 검토 과정 살펴보기

출판 계약이 완료된 상태라면 원고 정리가 끝난 후 원고를 출판사로 보낸다. 원고 담당자는 이 도서의 진행을 책임지고 있는 기획자로 저자의 원고를 검토한다.

<u>검토의 주된 내용은 구성이다.</u> 처음에 설정했던 원고의 구성대로 제대로 집필했는지 확인한다. 여기에 문제가 발생하면 원고를 뒤집는 문제가 발생할 것이다. 원고를 뒤집는다는 것은 섹션을 빼거나 추가하거나 위치를 변경하는 등 큰 수정 작업들을 말한다. 좋은 원고를 위해 수정은 피해갈 수 없는 일들이지만 너무 심한 수정이 발생한다면 원고의 구성에 문제가 있다고 볼 수 있다.

보통 저자들이 마무리 원고를 보낼 때 주로 교정·교열에 신경쓰는 것을 자주 본다. 분명 교정·교열은 중요하다. 특히 문학 도서는 중요한 요소로 볼 수 있다. 그렇지만 어떤 도서에서 중요한 것은 교정·교열이 아니다. <u>구성이 잘 되어 있어 도서로서 가치가 있는지를</u> 우선으로 고려해야 한다는 사실을 잊지 말자. 교정·교열이 잘 안 되어 있어도 그렇게 크게 신경 쓰지 않는다. 교정·교열은 언제든 할 수 있기 때문

이다. 그러나 구성이 나쁘면 더 이상 원고 진행을 할 수 없는 문제까지 발생한다. 그러므로 원고를 보내기 전에 교정·교열보다는 도서의 구성이 잘 되어 있는지를 잘 정리해서 보내도록 하자.

보통 출판사에서 원고 검토는 1~2회 정도 진행 될 것이다. 원고에 문제가 많다면 더 많은 검토가 필요할 것이고 정말 큰 문제가 있다면 출간이 중지될 수도 있다. 원고가 진행된 상태에서도 출간 중단이 될 수 있냐고 생각할 수 있지만 실제로 이러한 경우가 무척 많은 편이다. 그 이유는 저자가 처음에 설정한 구성에서 벗어나서 제멋대로 원고를 썼을 경우이다. 도저히 편집할 수 없을 정도가 되면 진행을 멈추고 저자와 함께 이 문제를 해결할 방법을 제시한다. 이러한 문제가 발생할 시 대부분 원고를 다시 쓰는 경우가 많다. 앞에서 원고의 구성이 중요한지를 여러 번 강조하는 이유도 여기에 있다.

수정이 잘 반영되지 않는 경우에는 기획자가 직접 원고를 수정해서 마무리하는 경우도 많다. 대부분 수정하는 수준이지만 극단적인 경우에는 원고의 일부를 집필하기도 한다. 중요한 도서인 경우 이렇게 기획자가 원고에 참여해서 마무리하는 경우가 비일비재하다. 그만큼 기획자의 능력이 얼마나 중요한지 알 수 있는 부분이다. 그래서 도서 전문가들이 도서를 볼 때 저자 이름보다는 기획자 이름을 먼저 보는 이유도 여기에 있다. 잘나가는 출판사는 직원이 많은 것이 중요한 것이 아니고 이러한 유명한 기획자들이 많은 곳이다.

교정지 수정하는 요령

　　　　　기획자가 원고 검토가 완료되었으면 비로소 도서 편집에 들어간다. 예전에는 맥 PC를 이용해서 도서 편집하는 경우가 많아 이미지도 변환하는 등 편집하기 위한 밑작업이 필요했지만 요즘에는 IBM의 인디자인으로 편집하는 경우가 대다수이다 보니 작업한 데이터만 보내면 끝난다.

　도서 편집자는 받은 자료를 이용하여 편집에 들어간다. 이미 샘플 편집으로 결정된 레이아웃을 통해 작업할 것이다. 만일 원고 편집 중 레이아웃과 맞지 않는다면 저자와 기획자가 서로 조율하여 맞추어야 한다. 보통 샘플 원고 때와 구성에 차이가 생겼을 때 조율한다. 경험이 많은 편집자는 이러한 문제를 자기 선에서 해결하기도 한다.

　도서 편집이 마무리되면 PDF 파일로 변환해서 기획자에게 전달된다. 기획자는 원고를 검토하고 다시 저자에게 보내준다. 이때 원고 검토는 교정지를 인쇄한 후 빨간펜으로 수정해서 보내준다. 수정이 많지 않은 경우는 PDF 데이터를 보내는 경우도 있는데 저자는 수정 사항을 메모해서 보내거나 PDF의 첨삭 기능으로 표시해서 보낸다.

가능한 수정은 인쇄본으로 하는 것을 추천한다. 보다 자유롭게 교정할 수 있기 때문이다. 만일 인쇄하기가 어렵다면 출판사에게 인쇄본을 요구할 수도있다.

원고 검토 중 내용을 추가해야 하는 부분이 생기면 다음과 같이 표시하면 편리하다. 예를 들어 파트 4에서 첫 번째 수정 내용이라면 '추가 4-1', 두 번째 수정 내용은 '추가 4-1'식으로 교정지에 표시한다. 그리고 파일에 #추가 4-1, #추가 4-2라고 소제목을 넣어서 파트 4에 있는 모든 추가 내용을 적은 후 문서 파일명을 '추가4.hwp' 식으로 저장해서 작업한다. 원고 파일과 자료들을 편집자에게 전달해 준다. 이때 교정지도 함께 전달해야 한다.

수정 이미지도 특정 표시명을 지정한다. 예를 들어 '4부 첫번째 변경 이미지'라면 'cg-4b-01.jpg' 식으로 파일명으로 저장한 후 교정지에 표시하면 된다.

이렇게 서로 피드백을 진행한다. 큰 문제가 없다면 3~4교에서 마무리 될 것이다. 그러나 도서의 구성이나 원고에 문제가 생겨 큰 수정이 생긴다면 더 많은 교정 단계를 거칠 수도 있다.

출판사에서 진행하는 경우 기획자가 모든 수정을 담당하는데 기획자의 스타일에 따라 달라진다. 1~2교 때 큰 문제가 없다가도 어떤 심경에 변화가 생겨 3교 때 원고를 뒤집는 경우도 있으며, 매 교정 때마다 원고를 뒤집는 경우도 허다하다. 원고 교정 때와는 완전히 다른 형태의 교정이 이루어진다.

대표적인 교정 기호

기호	예시	결과	설명
○	Ⓐ B̂ᶜ	C B	선택 영역의 글자를 다른 글자로 치환한다.
⌐	A|B	A B	B를 다음 줄로 내린다.
⌒	A⌒B	AB	B를 윗줄로 올린다.
⌣	BBBB A̶A̶A̶A̶	BBBB	AAAA를 BBBB로 바꾼다.
⌔	A B̂ C	A C	B를 삭제한다. 하이픈 또는 이중 하이픈으로 표시하기도 한다.
Y	A↑B	ACB	A와 B 사이에 C를 추가한다.
∽	A⌒B	B A	A와 B 위치를 바꾼다.

도서 ISBN 등록 살펴보기

도서가 어느 정도 정리되었으면 도서 등록을 해야 한다. 도서 등록이란 ISBN 등록을 해서 도서 출간을 허가받는 작업을 말한다. ISBN이 없는 도서는 정상적인 방법으로 도서 유통을 할 수 없기 때문에 상업용 도서는 무조건 ISBN 등록을 받아야 한다. 도서뿐만 아니라 전자책, PDF 도서 모두 ISBN 등록을 받아야 한다. 도서 등록은 출판사 등록을 한 사업자만 할 수 있으므로 출판사를 통해 도서를 진행하는 경우에는 출판사에서 ISBN을 신청해 준다. 교보 또는 부크크의 POD 도서인 경우에는 ISBN 발급을 대행해 준다.

도서 등록에는 도서의 종류에 따라 분류되며 해당 바코드가 생성된다. 그리고 도서의 저자와 도서의 특징 정보가 기록되며 등록된 정보는 언제든지 ISBN 코드를 검색해서 누구나 찾아 볼 수 있게 된다. 그만큼 도서 등록은 매우 중요하며 평생 기록에 남는 의미있는 작업이다. [ISBN ISSN 납본 시스템] 홈페이지(https://www.nl.go.kr/seoji)에서 ISBN을 등록하거나 ISBN으로 도서 정보를 찾아 볼 수 있다. 도서 검색은 오른쪽 상단에 위치해 있는 검색창에 도서 제목 또는 저자나 ISBN을 입력해서 검색하면 도서를 찾아 볼 수 있다.

ISBN 번호는 특정 규칙을 가지고 있다. 국가 코드인 979(978)-11은 모든 도서가 동일하다. 그다음에 나오는 4~5자리 숫자는 출판사 코드로 출판사의 고유 번호이다. 그 다음의 2자는 출판사의 도서 등록 횟수를 말한다. 예를 들어서 출판사에서 3번째 출간 도서라면 02라고 등록된다. 3번째임에도 번호가 02인 이유는 첫 번째 도서는 00을 부여받기 때문이다. 마지막 숫자는 랜덤 번호로 규칙이 없는 임의 숫자가 등록된다. 이렇게 해서 ISBN 번호가 구성된다. 그리고 긴 숫자 옆에 부가 기호 5자리가 등장하는데 이 숫자는 도서의 종류를 의미한다. 예를 들어 문학 도서는 03810이다. 그러므로 모든 문학 도서들은 03810을 부가 기호를 갖게 된다.

[ISBN ISSN 납본 시스템] 홈페이지에서 도서를 검색한 장면

⑬ 도서 표지 제작 과정 살펴보기

도서가 진행되면서 기획자는 도서 제목과 표지 선정 작업을 한다. 최소 1달 정도의 기간을 잡고 미리 작업한다. 먼저 도서 제목을 설정한다. 저자와 협의하여 의견을 구하고 여러 임시 제목을 만들어 보고 이 중에서 괜찮은 것을 선정하여 제목으로 지정한다.

제목은 도서의 얼굴로 어떤 도서인지 알려주는 매우 중요한 역할을 한다. 정말로 도서 제목 때문에 수많은 날을 고민하고 주위 사람들에게 어떤 제목이 좋은지 의견을 구할 정도로 어려운 작업 중 하나이다.

이렇게 고심 속에 도서 제목이 결정되면 원하는 디자인 스타일을 제시하여 디자이너에게 도서 표지 디자인을 의뢰한다. 디자이너는 이를 기반으로 3개 정도의 샘플 디자인을 하게 된다. 여기서 또 다시 고민에 빠진다. 어느 시안이 좋은지 결정해야 하기 때문이다. 사내 투표로 결정하거나 SNS를 통해 공개적으로 투표하기도 한다. 표지 시안이 결정되어도 도서가 나오기까지 완전히 결정된 게 아니다. 여러 가지 상황에 따라 수정될 수도 있고 아예 다른 디자인으로 바뀌기도 한다. 이러한 우여곡절을 겪고 나서야 표지가 탄생된다.

B안(왼쪽) : 가독성이 떨어진다.

B안(왼쪽) : 내용이 어려워보이고 디자인 도서처럼 보이지 않는다.

최종 검토 작업 살펴보기

도서 편집 피드백도 끝나고 모든 과정이 끝났다면 마지막 교정이 기다리고 있다. 마지막 교정은 도서 인쇄가 들어가기 전에 마지막으로 검토하는 과정을 말한다. 도서 제작에 있어서 가장 지옥 같은 시간이기도 하다. 큰 문제가 없는 경우에는 기획자 선에서 간단하게 마무리되는 경우가 많지만 관심도가 높은 도서라든가 원고에 문제가 많았던 도서인 경우에는 마지막 교정에 공을 들여 시행한다.

최종 검토는 도서 편집자 사무실에서 이루어진다. 내용을 바로 수정할 수 있어야 하기 때문이다. 그리고 도서 담당 기획자와 저자가 직접 참여한다. 원고 교정지를 기획자와 저자가 크로스 체크하면서 검토한다. 수정이 있으면 바로 편집에 반영한다. 이때는 교정·교열에 심혈을 기울인다. 페이지 번호 확인, 하시라 확인, 도서 제목은 잘 들어갔는지 등 전체적인 문제를 검토한다. 어떠한 경우에는 2~3일 철야 작업을 벌이기도 한다. 이렇게 만들어진 최종 PDF를 출력 인쇄소에 넘긴다.

최종 PDF 데이터를 이용하여 출력소에서는 출력용 판을 제작한다. 이때 검토용 PDF를 만드는데 이 PDF는 출력용으로 우리가 제작한 PDF와 차이가 있을 수 있다. 출력소는 출력용 PDF를 출판사에 다시 보내주고 이 데이터로 마지막으로 검토를 진행한다. 검토를 하다 보면 그렇게 확인했는데도 불구하고 다시 수정 사항이 나오기 마련이다. 수정이 나오면 다시 수정해서 PDF를 보내고 출력용 PDF를 받아서 재검토를 한다. 이렇게 피드백을 하다가 더 이상 수정이 없으면 출력소에 "이상이 없습니다. 인쇄 부탁드립니다."라고 전달하고 작업이 완전히 끝나게 된다.

위의 작업을 검판 작업이라고 부르는데 옛날에는 디지털이 아니라 PS 판을 직접 뽑았기 때문에 반드시 출력소에 들러 필름 검판을 해야 했다. 시간도 오래 걸리고 보기도 힘든 고된 작업이었다. 요즘에는 디지털로 출력하게 되면서 PS판을 이용하지 않고 PDF를 통해 검수한다. 꽤나 간편해진 세상이다. 이후의 제작 공정은 인쇄소에서 이루어진다.

검수는 아직 한 번 더 남았다. 인쇄소에서 인쇄된 페이지를 검수하는 것이다. 인쇄가 제대로 되었는지 오류가 있는지 검사를 하는 것이다. 이 작업은 인쇄소에서 인쇄된 페이지를 일일이 보면서 검수한다. 어느 정도 인쇄소와 스타일이 공유된 경우 이 작업은 생략하기도 한다.

인쇄가 끝나면 코팅과 제본 과정을 통해 비로소 책이 만들어 진다. 보통 1주일 정도 제작 기간을 잡는다. 이 긴 여정을 담당 기획자는 모든 과정에 관여하고 책임을 진다. 대부분의 과정은 담당 기획자가 맡고 저자는 마지막 검수까지는 관여하지 않는 경우도 있다.

⑮ 출간 도서 수정 내용 체크하기

도서 인쇄가 들어가면 1~2주 정도 지나면 도서가 출간된다. 출간된 후 저자에게도 지정된 증정 도서를 받을 수 있을 것이다. 첫 도서라면 떨리는 마음으로 도서를 접하게 될 것이다. 교정 때 여러 번 검토했음에도 불구하고 무언가 잘못된 부분이 있는 건 아닌지 떨리는 마음에 도서를 펴 보지도 못할 것이다. 그만큼 첫 도서의 설렘은 대단한 것이다.

도서를 받으면 제일 먼저 도서에 이상이 없는지 검토하도록 한다. 희안하게도 그렇게 수많은 교정을 볼 때는 보이지 않던 것들이 보이게 된다. 어떤 전문가의 손을 거쳐도 오탈자가 없는 도서는 없다. 너무 안일하게 대처해도 안되지만 그렇다고 너무 낙심하지도 말자.

먼저 도서를 처음부터 낱낱이 살펴보자. 그리고 잘못된 부분이 있다면 빨간펜으로 수정하자. 그리고 라벨지로 해당 페이지에 붙여 놓자. 이렇게 도서 전체를 교정하고 표지에는 '교정용 1판'이라고 라벨을 붙여 넣도록 한다. 1판이라고 표시하는 이유는 나중에 재쇄를 하여 두 번째 판이 나온 경우 서로 구분하기 위해서이다.

이렇게 교정을 모두 보았다면 한컴 한글이나 엑셀 프로그램을 이용하여 교정 내용을 적는다. 교정 내용을 적는 방법은 몇 페이지에 몇 번째 문단 몇 번째 줄의 내용을 이렇게 수정한다는 구성(??페이지 ??번째 문단 ??번째 줄 A ⋯ B)으로 적으면 된다. 이렇게 작성한 내용은 출판사 홈페이지, 저자가 운영하는 SNS를 이용하여 정오표를 제공한다. 미리 도서에 SNS 주소를 명시해 두고 독자들이 먼저 찾아 보게 만들면 좋은 결과를 얻을 수 있다. 이때 몇 번째 정오표인지 버전을 표시하면 더욱 좋다. 보통 수정 날짜와 버전을 함께 명기한다. 예를 들어 20240303-v01처럼 표시해 두면 알아보기 편할 것이다. 버전을 표시해 두는 이유는 나중에 또 새로운 정오표가 올려야 할 때 구분하기 위해서이다.

요즘에는 PDF로 교정지를 보내는 경우가 많다. PDF는 편집 기능이 있기 때문에 PDF에 교정을 표시하기에 편리하다. 어도비 PDF가 없다면 무료 PDF 앱인 [알PDF]를 이용해도 된다.

[알PDF]인 경우 PDF 문서를 연 다음 [주석] 메뉴를 클릭한다. 그리고 수정을 표시하고 싶은 글을 마우스로 드래그하고 마우스 오른쪽 클릭하면 나타나는 메뉴를 이용하여 수정을 표시할 수 있다. [강조]를 선택하면 글자 배경에 색이 표시되고, [취소선]을 클릭해서 삭제 표시를 할 수 있고, [삽입 기호]를 클릭하면 나타나는 텍스트 창에 글을 넣어 텍스트와 텍스트 사이에 추가할 글을 기록할 수 있다.

수정 내용을 텍스트로 기록하고 싶다면 상단 메뉴에서 [주석]을 클릭한 다음 [노트]를 클릭한다. 그러면 아이콘 모양이 바뀌는 데 이 상태에서 수정 내용을 표시하고 싶은 곳을 클릭하면 나타나는 텍스트 상자를 이용하여 수정 내용을 기록할 수 있다. 이렇게 기록한 내용은 왼쪽 [댓글 목록] 탭을 클릭해서 노트로 기록한 내용만 확인할 수 있다. 수정을 마무리했으면 PDF를 저장한 후 보내면 된다.

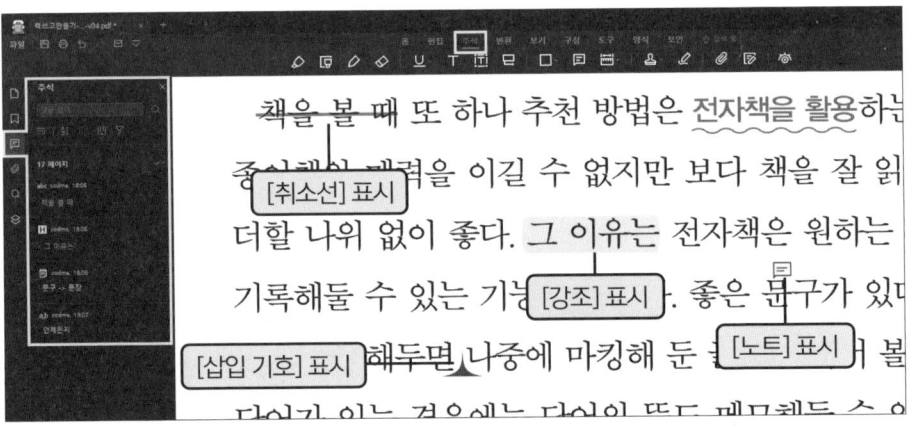

⑯ 도서 홍보 요령

도서가 출간하기 전에 도서 홍보를 한다. 도서를 홍보하는 방법은 여러 가지가 있다.

<u>온라인 서점의 배너 광고를 하는 방법</u>이 있다. 대표적인 온라인 서점인 교보문고, 예스24, 알라딘 등에 배너 광고를 신청하는 것이다. 가장 효과적인 방법이긴 하지만 가격이 매우 높다. 광고를 하면 그만큼 판매가 늘어나지만 그만큼 마케팅 비용도 높아진다. 그래서 광고를 시행할 도서는 마케팅 비용을 감안하여 인쇄 부수를 높게 책정한다. 예를 들어 광고비가 500만 원인데 도서를 1,000부를 인쇄하게 되면 도서당 5,000원 꼴로 광고비가 책정된다. 그러면 수지타산이 맞지 않게 된다. 만일 5,000부를 인쇄하면 광고비는 1,000원, 10,000부를 인쇄하면 500원이 소요될 것이다. 그리고 도서는 많이 인쇄할수록 권당 제작비가 줄기 때문에 더 큰 효과를 얻을 수 있게된다.

어떤 출판 관계자가 했던 말이 기억난다. 광고를 해서 몇억의 수익을 얻는데 그만큼 광고비가 들어서 계속해서 수익을 내기 위해서 광고비를 계속해서 지출하는 챗바퀴 구성이 이루어진다고 한다. 그럼

에도 크게 수익을 얻지 못하는 경우가 비일비재한다고 한다. 그만큼 광고 마케팅은 처음 기획 단계부터 설정하고 진행해야 하는 만큼 위험 부담이 매우 크다.

그 다음은 SNS 홍보이다. <u>가장 많이 이용하는 방법으로 출판사와 저자의 SNS를 이용하여 홍보하는 방법</u>이다. 또는 도서 소개 인플루언서를 이용하여 홍보하기도 한다. 인플루언서를 이용하는 경우 역시 홍보비가 꽤 많이 들기 때문에 충분한 조사를 통해 진행해야 한다.

그래서 출판사에서 아예 처음부터 SNS 인플루언서 전문가를 저자로 섭외하는 이유도 여기에 있다. 돈을 들이지 않고 인플루언서 저자 그 자체로 홍보 효과를 기대할 수 있기 때문이다.

다음은 <u>서점의 예약 판매 시스템을 이용하는 방법</u>이다. 이 방법은 첫 출간 시 약간의 홍보 효과를 기대할 수 있는 방법이다. 모든 온라인 서점에는 예약 판매 서비스를 제공한다. 도서를 예약 주문하면 서점이 구매자에게 여러 가지 서비스를 제공하는 방식이다. 이때 제공되는 서비스는 출판사에서 준비해야 한다. 굿즈나 상품권 등 다양한 상품을 제공하기도 한다. 상품은 크게 돈을 들이지 않고도 도서와 관련된 상품으로 고려하면 된다. 필자는 3D 프린터는 무료 기기 할인권과 무료 3D 프린터 출력 서비스, 무료 강의를 제공했고 킥스타터 도서는 협찬사에서 제공해준 충전 배터리를 제공한 적도 있다. 모두 협찬을 통해 진행했기 때문에 비용이 들지 않았다. 미리 협력해 주는 분과 잘 협의하면 비용이 많이 들이지 않고 이벤트를 진행할 수 있을 것이다. 이렇듯 해당 서점과 협의를 하여 다양한 이벤트를 진행할 수 있다.

도서 시사회를 이용하는 방법도 있다. 교보문고에서는 시사회 서비스를 제공한다. 시사회를 신청하면 강의실을 제공하는데 이곳에서 도서 소개 시사회를 진행할 수 있다. 큰 비용이 들지 않기 때문에 좋은 효과를 얻을 수 있다. 저자의 인지도가 있다면 더욱 효과가 크다. 저자 사인회도 이러한 맥락에서 운영된다. 교보문고, 영풍문고, 반디앤루니스의 각 오프라인 매장에 문의해서 신청할 수 있다.

도서 홍보하는 방법에 대해서 알아보았다. 요즘은 SNS 이용자가 많은 만큼 SNS를 통한 홍보가 큰 역할을 한다. 특히 저자가 SNS 활동에 적극적이라면 보다 큰 효과를 얻을 수 있을 것이다. 그래서 요즘에는 인플루언서 출신 저자를 선호하는 편이다. 도서를 집필한다면 미리 SNS로 홍보하는 것도 좋은 방법이다.

서점 예약 판매 홍보 페이지

도서 시사회 준비 장면

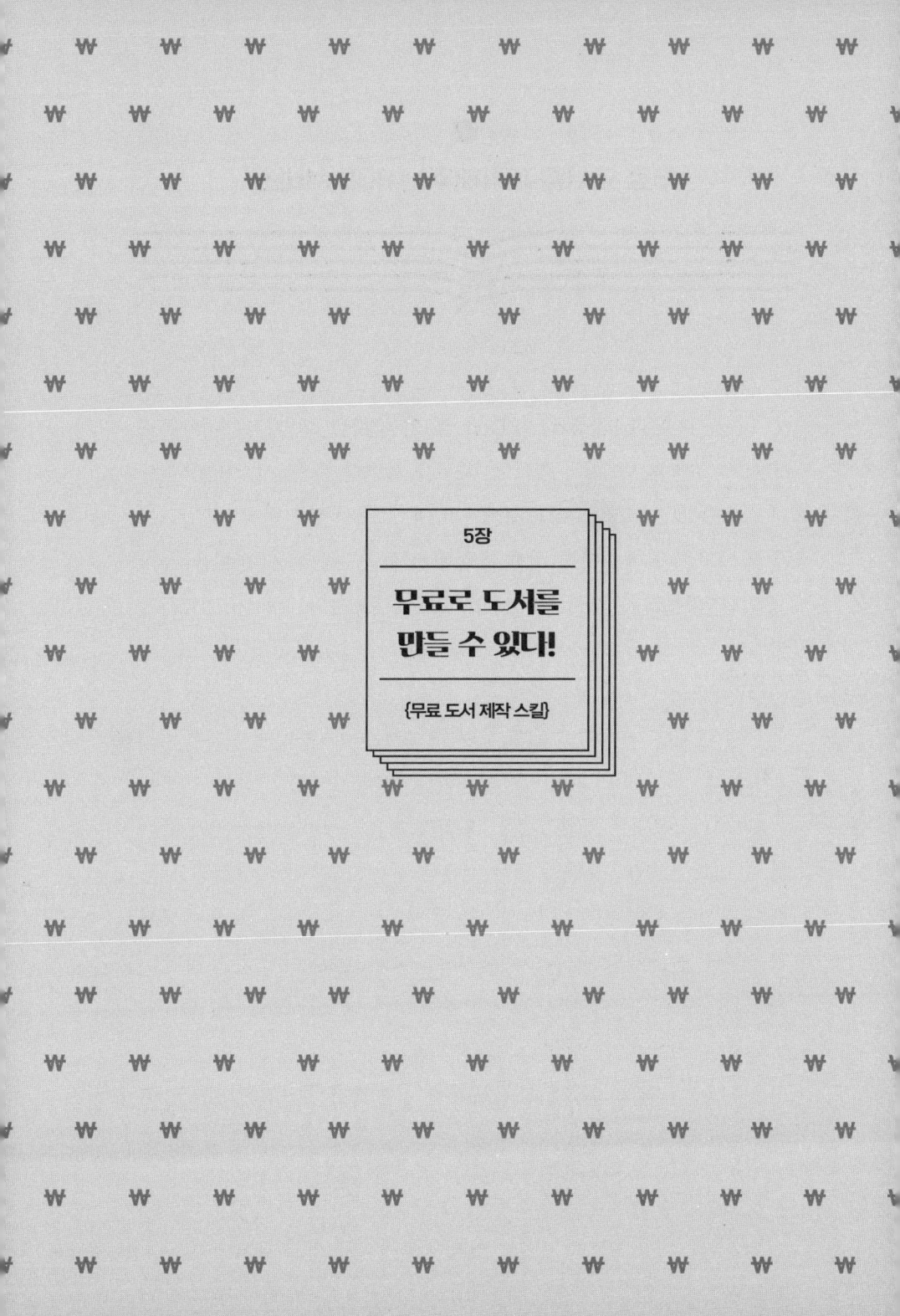

5장

무료로 도서를
만들 수 있다!

{무료 도서 제작 스킬}

❶ 무료 도서를 제작해주는 POD 서비스

POD란 Publish On Demand의 약자로 소비자가 도서를 주문하면 그때 도서를 제작해서 공급하는 도서를 말한다. 주문 시스템이다 보니 도서 판매시 제작비를 차감하는 방식이다. 그래서 한꺼번에 많은 도서를 인쇄하는 일반도서에 비해 제작비가 들지 않는다는 장점을 가지고 있다. 대표적인 POD 서비스 업체로는 부크크와 교보문고 POD가 있다.

POD 업체를 이용하면 전문가 수준까지는 아니더라도 누구나 쉽게 접하는 한컴 한글과 MS 워드를 이용하여 도서를 편집하고 POD 업체에서 제공되는 템플릿을 이용하여 표지도 뚝딱 만들어서 출간할 수 있다. 그러나 장점만 있는 것은 아니다. 느린 배송과 검증을 통해 출간하는 일반 도서에 비해 자유롭게 출간되다 보니 저급의 도서가 생산되는 문제도 있다. 그럼에도 불구하고 돈 들이지 않고 나만의 ISBN 코드가 있는 도서를 만들 수 있는 것은 굉장한 일일 것이다.

대표적인 POD의 두 업체의 특징을 살펴보자. 부크크는 [부크크] 홈페이지(https://bookk.co.kr)에서 지원하는 서비스로 도서를 등록하면 부크크에서 직접 운영하는 온라인 서점 이외에 교보문고, 예스24, 알라딘, 북센 서점에 도서를 유통해준다. 교보 POD가 교보 문고에서만 제공해주는 것에 비하면 파격적인 유통이다. 단, 수익률은 교보 POD보다 낮다. 도서 제작 서비스는 교보 POD와 서로 비슷하지만 부크크가 더 친절한 편이다.

교보 POD 서비스는 정확하게는 [교보 디지털 콘텐츠 파트너 시스템] 홈페이지(https://partner.kyobobook.co.kr)에서 제공하는 서비스이다. 이 홈페이지에 접속한 후 회원가입을 하면 POD 서비스를 이용할 수 있다. 교보문고 POD는 교보문고에서만 도서가 유통이 되지만 부크크보다 더 다양한 크기의 판형으로 도서를 만들 수 있고 도서 수익률도 부크크보다 좋은 편이다.

분명 POD 도서로 큰 수익을 얻을 수 있다! 또는 베스트셀러 작가가 될 수 있다! 라고 장담할 수 없다. 그러나 나의 능력을 발휘한 도서를 만들어 원하는 목적을 달성하기에 충분하다. 강사들에게는 강의용 책자를 만들 수 있고 작가들에게는 나의 작품집을 만들 수 있어 좋다. 나만의 기술을 가지고 있다며 그 기술을 소개하는 도서를 만드는 것도 좋은 일일 것이다.

도서에 열정을 쏟은 만큼 쏠쏠하게 수익도 따라올 것이다. 하지만 이러한 작업이 쉽다고 생각하면 안 된다. 대충 만들다가는 좋은 결과를 얻지 못할 것이다. 어쨌든 책을 만드는 일은 쉬운 일은 아니기 때문이다. 몰지각한 일부 유튜버들의 '책을 만들면 돈을 벌 수 있다'

같은 현혹에 넘어가지 말자. 충분히 시간을 들여서 원고를 작성하고 가능한 예쁘게 편집해서 멋진 도서를 만들도록 노력해야 한다.

POD 서비스를 이용하기 전에 POD 서비스의 장단점 및 POD 제작 업체들의 특징에 대해서 알아보자.

POD 서비스 장점

- 무료로 내 책을 만들 수 있다.
- 한 번 등록하면 알아서 유통 관리를 해주므로 신경 쓸 일이 없다.
- 업체마다 규정이 다르지만 출간 후에도 도서 수정을 할 수 있다.
- 한컴 한글과 MS 워드로 도서 편집을 할 수 있다.
- 표지를 템플릿으로 무료로 만들 수 있다.

POD 서비스 단점

- 제한된 온라인 서점에서만 유통이 가능하다.
- 도서 주문 후 배송까지 1주일 정도 걸린다. 부크크는 바로 출고가 가능한 유료 서비스 [바로출고]를 제공.
- 한컴 한글과 MS 워드로 도서 편집을 할 수 있도록 되어 있으나 복잡한 편집은 할 수 없으며 사용에 제약도 많다. 인디자인을 이용한 전문 편집을 하는 것이 좋다.
- 수익률은 보통 정가의 10~20% 내외이다.

교보 POD와 부크크 비교

- 교보 POD는 교보문고만 유통되지만 높은 인지도로 인해 판매율이 높고 수익률도 높은 편이다.
- 부크크는 교보문고, 예스24, 알라딘, 북센 서점에 유통이 가능한 점이 장

- 점이나 수익률은 교보 POD 보다 낮다.
- 교보 POD가 부크크 보다 지원하는 도서 크기 등 옵션이 더 많아 다양한 종류의 도서를 제작할 수 있다.
- POD 도서는 배송이 느리지만 부크크는 유료 옵션으로 당일 배송 서비스를 제공한다.
- 교보문고는 교보 POD로 유통하고, 예스24, 알라딘, 북센은 부크크 POD로 나누어서 유통하면 좋다.
- 교보 POD와 부크크 중 한 곳을 선택해야 할 경우 다양한 서점 유통을 제공하는 부크크를 이용하는 것이 좋다.

❷ 부크크 POD 도서 등록 단계

부크크는 종이책을 비롯해서 전자책까지 제작해서 자사 서점 이외에 교보문고, 예스24, 알라딘, 영풍, 북센 서점까지 외부 유통을 해주는 대표적인 POD 서비스이다. 인터넷이 가능한 PC라면 부크크 홈페이지에 접속해서 도서 등록을 할 수 있다. 그럼 종이책을 중심으로 도서를 어떻게 만드는지 알아보자.

먼저 [부크크] 홈페이지(https://bookk.co.kr)에 접속한 다음 회원가입을 한 후 [책만들기] 메뉴를 클릭한다. 그리고 왼쪽 메뉴에서 [새종이책]을 클릭하면 도서 등록이 시작된다. 도서 등록은 총 5단계로 나누어져 있다. 각각의 단계별로 이용 방법을 알아보겠다.

1단계 [도서 형태]

여기서는 기본적인 도서 규격을 지정한다. 도서 컬러에서는 도서의 본문을 흑백을 할지 컬러로 할지 지정한다. 시, 수필, 소설처럼 이미지가 많이 들어가지 않는 경우 [흑백]을 선택하고 DIY나 활용서처럼 이미지가 많이 들어가는 경우에는 [컬러]를 선택하도록 한다. 컬러를 선택하면 그만큼 도서 제작비가 늘어 수익률이 많이 줄어드므로 신중하게 선택하도록 한다.

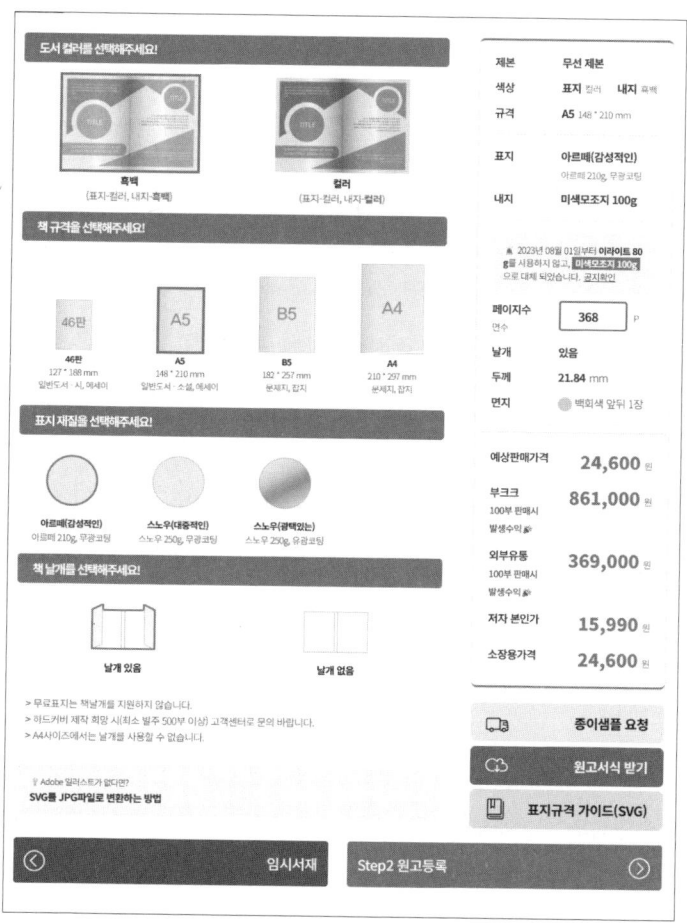

　　책 규격에서는 책 사이즈를 선택한다. 부크크 POD에서는 46판(127×188), A5(148×210), B5(182×257), A4(210×297) 사이즈를 지원한다. 가장 무난한 규격은 국판(148×210)이다. 적당한 사이즈로 요즘 가장 선호하는 사이즈이다. 만일 글이 많다면 조금 큰 B5(182×257) 규격도 괜찮다. 흔히 교과서 사이즈라고 해서 옛날부터 꾸준하게 인기있는 사이즈이다. A4는 어린이 도서 등 내용이 크게 들어가

기에 적합한 도서를 만들 때 사용하고 46판(127×188)는 매우 작은 규격으로 분량이 적은 책이나 포켓북을 만들 때 사용한다. 책 크기가 클수록 제작비가 상승하므로 내 원고에 맞는 규격을 선택하자.

다음은 표지 재질을 선택한다. 표지 재질에 따른 제작비 차이는 나지 않으므로 큰 이유가 없다면 [아르떼(감성적인)]을 선택하도록 한다. 질감 있는 고급 종이로 표지 용지에 적합하다. 스노우는 아트지와 함께 표지에 많이 사용되는 대중적인 용지로 흰색 표면에 맨들맨들한 질감을 가지고 있다. 스노우지는 [스노우(대중적인)]과 [스노우(광택있는)]이 있는데 [스노우(대중적인)]은 무광 코팅을 가리키고 [스노우(광택있는)] 유광 코팅을 가리킨다. 대부분의 표지에는 무광 코팅이 사용된다. 다시 정리하면 표지 재질은 [아르떼]를 선택한다. 스노우지를 이용해야 한다면 [스노우(대중적인)]을 선택한다.

다음은 책 날개 유무를 지정한다. 표지의 날개에 약력 등의 정보를 입력하려면 [날개있음]을 선택한다. 보통 날개 있음을 추천한다. 만일 표지 디자인을 부크크에서 제공하는 템플릿을 이용할 경우 날개를 지원하지 않으므로 [날개없음]을 선택하도록 한다.

1단계 정보를 입력하면 오른쪽에 요약 정보가 나타날 것이다. 이 중 [장수] 항목이 있는데 이곳은 본문 원고 페이지 수를 적는 곳이다. 나중에 수정할 수 있으므로 지금 단계에서는 대략적으로만 적어도 된다.

밑에는 예상 판매 가격 정보가 표시된다. 이 금액은 부크크가 이

도서를 이 정도 가격에 팔면 적당하고 제시하는 금액이다. 그리고 그 가격에 팔았을 경우 부크크 서점과 외부 유통 판매 시 저자가 받을 수익을 알려준다. 이 금액은 100권을 기준으로 표시한 것이기 때문에 1권의 수익을 알려면 1/100으로 나누면 된다. 수익률을 높이려면 본문은 가능한 흑백으로 하고 책 규격도 작은 사이즈를 선택하는 것이 좋다.

그리고 밑에는 [원고서식 받기] 버튼이 있는데 이 버튼을 클릭해서 원고 서식을 내려받도록 한다. 이 데이터에는 책 규격에 따른 MS 워드와 한컴 한글 서식 파일이 들어 있다. 제책 편집에 맞게 여백 등 기본 스타일이 지정되어 있으므로 해당 문서를 열어서 작업할 수 있도록 되어 있다. 또한 부크크에서 제공하는 폰트도 포함되어 있는데 문서 작업 시 사용할 수 있는 부크크 명조와 부크크 고딕 폰트가 있다.

1단계 입력을 완료했으면 [step2 원고 등록]을 클릭해서 2단계로 넘어간다. 해당 내용은 언제든지 수정할 수 있으므로 정확하지 않은 항목은 대충 입력하고 넘어가도 된다.

2단계 원고 등록

여기서는 실제로 도서 정보를 입력하는 단계이다. [표제]에는 도서 제목을 [부제]에는 부제목을 입력한다. [대표 카테고리]에는 도서의 장르를 선택한다. 잘 모르겠다면 온라인 서점에서 유사 도서를 찾아서 해당 도서가 속해 있는 카테고리를 찾아서 지정하면 된다.

[도서 제작 목적]에는 [ISBN 출판 판매용]을 선택하고 [ISBN 입력]에는 [부크

크에서 무료등록]을 선택한다. 도서를 판매하려면 반드시 ISBN을 등록해야 하는데 ISBN은 개인이 신청할 수 없기 때문에 부크크에 ISBN을 요청하도록 한다. 만일 ISBN 번호를 신청할 수 있는 단체라면 [ISBN 입력] 항목에 [이미 보유한 ISBN 입력]을 선택하고 ISBN을 직접 입력하면 된다.

다음 항목은 원고를 업로드하는 항목이다. 원고는 MS 워드와 한컴 한글로 작업한 doc, docx, hwp와 PDF를 등록할 수 있다. 그러나 가능한 doc, docx, hwp 문서는 직접 등록하지 않도록 한다. 그 이유는 MS 워드와 한컴 한글은 프로그램 버전에 따라 약간 스타일 변화가 발생하기 때문이다. 예를 들어 한 페이지에 10줄의 내용이 들어 가도록 작업한 문서가 프로그램 버전 문제로 9줄로 변형되기도 하기 때문이다. 그뿐만 아니라 글자 간격 등의 변화도 발생할 수 있다. 부크크에서도 MS 워드와 한컴 한글의 PDF 변환 기능을 이용하여 PDF로 등록하기를 추천한다.

원고 준비가 완료되었으면 [원고 업로드] 버튼을 클릭하면 나타나는 대화 상자에서 원고 파일을 선택해서 등록하도록 한다. 모든 과정을 지정했으면 [Step3 표지 등록] 버튼을 클릭한다.

원고 업로드 과정

3단계 표지 디자인

표지를 만드는 단계이다. 크게 [무료 표지], [직접 올리기], [구매한 템플릿] 세 가지를 제공한다. 템플릿은 너무 단순해서 도서의 품질을 떨어뜨릴 수 있으므로 가능한 표지를 직접 제작하는 [직접 올리기]를 이용해서 등록하도록 한다. 그럼 각 방법들이 어떤 특징을 가지고 있는지 알아보자.

[무료 표지]는 부크크에서 제공하는 템플릿으로 표지를 만드는 과정이다. 매우 심플한 구성이지만 손쉽게 표지를 만들 수 있다는 장점을 가지고 있다. 단, [무료 표지]를 선택하면 표지 날개를 이용할 수 없으며 외부 유통 판매도 10권 이상 판매가 이루어져야 유통이 가능하다는 제약이 따른다. 사용 방법은 매우 간단하다. 템플릿 목록에서 원하는 스타일을 선택하면 표지에 반영된다. 표지 제목과 저자 이름 정보도 앞에서 입력한 정보를 바탕으로 자동으로 입력된다. [표지 뒷면 문구] 항목에 글을 입력하면 자동으로 표지 뒷면에 글이 등록된다. 간단하게 표지 등록을 끝낼 수 있다.

다음은 [직접 올리기]에 대해서 알아보자. 일러스트레이터, 인디자인, 포토샵 등의 프로그램을 이용하여 직접 표지를 만드는 과정이다. 표지를 제작하려면 우선 표지 규격을 지정해야 한다. 문제는 표지 부크크의 표지 규격은 지정하기가 매우 까다롭다. 표지 규격을 알려면 우선 도서 규격과 두께, 표지 날개 영역과 바깥쪽 여백을 알아야 한다. 도서 규격은 앞에서 선택한 도서 규격을 말하는 것이고 두께는 도서의 옆 영역인 흔히 세네카 또는 책등이라고 불린다. 두께는 사용

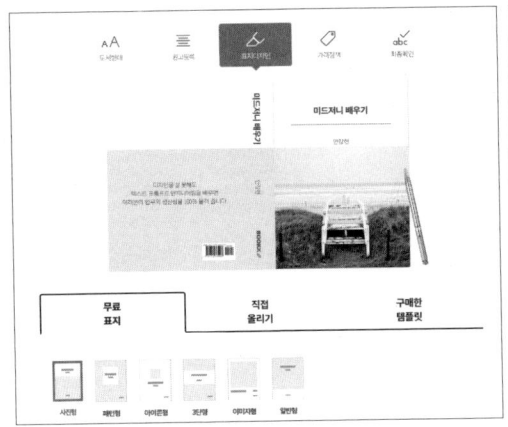 

[무료 표지] 탭을 선택한 경우 　　　[직접 올리기] 탭을 선택한 경우

한 본문 용지와 페이지수에 따라 달라진다. 부크크 판형 정보의 두께 항목에서 확인할 수 있다. 여백은 사방 3mm이다. 마지막으로 책 날개 너비를 알아야 하는데 이 너비는 고정된 수치가 아니라 책 사이즈에 따라 달라진다. 책 너비는 책 판형 너비×2, 두께, 여백 6mm(좌우 3mm씩), 양쪽 날개 100mm×2, 책등 사이즈를 합산해서 계산하고 책 높이는 책 판형 높이에 여백 6mm(좌우 3mm씩)을 합산해서 계산된다. 예를 들어 148×210 판형의 도서에서 책등 사이즈가 15mm라면 너비 규격은 (148×2)+(3×2)+(100×2)+15=517이 되고 높이 규격은 210+(3×2)=216이 된다. 결국 표지는 517×216mm 사이즈로 제작해야 한다.

판형 계산이 복잡하다면 화면에 있는 [표지규격 가이드 다운로드] 버튼을 클릭해서 서식을 다운로드 받을 수 있다. 이 서식은 앞에서 설명한 규격이 모두 설정된 빈 문서로 이 문서를 이용하면 규격 걱정 없이 디자인할 수 있도록 되어 있다. 이 파일의 확장자는 svg로 일러스트레이터나 포토샵에서 불러올 수 있다. 디자인을 모두 했으면 PDF

표지 구성

저장 기능을 이용하여 저장한 후 [업로드] 버튼을 클릭해서 등록하면 된다. [로고 선택] 항목은 표지 디자인에 로고를 넣어 주는 기능이다. 로고는 출판사를 표시하는 것으로 ISBN 등록처의 로고를 넣어주어야 한다. ISBN을 부크크로 신청했다면 부크크 로고를 넣어야 하고 ISBN을 직접 등록했다면 해당 로고를 넣어주어야 한다. 부크크 로고를 사용할 경우 [로고 선택]에 있는 4가지 로고 중 선택하면 내가 만든 디자인에 로고를 자동으로 넣어 준다. 만일 나만의 스타일로 로고를 넣고 싶다면 화면 왼쪽 FAQ에서 [로고 파일 다운로드]를 클릭해서 부크크 로고를 다운로드 받아서 사용하면 된다.

또한 부크크 ISBN을 등록한 경우 표지 디자인에 ISBN 코드를 넣지 않아도 표지 뒷면에 ISBN 코드를 자동으로 넣어 준다. 내가 직접 ISBN을 등록한 경우 표지 디자인에 ISBN 코드를 넣어 주어야 한다. 모든 작업이 완료되었으면 [Step4 가격정책]을 클릭한다.

[가격 정책] 설정 화면

4단계 가격 정책

도서 가격을 지정하는 단계이다. [정가설정]에서 도서 판매가를 입력할 수 있다. 이 항목에는 이미 최소 금액이 입력되어 있다. 이 가격보다 높게 설정하고 싶으면 비용을 입력해서 수정할 수 있다.

정가를 입력하면 오른쪽에 부크크 서점 입점과 외부 서점 입점에 따른 내 수익 가격이 표시된다. 이 수익은 책이 팔렸을 때 나에게 입금되는 금액이다. 부크크 서점은 부크크에서 운영하는 서점을 말하는 것이고 외부 서점은 교보문고, 예스24, 알라딘 서점에 도서를 입점해서 판매했을 경우의 수익이다.

도서 수익은 기대보다 낮은 편이다. 좀 더 수익을 높이려면 인쇄비를 줄여야 하는데 인쇄비를 줄이는 방법은 도서 규격을 작게 하고 컬러보다는 흑백으로 설정하고, 본문 페이지 수도 줄이면 된다.

[외부서점 입점]은 [네]를 선택해서 교보문고, 예스24, 알라딘, 영풍, 북센에서도 도서를 판매할 수 있도록 한다. 모든 작업이 완료되었으면 [Step5 최종확인] 버튼을 클릭한다.

5단계 최종 확인

이곳에서는 온라인 서점에서 도서 소개로 표시되는 정보를 입력하는 단계이다. 각 항목에 맞게 도서 정보를 입력하도록 한다. 가능한 자세하게 적는 게 좋다.

오른쪽의 도서 정보를 다시 확인한 후 [도서 제출] 버튼을 클릭하면 도서 등록이 완료된다. [도서제출]을 실행하기 전까지는 언제든지 각각의 단계에서 설정한 내용을 수정할 수 있으므로 자유롭게 작업할 수 있다.

도서가 등록되면 심사 결과를 기다려야 한다. 심사는 월마다 정해진 날짜에 진행하므로 언제 신청하느냐에 따라 대기 기간이 길 수도 짧을 수도 있다. [심사 신청] 메뉴를 클릭해서 심사 과정을 확인할 수 있다. 데이터에 문제가 있어 반려되었다면 반려 메시지를 확인해서 수정해서 재등록한다. 문제 없이 승인이 완료되면 승인 확인을 클릭하고 외부유통도 신청하여 교보문고, 예스24, 알라딘, 영풍, 북

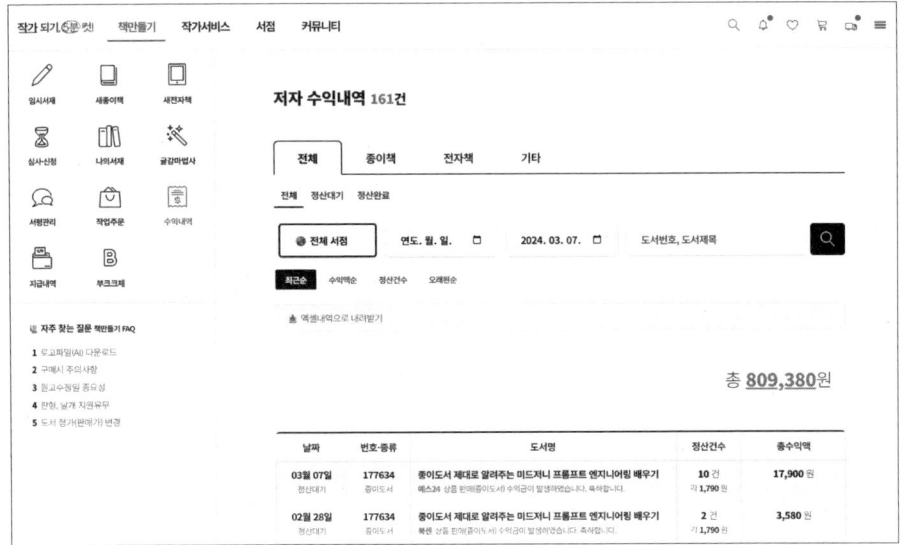

[수익내역]을 클릭한 장면

센 서점도 오픈을 신청한다. 부크크 서점은 바로 오픈되지만 나머지 교보문고, 예스24, 알라딘, 영풍, 북센은 시간을 두고 점차적으로 오픈된다. 각 서점 도서 오픈은 일일이 등록하는 것이 아니라 매월 지정된 날짜에 한 번에 등록하기 때문에 상황에 따라 시간이 오래 거릴 수 있다. 길게는 2주 정도 걸린다고 생각하면 된다.

[수익 내역] 메뉴를 클릭해서 판매 동향을 확인할 수 있다. 도서 판매 대금을 받으려면 부크크 홈페이지 오른쪽 상단에 위치해 있는 메뉴를 클릭하고 [내 정보]를 클릭한 다음 [인증]을 클릭해서 주민등록번호를 등록하고 [계좌]를 클릭해서 입금 받을 계좌를 등록한다. 결제는 익월 15일을 기준으로 입금되며 자세한 사항은 메일로 알려주므로 메일 정보를 확인하도록 한다.

부크크 도서 등록 과정

부크크 서비스를 이용하여 도서를 등록하려면 아래의 과정을 거친다. 작업하기 전에 제작 과정을 파악하고 순서대로 작업하면 시행착오를 줄일 수 있을 것이다.

1단계 | 원고 준비

책을 내기 위해서는 당연히 원고가 있어야 한다. 가능한 원고를 마무리한 상태가 좋다. 단순한 교정 교열 단계는 괜찮지만 내용을 추가하거나 빼거나 순서를 바꾸는 등의 작업은 완료된 상태이어야 한다. 앞에서 소개한 도서 구성이 완료된 상태의 원고를 준비한다.

2단계 | 부크크 도서 기본 정보 등록

원고가 준비되었다면 부크크에 기본적인 도서 정보를 등록하자. 앞에서 소개한 부크크 도서 정보 등록 과정을 참고하여 도서의 판형과 도서 컬러, 책 날개 유무를 선택한다. 이 작업을 해야 선택한 판형에 맞추어 도서 편집을 할 수 있기 때문이다.

3 단계 | 도서 편집

부크크는 한컴 한글 또는 MS 워드, 파워포인트 등 PDF로 저장할 수 있는 프로그램으로 도서 편집해서 책을 낼 수 있다. 하지만 이러한 프로그램은 전문 제책 프로그램이 아니다 보니 편집 품질이 떨어질 수밖에 없다.

만일 흔히 도서와 같은 고품질의 편집을 하고 싶다면 인디자인과 같은 전문 프로그램을 이용하는 것이 좋다. 인디자인에 익숙하지 않다면 외주 편집을 이용해야 한다. 외주 편집은 크몽 등의 서비스를 이용하면 제작을 의뢰할 수 있다.

도서 제작에 앞서 한컴 한글 또는 MS 워드, 파워포인트를 이용해서 내가 직접 편집을 할지, 전문가에게 편집을 의뢰할지를 결정하도록 한다.

도서 편집을 할 때 판권 정보에 발행 날짜와 ISBN 항목은 비워둔다. 이 정보는 부크크에서 도서 심사할 때 해당 정보를 알려준다. 지금 단계에서는 비워두고 도서 편집을 마무리한다.

4 단계 | 부크크 표지 판형 정보 확인

도서 편집이 완료되었으면 다시 부크크로 돌아가서 도서 등록 Step 2 원고 등록까지 마무리하자. 그리고 Step 3 표지등록 단계로 들어가서 판형 정보의 규격, 두께 정보를 적어둔다. 템플릿을 이용하는 경우에는 필요없지만 직접 디자인를 하는 경우 이 판형 정보를 이용해서 표지 디자인을 할 수 있기 때문이다.

5단계 | 표지 디자인

표지 디자인 역시 부크크에서는 누구나 표지를 만들 수 있는 표지 템플릿을 제공한다. 이 템플릿을 이용하여 표지를 제작할 수는 있지만 품질이 매우 떨어진다.

템플릿을 이용하지 않고 표지를 디자인하고 싶다면 이 도서에서 소개하는 캔바 또는 미리캔버스와 같은 무료 디자인 툴을 이용해서 표지를 제작하는 방식을 이용한다.

이 방법 역시 초보자다 보니 서점에서 판매하는 표지 느낌에는 많이 부족할 수 있을 것이다. 보다 고품질의 표지를 만들고 싶다면 표지 디자인을 외주를 맡기도록 한다. 개인적으로 표지는 도서의 생명이므로 외주로 제작하는 것을 추천한다. 외주 제작을 의뢰하는 방법 또한 크몽을 이용하면 편리하다.

표지 디자인할 때 보통 표 4에 ISBN과 도서 가격을 표시하는데, 이 부분은 비워둔다. 부크크에서 도서 심사할 때 부크크에서 등록해주기 때문이다. 이 정보가 등록할 하얀 색 박스로 공간만 마련해준다.

6단계 | 부크크 도서 등록

표지 디자인이 완료되었으면 부크크로 돌아가서 Step 3 표지등록 과정까지 완료한다. 나머지는 도서 정보를 입력하는 단계만 남았다. 신중하게 하나하나 도서 정보를 입력해서 마무리하면 심사 단계로 돌입한다.

도서 심사를 하면 2~3일 내로 도서를 검토 후 수정할 사항이 있으면 메일로 알려준다. 수정 사항에 맞게 수정한 후 편집 데이터를 지정한 메일로 보내주면 된다.

그리고 마지막에는 부크크에서 판권 정보를 메일로 알려준다. 도서 편집할 때 비워두었던 <u>발행 일자와 ISBN 정보를 알려주면 이 정보를 기입해서 지정한 메일로 보내주면 된다.</u> 이 과정은 부크크에서 직접 기록해주는 경우 수정 요청 메일이 오지 않을 수도 있다. 도서 편집을 외주로 의뢰한 경우 외주 업체에게 이 작업까지 부탁해야 한다.

이 작업까지 완료되면 도서 등록이 끝난다. 실제 서점에 도서가 등록되는 시간이 오래 걸리는데 도서가 등록되면 메일로 도서 등록이 되었다는 메시지를 보내준다.

④ 시행착오 줄이는 부크크 POD 원고 작성 요령

한컴 한글과 MS 워드는 제책용 전문 편집 프로그램이 아니다보니 도서 편집할 때 불편하고 주의해야 할 사항들이 많다. 여기서는 원고 편집 시 조심해야 하는 주의 사항은 무엇이 있는지 알아보자.

- 문서 작성시 반드시 부크크에서 제공하는 서식을 내려받아서 사용하자. 도서 편집에 알맞게 여백이 설정되어 있어야 하므로 임의로 새문서로 작업하지 말고 제공된 서식 파일을 이용해서 작업하자.

- 한컴 한글은 오른쪽 하단의 돋보기 아이콘을 클릭한 후 [쪽 모양]을 [맞쪽]을 선택해서 펼침면으로 보이기한 후 작업하는 것이 좋다.

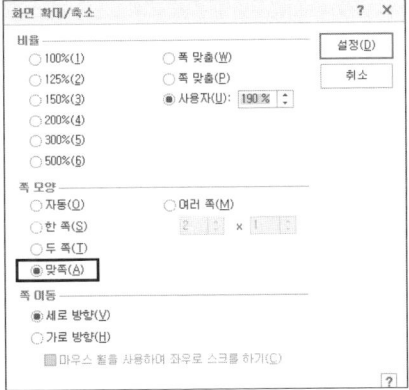

- 부크크에서 제공하는 원고 템플릿에는 앞부분에 판권 정보를 적는 페이지가 있다. 판권 정보를 기록하되 이중에서 출간일과 ISBN은 비워두자. 원고를 심사할 때 출간일과 ISBN은 부크크에서 기록해 준다.

```
어린 왕자(제목을 적어주세요)

발   행 |
저   자 | 생택쥐 페리(저자명, 필명을 적어주세요.)
펴낸이 | 한건희
펴낸곳 | 주식회사 부크크
출판사등록 | 2014.07.15.(제2014-16호)
주   소 | 서울특별시 금천구 가산디지털1로 119 SK트윈타워 A동 305호
전   화 | 1670-8316
이메일 | info@bookk.co.kr

ISBN |

www.bookk.co.kr
ⓒ 생택쥐 페리 2023
본 책은 저작자의 지적 재산으로서 무단 전재와 복제를 금합니다.
```

- 폰트는 상업용으로 이용할 수 있는 무료 폰트를 사용한다. 그중에서 부크크에서 제작한 무료 폰트인 부크크 명조·고딕을 사용하기를 권장한다. 부크크에서는 Kopub 폰트는 사용하지 않도록 권고하고 있다.

- 반드시 doc, docx, hwp로 작성한 문서를 직접 올리지 말고, PDF로 변환해서 올리도록 한다.

- PDF 변환 시 특정 폰트가 깨지거나 안 보일 수 있다. 원고 등록하기 전에 글자들이 제대로 보이는지 확인하고 만일 문제가 발생하면 다른 폰트로 변경한다.

- 가능한 스타일을 이용하여 문서 작성을 하자. 스타일을 이용하면 나중에 속성 변경할 때 쉽다.

- 문서에 이미지를 넣을 때 반드시 [문서에 포함]을 체크해서 이미지를 문서에 삽입해서 작업하도록 하자.

- 섹션이 끝나고 다음 페이지에 새로운 섹션을 시작하는 등 페이지가 바뀔 때마다 Ctrl + Enter 를 눌러 쪽 나누기를 해주도록 하자. 내용 수정 시 줄

이 늘어나가나 줄어들 때 다음 페이지로 내용이 밀리는 문제를 막아 준다. 워드 프로세스 프로그램은 원고의 시작부터 끝까지 하나로 연결되어 있어 중간에 줄이 늘어나가나 줄어들 때 전체적으로 밀림 문제가 발생하기 때문이다.

- 페이지 번호 및 하시라 작업은 원고 완성 후 마지막에 작업하자. 꼬리말 작업은 페이지 위치에 맞추어 작업해야 하므로 페이지가 세팅된 후에 작업하도록 하자.

- 문단을 양쪽 맞춤으로 정렬할 때 글자 사이가 벌어지는 문제가 발생할 수 있다. 특히 영문과 한자가 포함된 경우 이러한 문제가 심할 수 있다.

- 한컴 한글과 MS 워드는 전문 제책용 편집 프로그램이 아니라서 제작이 불편하거나 표현에 한계가 생길 수 있다. 인디자인을 이용할 수 있다면 인디자인으로 작업하기를 추천한다.

- 부크크 홈페이지의 [커뮤니티]에 다양한 정보들이 등록되어 있다. 수시로 접속해서 정보를 얻도록 하자.

[부크크] 홈페이지에서 [커뮤니티] 메뉴 (https://bookk.co.kr/community)

❺ 도서 구성 꾸미는 요령

　　부크크 문서 서식을 열면 『어린 왕자』 글이 샘플로 서식이 꾸며져 있다. 입력되어 있는 서식을 참고해서 문서를 작성하도록 한다. 1페이지는 안내 메시지가 있는데 이 글은 참고용 글이므로 내용 확인을 마쳤다면 반드시 삭제한 후 사용하도록 한다.

　　도서의 첫 페이지는 오른쪽 페이지로 시작하고 여기서부터 1페이지로 설정한다. 다음 페이지는 왼쪽 페이지이고 2페이지이다. 이렇게 도서는 왼쪽과 오른쪽 페이지로 나누어서 구성한다. 그럼 도서의 페이지 구성이 어떻게 되는지 살펴보도록 한다.

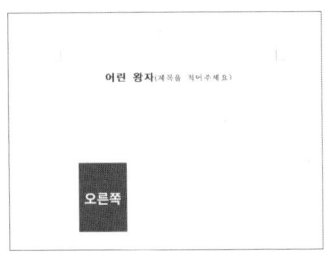

1 페이지 : 속표지 (오른쪽 페이지)
도서의 첫 페이지는 속표지로 꾸민다. 간단하게 도서 제목을 넣거나 표지와 동일한 이미지를 넣기도 한다.

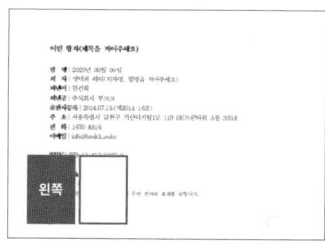

2 페이지 : 판권 (왼쪽 페이지)

첫 장을 넘긴 후 왼쪽 페이지이다. 보통 판권을 배치한다. 도서 출판 일자 및 저자, 발행인, 출판사 정보들이 들어간다. 부크크 서식 문서에 있는 판권을 그대로 이용한다. 부크크 ISBN 코드를 이용할 경우 판권 정보 중 판권 날짜와 ISBN 정보는 빈칸으로 둔다.

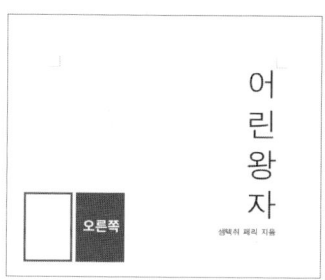

3 페이지 : 속표지 (오른쪽 페이지)

한 번 더 도서 제목을 표시하는 속표지를 넣는다. 보통 문학지에서 주로 사용하고 활용서에서는 생략하는 경우가 많다. 생략하는 경우 머리말을 넣는다.

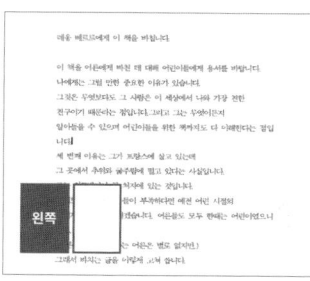

4 페이지 : 머리말

이 도서를 쓰게 된 이유나 도서를 보기 전에 독자에게 말하고 싶은 이야기를 적는 머리말을 넣는다. 보통 한 페이지 또는 두 페이지로 구성한다. 4페이지에 머리말을 위치할 경우 1페이지로 구성하고, 5페이지에 머리말을 배치하는 경우 두 페이지로 구성한다. 가능한 차례 페이지를 왼쪽 페이지에서 시작하도록 구성하는 것이 좋다.

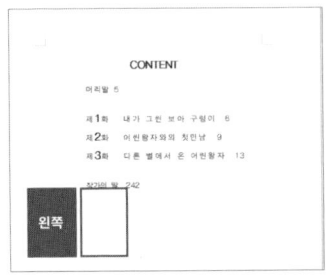

5 페이지 : 차례

차례 분량에 따라 1페이지부터 6페이지까지도 구성한다. 만일 1페이지라면 왼쪽 페이지를 빈 페이지로 두고 오른쪽 페이지에 차례를 배치하는 것이 좋다. 역시 차례 페이지도 오른쪽 페이지에 맞추는 것이 좋다.

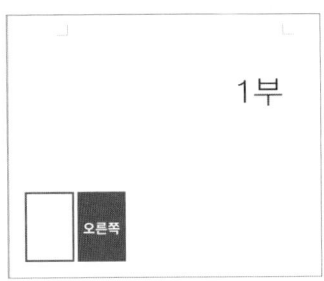

6 페이지 : 도비라

차례가 오른쪽 페이지에 끝나면 다음 페이지를 빈 페이지로 두고 오른쪽 페이지에 도비라를 구성한다. 도비라는 파트를 알리는 페이지를 말한다. 가능한 도비라를 오른쪽에 배치한다.

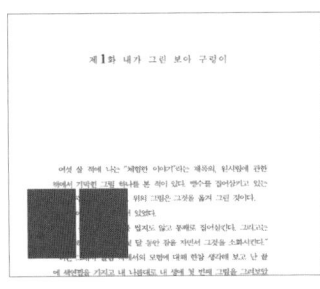

7 페이지 : 본문

본문은 가능한 왼쪽 페이지부터 시작하도록 구성한다.

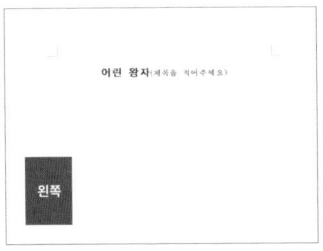

마지막 페이지 : 속표지(왼쪽 페이지)

마지막 페이지는 도서 제목을 넣는 속표지로 꾸민다. 마지막 페이지는 반드시 왼쪽 페이지로 끝나야 하고 도서의 전체 페이지는 4의 배수로 맞춰야 한다. 만일 4의 배수로 맞지 않을 경우 본문을 늘리거나 다른 요소를 넣어서 4의 배수에 맞추도록 한다.

여기서 소개한 구성은 가장 보편적인 도서 구성이다. 부크크 템플 릿에 설정되어 있는 구성과는 차이가 있을 수 있다. 도서 구성에 대한 정답은 없다. 단지 독자들이 도서를 보기에 편한 구성을 설정하는 것이 중요하다. 다른 도서들은 어떤 구성을 가지고 있는지 살펴보고 나에게 맞는 구성이 있다면 반영하도록 하자. 다음은 도서 구성을 할때 지켜야 할 사항에 대해서 알아보자.

- 도서는 첫 페이지, 즉 1페이지가 오른쪽 페이지부터 시작한다는 것을 잊지 말자.
- 첫 페이지는 도서의 제목을 넣는 속표지를 위치시킨다.
- 판권 페이지는 도서 맨 뒤 페이지에 넣기도 하는데 요즘에는 보통 2페이지에 위치시킨다.
- 문학 도서는 속표지 다음에 한 번 더 속표지를 넣는 경우가 많다. 반드시 그럴 필요는 없다. 활용 도서는 속표지를 두 번 사용하지 않는 경우가 많다.
- 가능한 각 요소는 왼쪽에서 시작해서 오른쪽 페이지에서 끝나도록 구성하자.
- 가독성이 높은 페이지는 오른쪽 페이지이다. 내용이 시작되는 도비라는 오른쪽 페이지에 위치시킨다. 도비라를 왼쪽 페이지에 위치시키고 본문을 오른쪽 페이지에 위치시키지 않도록 한다.
- 본문은 왼쪽 페이지부터 시작하고 만일 오른쪽 페이지부터 시작할 경우 왼쪽 페이지는 빈 페이지로 두자.

한컴 한글에서 페이지 번호와 꼬리말 등록하기

제책 전문 편집 프로그램인 인디자인에서는 페이지 번호나 하시라 등록과 관리가 쉽지만 한컴 한글이나 MS 워드는 작업하기가 불편하다. 여기서 소개하는 방법을 참고하여 페이지 번호와 하시라 정보를 조금이나마 쉽게 입력하는 방법을 배워보자. 여기서는 한컴 한글 기준으로 알아보겠다.

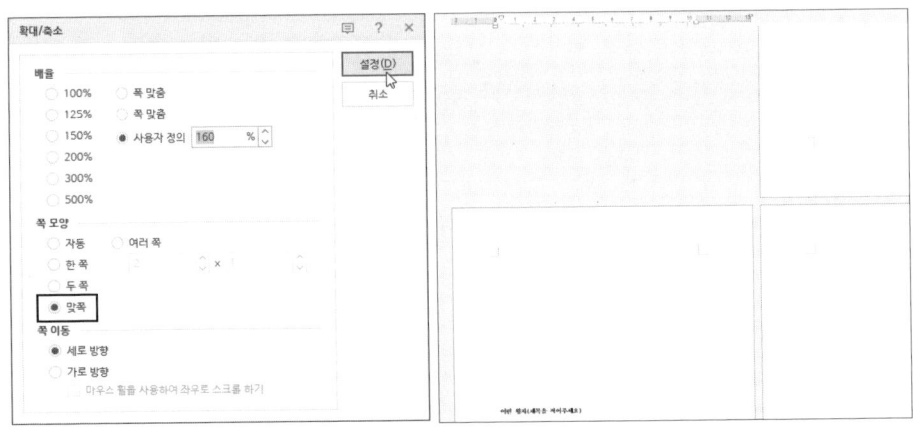

한컴 한글에서 맞춤 보기를 실행해서 펼침 보기로 만든 장면

한컴 한글 편집 화면에서 오른쪽 하단에 위치해 있는 돋보기 아이콘을 클릭한 후 [쪽 모양]을 [맞쪽]을 선택해서 펼침면으로 보이게 한다. 왼쪽 페이지가 짝수 페이지고 오른쪽 페이지가 홀수 페이지임을

명심하자. 작업에 앞서 부크크 서식 문서를 열면 첫 페이지에 참고 내용이 적혀 있는데 이부분을 지워서 도서 제목 페이지가 첫 페이지에 오도록 한다.

부크크 서식 파일에는 기본적으로 페이지 하단에 페이지 번호와 작품 제목가 이미 등록되어 있다. 가능한 이 서식을 그대로 이용하도록 한다. 만일 꼬리말 정보를 수정하려면 해당 부분을 더블 클릭해서 편집 모드로 변환한 후 글자 내용을 수정한다. 그런 다음 Shift + Esc 를 눌러 편집을 해제하면 된다. 그러면 모든 페이지에 수정된 내용이 적용된다.

본문에서 페이지 번호와 함께 파트 제목과 같은 정보를 쪽표제(하시라)라고 한다. 도서에서 여러 개의 파트로 나뉘는 경우 쪽표제도 파트마다 달라져야 한다. 이때 특정 페이지부터는 파트 제목이 다르게 나타나게 하려면 [머리말/꼬리말]을 재등록해주어야 한다. 우선 페이지 번호를 넣고 싶은 페이지를 클릭해서 커서를 위치시킨 다음 [쪽] 메뉴에서 [머리말/꼬리말]을 클릭한다. [종류]는 [꼬리말], 위치는 [홀수 쪽]인지 [짝수 쪽]인지 선택하고 [만들기]를 클릭한다. 홀수 쪽이 오른쪽 페이지이고 짝수 쪽이 왼쪽 페이지이다.

그러면 문서 하단의 꼬리말 영역이 편집 상태로 바뀐다. 이 상태에서 꼬리말을 수정하면 된다. 페이지 번호나 파일 이름 등의 정보를 표시하려면 꼬리말 편집 상태에서 나타나는 메뉴에서 [상용구] 메뉴를 이용한다. 그리고 왼쪽에는 페이지 번호 오른쪽에는 텍스트 표시처럼 두 정

[머리말/꼬리말] 대화 상자

보가 각각 정렬을 다르게 표시하려면 내용과 내용 사이에 한 칸을 띄운 후 정렬 중 ≡ [나눔 정렬]을 선택하거나 다단 설정으로 2단 또는 3단으로 나누어서 꾸미면 된다.

다시 정리하면 [머리말/꼬리말]을 처음 실행하면 해당 페이지부터 전체 페이지에 머리말과 꼬리말이 등록되고 특정 페이지에 새로 [머리말/꼬리말] 만들기를 하면 이 페이지부터 새로운 머리말과 꼬리말이 등록된다. 여러 개의 [머리말/꼬리말] 만들기를 실행한 경우 [머리말/꼬리말]을 실행한 페이지를 중심으로 영역이 나뉘며 영역별로 [머리말/꼬리말]이 적용된다. 예를 들어 각 파트별로 [머리말/꼬리말]을 등록한 경우 2부의 머리말과 꼬리말을 편집하면 2부 영역의 머리말과 꼬리말만 변경된다는 의미이다.

꼬리말에 다단 기능을 이용하여 3단으로 나누어서 꾸민 경우

조판 보기로 페이지 상단에 표시된 [머리말/꼬리말] 표시

　빈번하게 [머리말/꼬리말] 만들기를 자주 등록하면 나중에는 머리말과 꼬리말이 뒤죽박죽될 수 있다. 이러한 경우에는 [보기]-[표시/숨기기]-[조판 부호] 메뉴를 클릭해서 조판 보기를 하면 [머리말/꼬리말] 만들기를 실행한 페이지 상단에 주황색 글자의 머리말 또는 꼬리말 표시를 볼 수 있는데 이 글자를 글자 지우듯이 지워서 삭제하면 해당 꼬리말 또는 머리말이 삭제된다. 이 방법을 이용하여 불필요한 [머리말/꼬리말]을 삭제해서 정리할 수 있다.

　[머리말/꼬리말] 작업은 매우 신중하게 작업해야 한다. 생각 없이 추가해놓으면 나중에는 머리말과 꼬리말 내용이 엉켜서 어디서 잘못되었는지 파악하기 어려울 수도 있다. 또한 페이지가 많은 도서인 경우 잘못 들어간 머리말과 꼬리말을 찾지 못해서 오류가 발생하기도 십상이다. 그러므로 [머리말/꼬리말] 작업은 원고 집필을 완료한 후 마지막에 작업하도록 한다. 작업할 때도 머리말과 꼬리말을 어떻게 구성할지 정확하게 구상하고 작업하자.

한컴 한글에서 스타일을 이용하여 도서 편집하기

한컴 한글과 MS 워드에서 글자 속성을 변경하려면 글을 입력한 후 글자를 블록 지정하고 글의 스타일을 지정해서 변경한다. 대부분 이러한 방법으로 편집할 것이다. 그러나 도서처럼 페이지가 많은 경우에는 스타일 기능을 이용해서 관리하는 것이 좋다. 그 이유는 나중에 글자 속성을 변경하려고 할 때 일반적인 방법으로 글자 속성을 지정한 경우 다시 일일이 수정해야 하지만 스타일 기능을 이용한 경우 스타일에서 스타일 수정으로 간단하게 문서 전체에 반영할 수 있기 때문이다. 여기서는 한컴 한글을 기준으로 스타일을 이용하는 방법을 알아보자.

스타일을 이용하는 방법은 간단하다. 문서에서 본문의 글을 스타일로 적용한다고 생각해보자. 먼저 스타일을 지정할 글을 마우스로 드래그한 후 F6을 눌러 [스타일] 대화 상자를 연다. 그런 다음 왼쪽 하단에 위치해 있는 [+] 버튼을 눌러 새로운 스타일 이름을 입력하고 [문단 모양]과 [글자 모양] 버튼을 클릭해서 글자와 문단 스타일을 지정한다. 이렇게 지정하면 블록으로 지정했던 글들에 속성이 적용된다.

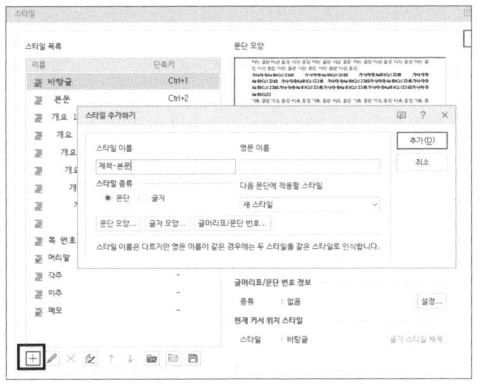 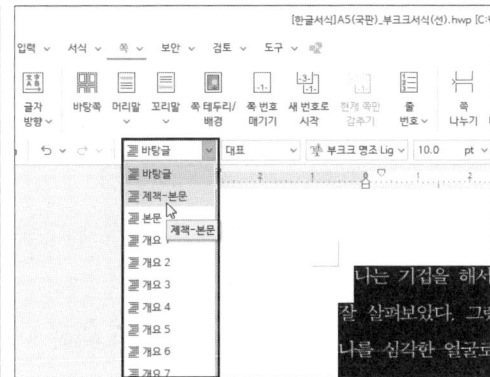

[스타일] 대화 상자에서 스타일을 등록하는 장면   서식 도구 모음에서 스타일 목록을 연 장면

서식 도구 모음에서 스타일 목록을 표시해주는 목록이 있다. 이곳은 현재 커서가 표시되어 있는 문단에 적용되어 있는 스타일 이름이 표시된다. 스타일을 별도로 등록하지 않았다면 '바탕글'이라고 표시되어 있을 것이다. 이 목록의 내림 버튼을 클릭하면 현재 문서에 기본으로 등록되어 있는 스타일 목록과 사용자가 새롭게 등록한 스타일 목록도 함께 나타난다. 스타일을 지정할 글을 블록으로 설정한 다음 스타일 목록에서 적용하고 싶은 스타일을 선택하면 해당 문단에 스타일이 적용된다.

이렇게 스타일로 속성을 지정한 후에도 언제든지 스타일 속성을 한 번에 변경할 수 있다. [F6]을 눌러[스타일] 대화 상자를 연 다음 [스타일 목록]에서 수정할 목록을 선택하면 오른쪽에 적용되어 있는 스타일 내용이 나타난다. 여기서 해당 영역의 [설정]을 클릭해서 스타일을 변경하면 된다. 그러면 스타일을 지정한 글들에 변경된 속성이 한 번에 반영된다.

스타일은 이러한 편리함을 가지고 있기 때문에 도서처럼 페이지 분량이 많은 문서를 작성할 때 많이 사용된다. 도서에서는 제목, 소제목, 본문, 강조, 페이지 번호, 그림 설명 등으로 나누어서 사용하면 좋다. 각 스타일 목록의 특징에 대해서 알아보자.

- 제목 : 섹션 타이틀을 지정할 때 사용한다. 가장 눈에 잘 띄도록 스타일을 설정한다.
- 소제목 : 섹션 안에 있는 작은 제목에 사용한다. 제목보다 눈에 덜 띄도록 한다.
- 본문 : 본문의 글에 사용한다. 가독성이 높은 명조체를 스타일로 설정한다.
- 강조 : 본문 중 강조하고 싶은 글에 사용한다. 주목성이 높은 고딕체를 사용하면 좋다.
- 페이지 번호 : 페이지 번호 글에 사용한다. 머리말 또는 꼬리말에 넣는 글에도 같은 스타일을 적용하기도 한다.
- 그림 설명 : 도서에 삽입된 이미지와 같은 요소에 대한 설명글을 넣을 때 사용한다. 본문과 구분되고 매우 작은 크기에 명조체보다는 고딕체로 꾸미는 것이 좋다.

8
문서에 삽입한 이미지 확인하기

초보자들이 가장 실수하는 부분이 문서에 사용하는 이미지 사용 부분이다. 대부분이 인터넷 검색을 통해 찾은 이미지를 검토도 없이 무작정 문서에 삽입하기 때문이다.

이와 같이 작업을 하면 안 되는 가장 큰 이유는 저작권 문제에 걸리기 때문이다. 해당 이미지가 저작권 프리가 아닌 이상 <u>무단 사용하는 경우 저작권 침해에 해당되고 나중에 소송이 걸릴 수 있다는 점을 명심하도록 하다</u>. 인터넷 검색을 통한 이미지는 사용하지 않으면 된다. 대신 <u>무료 이미지를 제공하는 [공유마당](https://gongu.copyright.or.kr), [펙셀스](https://www.pexels.com/ko-kr) 등의 라이선스 프리 사이트를 이용하자</u>.

두 번째는 이미지 해상도 문제이다. 많은 사람들이 이미지 해상도에 신경쓰지 않고 이미지를 사용한다. 그 이유는 화면으로 봤을 때 괜찮아 보이기 때문일 것이다. 이미지 해상도가 웹용보다 인쇄용이 4배 정도 크기 때문에 가능한 선명하고 크기가 큰 이미지를 사용하는 것이 좋다. 간단하게 <u>가로 1000 픽셀 이상이 되는 이미지를 사용하도록 하자</u>. 이미지 해상도에 대한 자세한 내용은 [도서 사용 이미지 자료 준비 요령. p132]를 참조하자.

그리고 문서에 사용된 이미지는 별도로 보관하자. 대부분 문서에 이미지를 삽입하고 원본 이미지는 보관하지 않는 경우가 많다. 문서에 이미지를 삽입한 후 내용에 맞게 이미지 크기를 줄이면 문서에서 줄인 크기만큼 이미지 사이즈도 줄여지기 때문이다.(문서에 삽입으로 이미지를 삽입한 경우) 이렇게 작업한 경우에는 문서에 삽입한 이미지를 다른 이름으로 저장하면 이미지 사이즈가 줄여진 이미지로 저장된다. 문서에 삽입하면 원본 이미지 크기로 살릴 수 없으므로 문서에 사용된 이미지는 반드시 별도로 저장해두도록 하자.

가장 좋은 방법은 문서에 이미지를 삽입할 때는 문서에 포함으로 문서에 이미지를 삽입하지 말고 링크로 이미지를 불러 오는 방식을 이용하도록 하자. 보다 자세한 내용은 [문서에 이미지 삽입하는 요령, p136]을 참조하자.

도서 제작을 의뢰하는 분들의 원고들을 살펴보면 대부분이 원본 이미지를 보관하지 않은채 이미지를 문서에 포함으로 작업하는 경우가 대부분이다. 이러한 문제로 인해 저해상도의 이미지로 책을 출간해야 하는 안타까운 문제를 많이 본다. 모쪼록 앞에서 소개한 내용을 명심해서 이러한 문제가 발생하지 않도록 하자.

❾ 부크크용 문서 내용 확인하고 PDF 저장하기

한컴 한글 또는 MS 워드로 작성한 문서 정리가 완료되었으면 문서가 바르게 설정했는지 확인하고 문서를 부크크에 등록해야 한다. 확인해야 할 사항은 도서 판형, 페이지 수, 컬러 설정이다. 이 부분이 잘못되면 파일 업로드 시 오류가 발생하므로 주의하도록 하자.

먼저 도서 판형에 대해서 알아보자. 문서의 크기가 <u>부크크에서 설정한 책 규격에 가로와 세로 크기에 6mm를 더한 크기</u>인지 확인한다. 만일 A5(148mm×210mm) 판형을 선택했다면 문서의 크기는 가로 154mm, 세로 216mm 이어야 한다. 6mm는 양쪽 여백 3mm를 더한 값이다. 한컴 한글과 MS 워드는 바깥쪽 여백을 지정할 수 없기 때문에 문서 크기에 여백을 합한 크기를 지정해야 한다.

만일 인디자인과 같은 전문 편집 프로그램을 이용하는 경우에는 실제 규격인 148mm×210mm을 지정하고 [도련] 여백을 사방 3mm로 지정해주면 된다.

다음은 페이지 수를 확인한다. <u>부크크에서 설정한 페이지 수와 같아야</u>

한다. 만일 124 페이지로 설정했다면 문서의 총 페이지도 124 페이지이어야 한다. 각 페이지의 구성을 확인하면서 전체 페이지가 맞는지 체크하도록 한다.

실제 도서 인쇄 시에는 종이의 절감을 위해 대수에 맞게 페이지 설정(간단하게 4의 배수)을 해주어야 하지만 부크크는 디지털 인쇄이기 때문에 대수에 상관없이 페이지를 지정해도 무관하다. 즉, 4의 배수인 124 페이지, 244 페이지 등이 아니라 122페이지, 242 페이지도 설정이 가능하다는 이야기이다.

다음은 문서의 컬러 설정을 확인하자. 부크크에서는 흑백과 컬러 두 가지만 설정이 가능하다. 흑백은 문서의 기본색인 검정색만 사용하고 문서에 사용되는 이미지도 흑백으로 저장하면 된다. 컬러로 설정한 경우 이미지뿐만 아니라 폰트도 색을 지정할 수 있다. 도서 인쇄 방식에서는 흑백은 1도, 컬러는 4도 CMYK 설정을 해주어야 하지만 부크크는 디지털 인쇄이기 때문에 색도 설정을 해주지 않아도 된다. 이렇게 색을 지정했는지 체크하도록 한다.

모든 검토가 완료되었으면 한컴 한글은 [파일]-[PDF로 저장하기] 메뉴, MS 워드는 [파일]-[Save as Adobe PDF] 메뉴를 클릭해서 문서를 PDF로 저장한다. 저장한 PDF 파일을 부크크의 [Step2. 원고 등록] 단계에서 파일을 등록하면 된다. 만일 위의 규칙에 맞지 않게 설정했다면 업로드 오류가 발생한다. 이때는 문서를 확인해서 잘못된 부분을 수정해서 다시 등록하도록 한다.

무료 디자인 툴로 표지 디자인하기

도서 표지를 제작할 때 부크크에서 제공하는 템플릿은 매우 단순해서 고급스러운 표지를 만들기에 한계가 있다. 그렇다고 직접 표지를 제작하려면 일러스트레이터 프로그램도 있어야 하고 디자인 노하우도 갖춰야 하기 때문에 초보자가 접근하기에 어려움이 있다.

이러한 초보자를 위하여 조금만 노력하면 돈을 들이지 않고 표지를 만드는 방법을 소개하려고 한다. 먼저 표지를 만들기 위해서 표지 사이즈가 설정되어 있는 서식을 다운로드 받아야 한다. 부크크 책 만들기 과정 중 [Step3 표지 디자인] 과정에 접속해서 [일러스트 다운로드]를 클릭해서 서식을 다운로드 받는다. 그리고 규격에 적혀 있는 사이즈 정보를 기록해 둔다. 이 작업은 원고 분량이 완전히 설정된 상태에서 작업해야 한다. 사용자가 입력한 원고 페이지에 따라서 서식 파일이 만들어지기 때문이다.

판형정보	
규격	509.04 * 210mm (페이지*2)+(날개*2)+책등+6mm 3mm씩, 전체도안의 상하좌우 여백 포함된 규격
두께	13.04 mm 접합선 포함
예시	일러스트 다운로드
색상	컬러
날개	있음
장수	208 Page

[SVG to PNG] 홈페이지에서 SVG 파일을 PNG로 변환하는 장면

서식 파일은 SVG 파일 형식으로 포토샵 또는 일러스트레이터에서 열 수 있다. 만일 프로그램이 없다면 [SVG to PNG] 홈페이지(https://svgtopng.com/ko)에 접속하자. 그런 다음 [파일 업로드] 버튼을 클릭한 후 SVG 파일을 선택하면 자동으로 PNG 파일로 변환해준다. [다운로드] 버튼을 클릭해서 파일을 다운로드받을 수 있다.

서식 파일을 다운로드했으면 이제 본격적으로 표지를 만들어 보자. 표지를 디자인하려면 디자인을 할 수 있는 프로그램이 필요하다. 현재 무료로 이용할 수 있는 대표적인 프로그램으로 [캔바]와 [미리캔버스]가 있다. 이 프로그램은 웹브라우저에 접속해서 사용할 수 있는 매우 유용한 프로그램이다. 두 프로그램은 서로 비슷하므로 어떤 프로그램을 이용해도 무관하다. 여기서는 그중에서 [캔바]를 이용해서 표지를 만들어 보겠다.

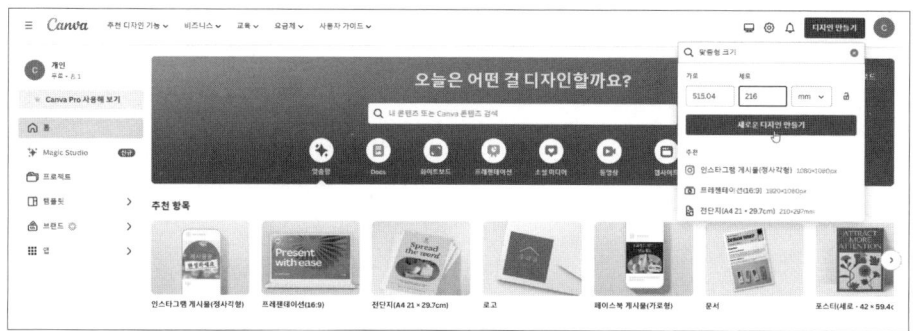

[CANVA] 문서 크기 설정 장면

[캔바] 홈페이지(https://www.canva.com)에 접속한 후 회원가입을 하자. 그런 다음 표지 사이즈의 문서를 만들기 위해서 오른쪽 상단에 위치해 있는 [디자인 만들기]를 클릭하고 [맞춤형 크기]를 선택한 다음 가로와 세로 사이즈를 mm 단위를 사용해서 입력한 뒤 [새로운 디자인 만들기]를 클릭한다. 이때 표지 사이즈는 앞에서 부크크 책 만들기 [Step3 표지 디자인] 과정에서 적어둔 규격을 적으면 된다. 단이 규격 사이즈에 6mm를 더한 값을 넣어야 한다. 6mm는 바깥쪽 여백 사이즈이다. 만일 가로 148mm, 세로 210mm 규격이라면 154mm, 216mm를 입력하면 된다.

이렇게 해서 새 문서를 만들었으면 앞에서 만든 PNG 서식 파일을 불러 와야 한다. 왼쪽 메뉴에서 [업로드 항목]을 클릭하고 [파일 업로드]를 클릭해서 PNG 파일을 선택해서 불러온다. 이미지가 등록되면 이미지를 새문서로 드래그로 불러온 다음 조절점을 드래그해서 새 문서 크기에 딱 맞도록 크기와 위치를 조절한다. 빈틈이 없이 딱 맞아야 한다. 만일 맞지 않다면 새 문서 사이즈를 잘못 입력한 것이다. 다시 확인하도록 한다.

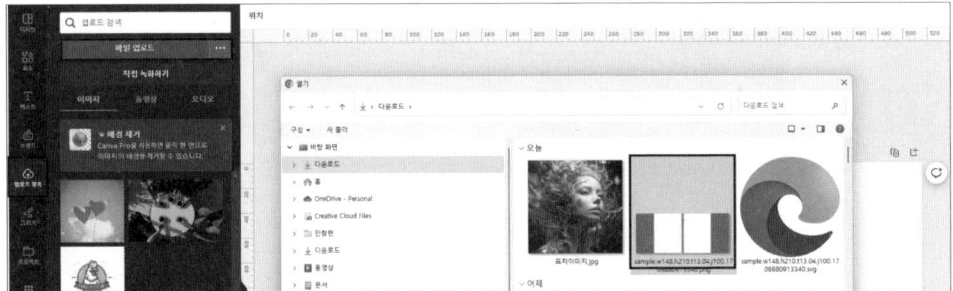

[CANVA]에서 [업로드 등록]-[파일 업로드]를 클릭해서 파일을 불러올 수 있다.

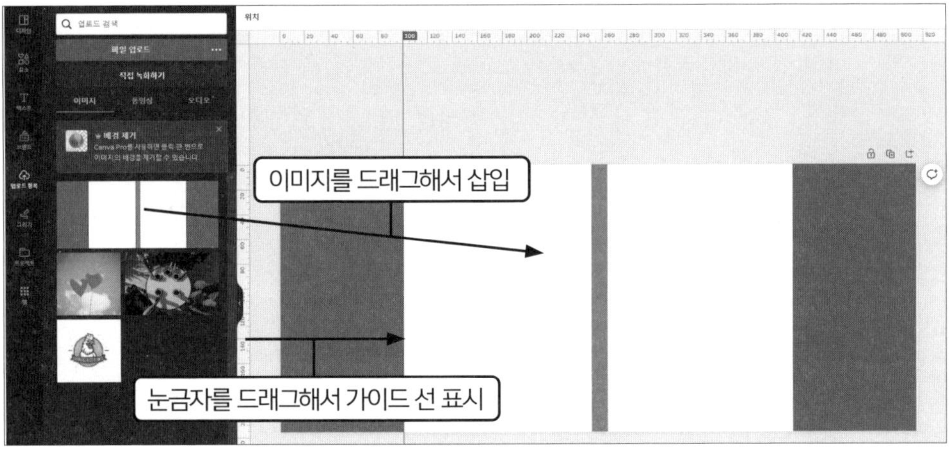

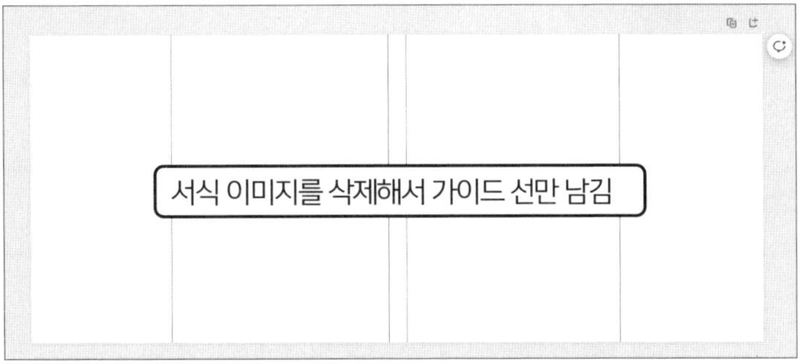

표지 가이드 라인 표시 : 서식 이미지를 문서로 드래그해서 삽입 → 문서에 맞게 크기와 위치를 조절 → [설정]-[눈금자 및 가이드 표시]를 클릭해서 눈금자 표시 → 눈금자에서 부터 드래그해서 가이드선 표시 → 모든 영역을 모두 표시 → 서식 이미지를 삭제

[파일] 메뉴를 클릭한 다음 [설정]-[눈금자 및 가이드 표시]을 클릭해서 새문서에 눈금자를 표시하자. 그런 다음 왼쪽 눈금자에 마우스 포인터를 위치한 다음 새문서 쪽으로 드래그하면 가이드 선이 표시될 것이다. 앞에서 가져온 서식에서 날개, 본문, 책등의 각각의 영역 위치까지 드래그해서 가이드 선을 표시한다. 선을 모두 표시했으면 서식 이미지를 클릭하고 [Del] 를 눌러 삭제한다. 그러면 가이드 선만 보이게 될 것이다.

이번에는 표지에 사용할 이미지를 준비하자. 표지에 사용할 이미지는 인터넷 검색한 이미지를 마음대로 사용해서는 안된다. 저작권이 없는 이미지를 사용하도록 한다. 다음은 저작권이 허가된 무료 이미지를 다운로드 받을 수 있는 사이트이다. 참고해서 사용하도록 하자.

펙셀스	https://www.pexels.com/ko-kr
프리픽	https://kr.freepik.com
픽사베이	https://pixabay.com/ko

이미지를 준비했다면 [캔바]에서 파일 업로드를 이용하여 이미지를 업로드한 후 새 문서로 드래그해서 붙여 넣어서 꾸민다. 이미지를 클릭하면 나타나는 조절점을 드래그해서 크기를 조절할 수 있고 이미지를 드래그해서 위치를 이동시킬 수 있으며 이미지를 선택하면 표시되는 ⟲ 아이콘을 드래그해서 회전시킬 수 있다. 이미지를 클릭한 후 상단 옵션 메뉴에 있는 [뒤집기]를 클릭해서 이미지를 반전시켜서 꾸밀 수도 있다.

다음은 부크크 로고 이미지도 가져와서 적당한 위치에 붙여 넣어서 꾸민다. 로고는 앞표지와 뒤표지와 책등 모두 넣도록 하자. 부크크 로고는 부크크 책 만들기 과정에서 왼쪽 FAQ 메뉴에 보면 다운로드 받을 수 있는 목록이 있는데 이곳을 클릭해서 다운로드 받을 수 있다.

다음은 왼쪽 [요소] 메뉴를 클릭하고 사각형 도형을 드래그해서 사각형 도형을 불러온다. 사각형 도형의 크기와 위치를 조절하여 앞에서 입력한 이미지 위에 배치하여 날개 영역을 지정한다. 이때 도형 너비는 날개 가이드 선에 딱 맞추지 말고 표지 바깥쪽으로 넘치도록 배치하도록 한다.

이번에는 텍스트를 넣어 보도록 하겠다. 왼쪽 메뉴에서 [텍스트]를 클릭해보자. 다양한 폰트 목록들이 보일 것이다. 표지에 어울릴 만한 폰트를 선택한 후 드래그해서 표지에 붙여 넣는다. 그런 다음 상단에 표시되는 글꼴 속성 메뉴를 이용해서 글자 크기와 색상 속성 등을 조절해서 꾸민다.

글을 입력할 때 주의할 점은 화면에 보이는 크기보다 인쇄하면 실제보다 더 커 보인다는 점이다. 그러므로 생각한 것보다 더 작게 설정해야 한다. 폰트마다 차이가 있지만 저자 소개, 저자 이름 표시 등의 보통 설명글은 8~9 포인트 정도로 설정하도록 한다.

작업이 완료되었으면 저장해보도록 하겠다. [파일]-[저장]을 클릭해서 작업 내용을 저장한다. 다음은 표지 이미지를 PDF 파일로 저장하기 위해서 [파일]-[다운로드] 메뉴를 클릭한다. 오른쪽에 옵션 창이 열리면 [파일 형식]에 [PDF 인쇄]를 선택하고 [다운로드]를 클릭해서 표지 이미지를 다운로드 받도록 한다.

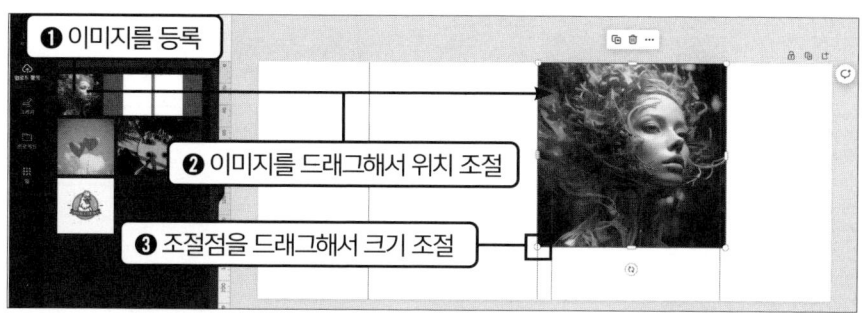

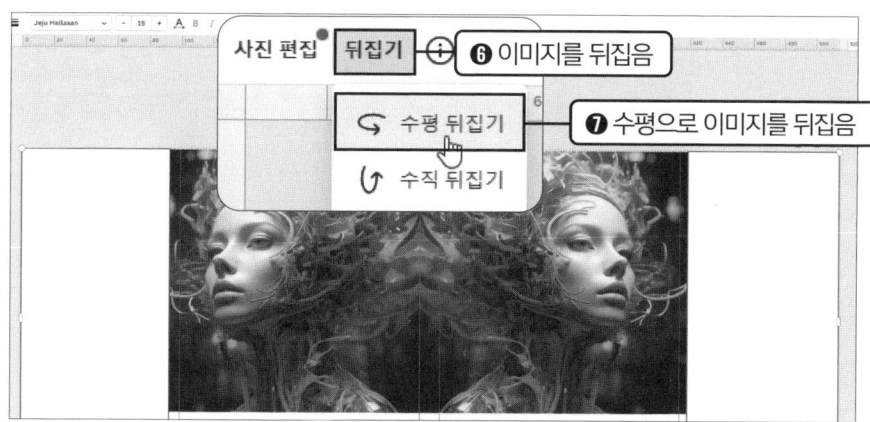

[캔바]를 이용하여 한 장의 이미지를 불러온 후 이미지를 편집해서 앞면과 뒷면에 이미지를 배치해서 꾸미는 과정

❶ 글꼴 ❷ 글자 크기 ❸ 글자 색상 ❹ 볼드체 ❺ 이탤릭체 ❻ 밑줄 ❼ 취소선
❽ 대소문자 ❾ 정렬 ❿ 목록 표시 ⓫ 줄과 자간 간격 ⓬ 세로 글쓰기

글 입력하는 방법 : [텍스트] 클릭 → 글꼴 스타일 목록 중 사용하고 싶은 목록을 클릭 → 문서에 글자가 삽입되면 글을 입력 → 글상자의 조절점을 드래그해서 크기를 조절 → 글자 속성 도구를 이용하여 글자 속성 설정

표지 이미지를 다운로드 받았으면 부크크 책 만들기 [Step3 표지 디자인] 과정 페이지로 돌아가서 [업로드]를 클릭해서 표지 이미지 PDF를 선택해서 등록해준다.

표지에는 도서의 바코드인 ISBN 코드를 넣어야 하는데 부크크에서 자료 심사 시 적당한 위치에 ISBN을 넣어주므로 별도로 작업할 필요가 없다. 단, 뒤표지에 ISBN 코드가 들어갈 위치를 확보해주어야 한다.

[Adobe Acrobat]으로 작업물을 인쇄하는 장면

표지로 등록하기 전에 작업한 표지 이미지가 괜찮은지 확인하는 것이 좋다. 검토하는 방법은 가능한 인쇄를 통해서 확인하자. 눈으로 보는 것과 인쇄는 큰 차이가 나기 때문이다. [캔바]에서는 인쇄 기능을 지원하지 않는다. 그러므로 PDF 뷰어의 인쇄 기능을 이용해서 인쇄하도록 한다. 인쇄할 때 사이즈는 [Acture size] 즉 실제 크기로 인쇄하도록 한다. 이때 종이 크기보다 이미지가 넘치기 때문에 잘리는 부분이 생기는데 이 부분은 감안하도록 한다.

표지 디자인 제작 주의사항

- 표지 디자인은 일러스트레이터, 포토샵, 인디자인으로 작업하는 것이 원칙이다. 만일 해당 프로그램이 없다면 무료 디자인 툴인 [캔바] 또는 [미리캔버스]를 이용하자.
- 부크크에서 제공하는 서식 파일을 이용해서 작업하자.
- 별도의 출판사를 가지고 있지 않다면 출판사 로고에 부크크 로고를 넣어주자.
- 텍스트를 입력할 때 화면에 보이는 것보다 인쇄 시 글자 크기가 더 크므로 글자 크기에 주의하자.

- ISBN은 부크크 심사 시 넣어주므로 ISBN을 넣을 공간만 확보해주도록 하자.
- 디자인 확인은 가능한 미리 인쇄를 해서 실물을 확인하도록 하자.

표지 디자인 잘하는 요령

- 잘 만들어진 표지를 참고하자. 어떻게 표지를 꾸밀지 미리 러프를 스케치해보면 좋다.
- 폰트는 바른 모양의 명조체와 고딕체로 구성하자. 너무 튀는 폰트는 오히려 표지를 저급하게 만든다.
- 폰트 크기는 생각하는 것보다 더 작게 설정해서 꾸민다.
- 제목이 눈에 잘 보이도록 꾸미자.
- 내용 정렬에 신경 쓰자. 가운데 정렬하려면 모든 내용을 가운데 정렬하고 왼쪽이나 오른쪽 정렬하려면 모두 같은 방향으로 내용을 통일하자. 보통 가운데 또는 왼쪽 정렬을 주로 사용한다.
- 여백을 충분히 주자. 표지에 넣을 내용을 한쪽에 여유 없이 붙이지 않도록 한다. 적당하게 간격을 띄우는 것이 좋다. 간격도 사방 비슷하게 넣어주는 것이 가장 좋다. 예를 들어 제목을 왼쪽 면에서 3cm가량 간격을 띄었다면 위에도 3cm 띄우는 것이 좋다는 의미이다.
- 표지 디자인을 화면으로 확인하지 말자. 무조건 실제 크기 인쇄를 통해서 확인하도록 하자.

디자인 AI로 표지 이미지 만드는 요령

도서 표지는 텍스트로만 꾸미기도 하지만 도서에 어울리는 이미지를 함께 이용하는 경우가 많다. 표지에 어울리는 이미지를 찾기란 여간 어려운 일이 아닐 수 없다. 그렇다고 인터넷 이미지 검색으로 찾은 이미지는 저작권으로 인해 마음대로 사용할 수도 없다.

이러한 문제를 해결해주는 방법으로 이미지 생성 AI 를 이용하는 방법이다. 대표적인 이미지 생성 AI로는 [미드저니]가 있다. [미드저니]는 실무로 이용하는 사용자가 많고 그만큼 매우 훌륭한 퀄리티를 제공한다. 단 월 구독제 유료로 운영하고 있다는 비용 부담을 가지고 있다.

미드저니를 사용하려면 [미드저니] 홈페이지(https://www.midjourney.com)에 접속한 다음 회원가입하고 지시에 따라 진행하면 [Discord] 앱을 시작할 수 있다. [Discord] 앱에서 왼쪽 목록을 보면 [newbies]로 시작하는 목록을 볼 수 있을 것이다. 이 중 아무 목록을 클릭해서 접속한 다음 검색창에 '/'를 누르고 [imagine]를 선택한다. 그런 다음 영어로 제작할 이미지를 적으면 된다. 어린왕자 이미지를 만들고 싶

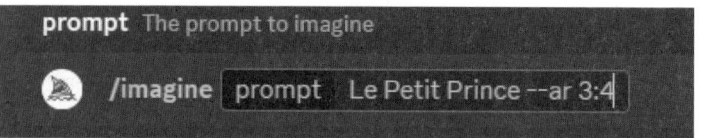

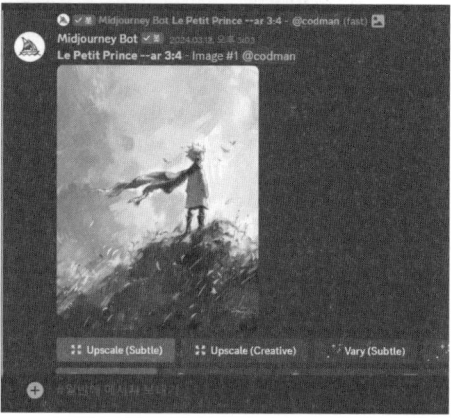

미드저니로 이미지를 생성하는 과정

으면 영어로 'Le Petit Prince'라고 입력하고 이미지 비율을 3:4로 지정해주는 옵션인 '--ar 3:4'를 입력하고 진행하면 잠시 후 이미지가 생성된다. 생성된 4장의 이미지 중 마음에 되는 이미지의 위치를 [U1]~[U4] 중 골라서 클릭하면 큰 이미지로 만들어 준다. 이미지 순서는 좌측 상단은 [U1], 우측 상단은 [U2], 좌측 하단은 [U3], 우측 하단은 [U4]이다. 생성된 이미지를 클릭한 후 브라우저로 연 후 이미지를 마우스 오른쪽 클릭하고 이미지 저장을 해서 이미지를 저장할 수 있다. 처음에는 무료로 몇 장을 만들 수 있으니 테스트해 볼 수 있을 것이다. 명령을 입력하는 방법을 어렵게 생각할 필요 없다. 간단하게 만들고 싶은 내용을 영어로 입력하면 된다. 대충 입력해도 미드저니가 알아서 관련된 이미지를 만들어 줄 것이다.

또 다른 방법은 마이크로소프트사의 [Designer]를 이용하는 방법이다. [Designer]는 마이크로소프트사의 웹브라이저인 [Bing]에서 동작하는 이미지 생성 AI이다. 괜찮은 품질에 무료라는 것이 매력적인 서비스이다.

이 서비스를 이용하려면 우선 [Bing] 브라우저가 최신 버전이어야 하고 마이크로소프트 계정이 있어야 한다. AI를 지원하는 [Bing] 브라우저를 실행한 다음 [Bing] 홈페이지(https://www.bing.com)에 접속하면 검색창에 아이콘이 보일 것이다. 이 아이콘을 클릭하면 마이크로소프트사의 AI인 [Copilot]이 열린다. 그리고 오른쪽 메뉴를 보면 [Designer]가 보일 것이다. 이 메뉴를 클릭하면 비로소 이미지 생성 AI [Designer]가 실행된다.

하단의 검색창에 내가 그리고 싶은 내용을 글로 작성해보자. 만일 어린왕자 그림을 그리고 싶다면 '어린왕자 그림을 그려줘'라고 한글로 입력하고 [Enter]를 눌러 실행한다. 한글을 입력하면 영어로 번역 후 실행되는 원리이므로 영어로 입력해주는 것이 더 정확한 결과를 얻을 수 있다. 명령을 내릴 글은 가능한 매우 단순한 구조로 입력하자. 그리고 '발레를 하는 모습, 유화 스타일', '귀여운 다람쥐, 픽셀 아트 스타일'처럼 쉼표로 부연 설명을 이어서 입력해서 적으면 된다. 하루에 30장까지 제작할 수 있으며 지원 이미지 사이즈도 1024×1024 픽셀이다.

명령을 내리면 잠시 후 AI [Designer]가 그림을 생성해서 4개의 이미지를 만들어 줄 것이다. 이 중에서 마음에 드는 이미지를 골라 클릭하면 큰 이미지로 보여준다. 이미지를 확인하고 [다운로드]를 클릭해서 이미지를 다운로드받는다.

직접 해보면 매우 퀄리티 높은 이미지 생성에 놀라움을 금치 못할 것이다. 생성된 이미지를 [캔바]로 불러오면 표지 제작에 이용할 수 있을 것이다.

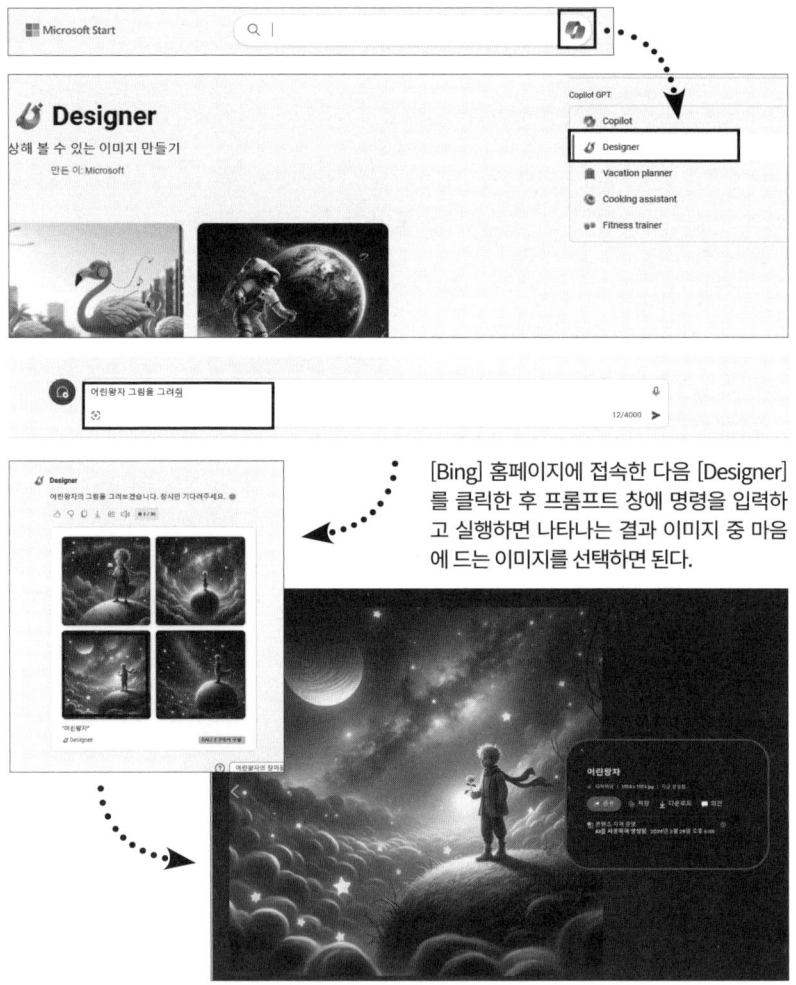

[Bing] 홈페이지에 접속한 다음 [Designer]를 클릭한 후 프롬프트 창에 명령을 입력하고 실행하면 나타나는 결과 이미지 중 마음에 드는 이미지를 선택하면 된다.

[다운로드]를 클릭해서 작업한 이미지를 PC에 저장할 수 있다.

ePub과 PDF 전자책의 이해

전자책은 스마트폰, 태블릿, 또는 전자책 리더기 등의 모바일 기기에서 책의 내용을 텍스트와 이미지로 변환해놓은 자료로 볼 수 있는 디지털 자료를 가리킨다. 전자책은 모바일 기기로 언제든지 책을 볼 수 있다는 장점을 가지고 있다. 이러한 전자책을 만드는 방법은 크게 ePub 방식과 PDF 방식으로 나눌 수 있는데 각각의 방식마다 특징이 있기 때문에 도서의 특징에 맞게 선택해서 제작하고 있다. 각각 어떤 특징이 있는지 알아보자.

ePub 2.0

ePub은 국제 디지털 출판포럼에서 제정한 전자책 표준을 말한다. 홈페이지에서 사용하는 HTML과 CSS 언어를 이용해서 제작된 규칙으로 버전에 따라 크게 ePub 2와 ePub 3가 있다. ePub 2은 단순한 텍스트와 이미지를 삽입해서 꾸미는 데 충실하다면 ePub 3는 보다 복잡한 편집 구성과 멀티미디어 구현도 가능한 차세대 전자책 스타일이다. 아쉽게도 아직 국내에서는 ePub 3이 대중화되어 있지는 않다. 현재 우리나라를 비롯한 미국의 아마존 등이 ePub 2 방식을 대부분 채택하고 있고 대표적인 ePub 3를 지원하는 전자책으로는 애플의 아이북스가 있다.

ePub2.0은 XHTML로 만들어서 텍스트와 이미지를 어우러지게 표현하기에 최적화되어 있다. 또한 디스플레이의 폭에 따라 전자책 화면이 가변적으로 변경되어 어떤 모바일 기기라도 내용이 잘 보이도록 설계되어 있다. 이 기능으로 작은 디스플레이에서도 잘 보이도록 표현해준다는 장점이 있지만 화면에 보이는 영역의 변화로 인해 페이지 밀림이 생기는 문제도 가지고 있다. 그러므로 ePub 2로 제작할 때는 화면 크기 변화에 따른 페이지 밀림에 신경써서 작업해주어야 한다.

ePub 문서를 만드는 가장 대표적인 프로그램으로 ePub 제작 툴인 [Sigil]과 [Calibre] 프로그램이 있다. 이 프로그램은 무료이며 전문 전자책 툴로 전자책에 최적화하여 관리하기 쉽다는 장점을 가지고 있지만 이 프로그램은 XHTML 코드로 작업하는 방식이다 보니 이 언어를 처음 접하는 경우 언어 학습이 필요하다. 전자책을 만드는 방법으로 도서 편집 프로그램인 인디자인을 이용하는 방법도 있다. 인디자인으로 도서를 편집한 경우 손쉽게 내보내기 기능을 이용하여 ePub으로 저장할 수 있다.

그리고 또 하나는 MS 워드를 이용하는 방식이 있다. MS 워드로 작업한 문서를 바로 ePub으로 저장할 수는 없지만 [Calibre]의 ePub 변환 기능을 이용하여 작업할 수 있다. 변환툴을 이용하는 경우 불필요한 정보들이 추가되어 코딩 데이터가 깔끔하지 않고 상황에 따라 오류가 발생하기 쉽지만 손쉽게 제작할 수 있다는 이점을 가지고 있다.

전문적으로 전자책을 제작하려면 [Sigil]을 사용할 것을 추천한다.

그러나 [Sigil]에 사용되는 언어는 다소 복잡하기 때문에 간단하고 빠르게 제작하길 원한다면 MS 워드로 변환 기능을 이용하자.

PDF

PDF는 전자책을 위한 파일은 아니다. 편집 화면을 그대로 보여주는 목적으로 사용되는 방식으로 범용성이 매우 우수하여 PDF 저장이 가능한 한컴 한글, MS-워드, 인디자인 등 다양한 프로그램에서 사용할 수 있다. 작업한 화면을 그대로 보여주기 때문에 <u>이미지가 많은 도서에도 깔끔한 화면을 보여주지만 ePub과 달리 가변형이 아니고 글자 크기도 임의로 변경할 수 없다.</u> 그래서 텍스트가 많은 도서보다는 이미지가 많은 도서에서 주로 사용한다.

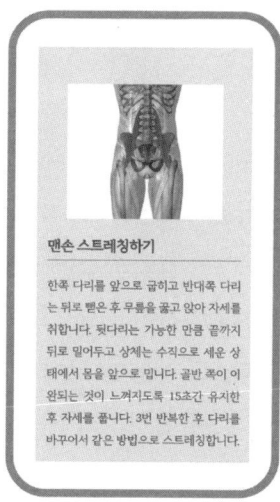 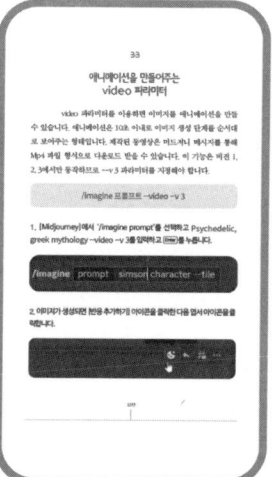

ePub으로 제작한 전자책(왼쪽) PDF로 제작한 전자책(오른쪽)

전자책용 MS 워드 문서 정리 요령

한컴 한글 문서는 안되지만 MS 워드로 작성한 문서는 전자책 ePub 문서로 변환할 수 있다. 이 기능을 이용하면 ePub 제작이 어려운 초보자들도 ePub 파일을 만들 수 있다. 여기서는 ePub 변환을 적합하게 실행하기 위해서 MS 워드 문서를 정리하는 방법에 대해서 알아본다.

전자책용 문서 스타일 지정

전자책에 맞게 문서를 작성하기 위해 먼저 문서 스타일을 지정하자. 전자책용은 특별하게 지정된 문서 크기가 정해진 것이 없다. 대략 A5와 같은 도서 판형을 사용하면 된다. 그리고 전자책은 제책처럼 좌우 페이지 구분이 없으므로 문서의 기본값을 유지하되 여백은 가능한 좁게 설정해서 작업해주면 된다. 그 이유는 모바일에서 문서를 열면 생각보다 문서 좌우에 여백이 많이 설정되기 때문이다. [레이아웃]-[여백]에서 [좁게] 또는 [보통]으로 설정하도록 한다.

이렇게 설정이 되었으면 원고 작업을 하도록 한다. 도서와는 다르게 첫페이지는 표지 이미지가 들어가므로 첫 페이지를 넘기고 작업한다. 두 번째 페이지는 판권이 들어간다. 다음은 머리말, 목차 순으로 도서와 같은 구성으로 작업하면 된다. 다음 페이지로 넘어갈 때 Ctrl+Enter 를 눌러 페이지 나누기를 이용하면 좋다.

폰트는 무시해도 된다

ePub은 폰트 파일을 추가할 수 있어서 내가 원하는 폰트로 글을 표현할 수 있다. 하지만 사용된 폰트는 ePub 파일에 내장되기 때문에 모바일 특성상 파일 크기가 큰 것은 매우 큰 단점이다. 그리고 요즘에는 전자책을 열어주는 전자책 리더에서 다양한 폰트를 지원하여 리더 자체에서 폰트를 변경할 수 있으므로 폰트를 임베딩하는 작업이 그다지 매력적이지 않다. 그러므로 특별한 경우가 아니면 폰트를 지원하지 않아도 된다.

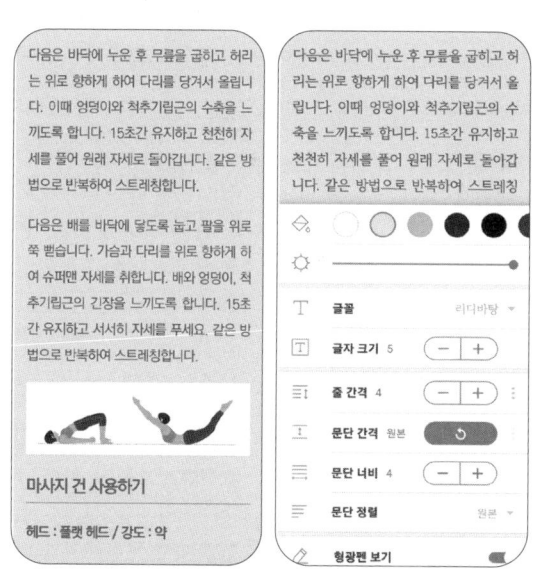

왼쪽은 폰트를 선택하지 않은 경우이고 오른쪽은 전자책 리더 옵션을 이용하여 폰트를 변경한 경우

MS 워드를 이용하여 ePub으로 만들 때는 ePub 변환 프로그램을 이용하는데 이때 ePub에 사용하는 XHTML 코드가 복잡하게 구성된다. 그래서 MS 워드에서 지정한 폰트는 정상적으로 지원하지 않으므로 폰트 설정은 신경쓰지 않아도 된다. 사용 폰트의 개수를 줄이고 단순하게 작업하자.

가변 폭에 대비하자

모바일 기기의 디스플레이의 크기에 따라 문서 폭이 가변적으로 변하므로 문서의 폭이 변경되어도 내용을 보는 데 문제 없도록 구성해야 한다. 예를 들어 제목 글자를 크게 설정한 경우 작은 디스플레이로 보면 글자 영역이 부족하여 한 줄의 글이 두 줄로 바뀔 수도 있게 된다. 이미지 또한 한 페이지에 나타나게 구성했는데 작은 디스플레이인 경우 이미지만 다음 페이지로 밀리기도 한다. 이러한 경우 가독성이 떨어지고 예쁘게 보이지 않을 가능성이 있다. 이러한 경우를 감안해서 제목은 가능한 짧게 설정하자. 만일 길다면 아예 줄을 바꾸도록

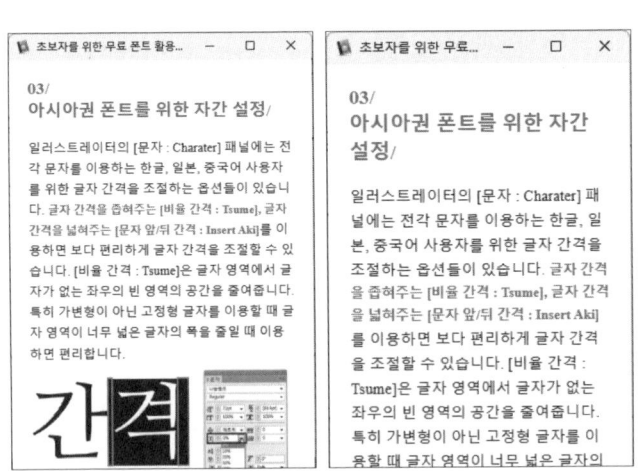

디스플레이의 크기에 따라 글자나 이미지가 밀림

하자. 이미지는 너비에 비해 높이가 넓은 것은 지양하고 가능한 이미지 높이를 좁게 편집해서 사용하자.

전자책용 목차를 꾸미자

전자책에서 목차는 꼭 필요한 요소이다. 전자책 뷰어를 보면 목차가 있는데 이 버튼을 누르면 목차 목록이 나타나고 해당 목차를 누르면 해당 페이지로 이동된다. 이와 같은 기능을 만들려면 목차 작업을 해주어야 한다. 목차는 임의로 만들면 안되고 반드시 다음 규칙을 이용해서 작업해야 한다. 그래야 목차로 인식하여 전자책의 목차로 등록된다. MS 워드에서 목차를 등록하는 방법에 대해서 알아보자.

MS 워드에서 목차로 등록하고 싶은 제목을 마우스로 드래그한 다음 [홈] 메뉴의 [스타일] 목록에서 [제목1], [제목 2], [제목 3] 중 하나를 클릭해서 스타일로 등록한다. [제목1]은 큰 제목, [제목 2]는 작은 제목, [제목 3]은 더 작은 제목으로 등록된다. 나중에 목차로 만들면 [제목 2]로 지정된 제목은 [제목1] 밑에 표시된다.

제목 글의 스타일도 변경할 수 있다. [홈]-[스타일]의 [스타일] 버튼을 클릭하면 [스타일] 대화 상자가 나타난다. 여기서 수정한 스타일 목록을 선택하고 [스타일 관리] 버튼을 클릭하면 나타나는 대화 상자에서 스타일을 수정할 수 있다.

이렇게 제목 스타일을 지정했다면 목차를 만들 페이지로 이동한다. 그런 다음 [참조]-[목차] 메뉴를 클릭하고 [자동 목차 1] 또는 [자동 목차 2]를 선택하면 해당 페이지에 목차가 자동으로 등록된다.

전자책용 페이지 번호 넣기

전자책을 만들 때는 첫 페이지에 표지를 넣기 때문에 실제로는 1페이지는 두 번째 페이지부터 시작한다. 그러므로 두 번째 페이지부터 페이지 번호를 매기려면 다음과 같이 작업한다.

먼저 [삽입]-[페이지 번호] 메뉴에서 [페이지 번호 서식]을 클릭한다. 대화 상자가 나타나면 [번호 서식]에서 번호 스타일을 선택하고 [시작 번호]에 '0'을 입력하고 [확인] 버튼을 클릭한다. 이렇게 작업하면 두 번째 페이지부터 1페이지가 매겨지게 된다.

만일 특정 페이지부터 페이지 번호를 표시하려면 페이지 번호를 표시하고 싶은 페이지 이전 페이지를 클릭해서 커서를 위치한 후 [레이아웃] 메뉴에서 [나누기]-[다음 페이지부터] 메뉴를 클릭한다. 이렇게 설정하면 앞부분은 1구역, 뒷부분은 2구역으로 페이지가 구분된다. 페이지 번호를 넣은 후 구역을 지정한 다음 앞 페이지를 클릭해서 커서를 위치한 다음 [삽입] 메뉴에서 [페이지 번호]-[페이지 번호 제거]를 클릭하면 해당 구역의 페이지 번호만 삭제된다. 도서에서 목차, 인사말 등 앞부분에는 페이지 번호를 표시하지 않고 본문에만 페이지 번호를 표시할 때 유용하게 사용할 수 있다.

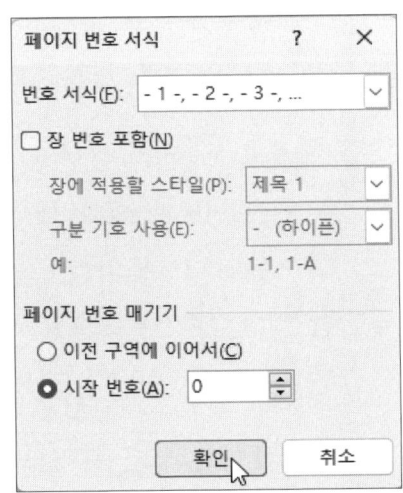

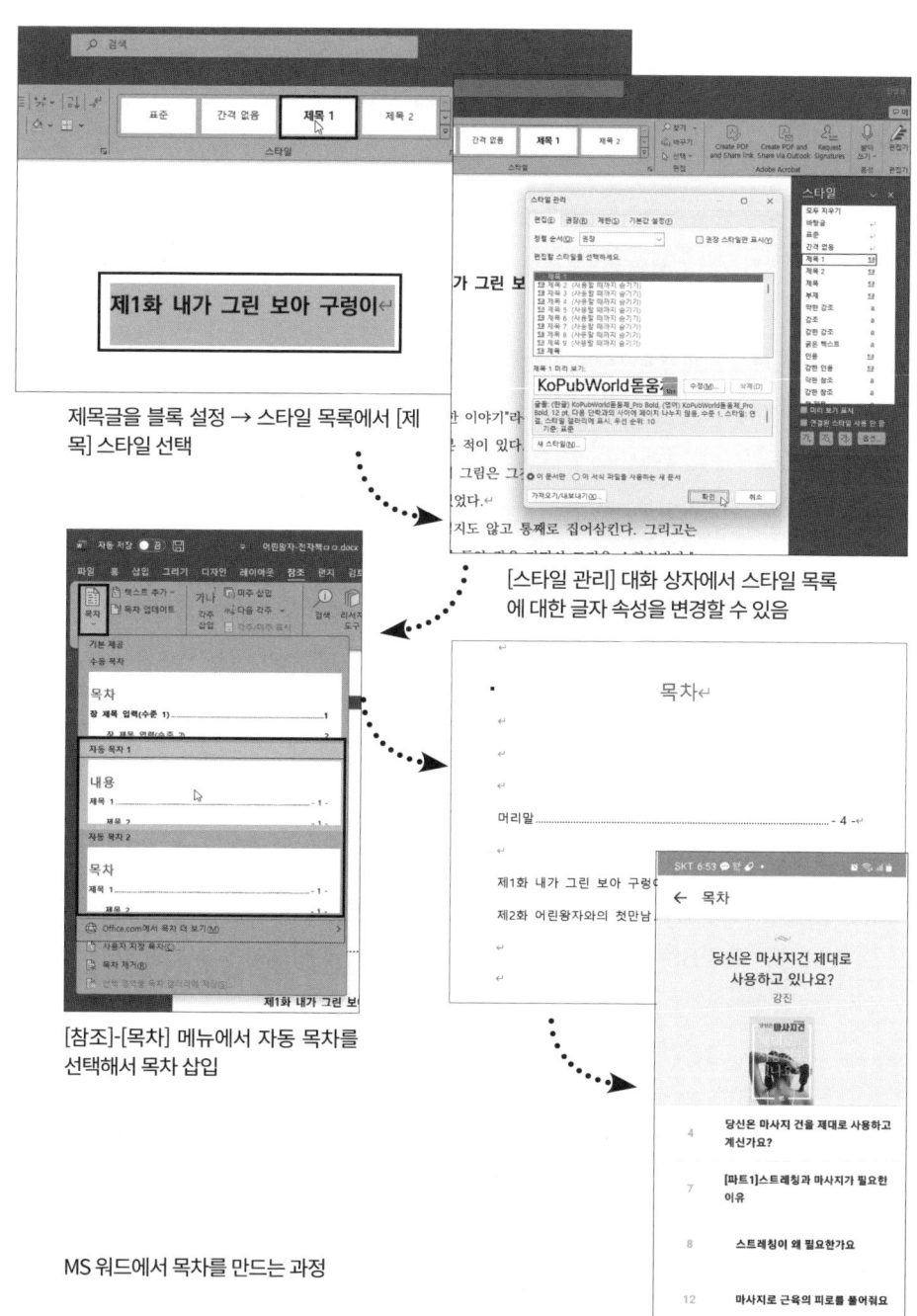

제목글을 블록 설정 → 스타일 목록에서 [제목] 스타일 선택

[스타일 관리] 대화 상자에서 스타일 목록에 대한 글자 속성을 변경할 수 있음

[참조]-[목차] 메뉴에서 자동 목차를 선택해서 목차 삽입

MS 워드에서 목차를 만드는 과정

ePub 파일에 대해서

- 전자책은 여러 개의 xhtml과 CSS 파일로 구성되어 있다. 이렇게 구성된 파일들을 ePub이라는 파일 이름으로 압축해둔 것이 전자책 ePub의 파일이다. 그래서 이 파일을 압축 프로그램으로 열면 파일 안에 포함되어 있는 xhtml과 css 파일을 볼 수 있다.

- MS 워드 파일을 ePub으로 변환하면 텍스트 내용은 xhtml 파일에 저장되고 글자 크기 등의 글자 속성은 css 파일에 저장된다. 여기서 사용하는 파일은 홈페이지의 HTML과 같으므로 HTML 편집을 할 수 있다면 보다 쉽게 전자책 편집도 할 수 있다.

- 전자책 서점마다 전자책 파일을 볼 수 있도록 해주는 전자책 리더를 이용하여 사용자들이 전자책을 볼 수 있도록 해준다. 전자책은 어떻게 제작하는가에 따라 보이는 것에 차이가 발생할 수 있는데 이러한 문제를 해소하기 위해 서점마다 제공하는 전자책 제작에 대한 가이드를 제공한다. 그래서 전문적으로 전자책을 제작하려면 전자책 가이드를 준수해야 한다.

- 전자책에서 사용하는 파일은 반드시 영문으로 지정해야 한다. 특히 문서에 사용된 이미지는 이미지 파일명 그대로 등록되는데 이때 파일명이 한글로 되어 있으면 전자책 서점의 가이드에 위반되어 오류가 발생한다. 그러므로 전자책에 사용된 모든 파일명은 영문으로 지정하자.

- 전자책에 원하는 폰트를 이용하려면 전자책 파일에 폰트를 삽입하면 된다. 이러한 폰트를 임베딩 폰트라고 부르는데 이때 사용하는 폰트는 임베딩 사용이 허가된 폰트만 사용해야 한다. 무료 폰트라도 임베딩 폰트로는 사용

허가가 금지된 경우가 많아 확인은 필수다. 대표적인 임베딩 허가 폰트는 Kopub, 나눔 등이 있다.

캔바로 전자책 표지 만들기

전자책 표지는 정해진 사이즈가 정해져 있지는 않다. 다만 이미지의 너비가 1,000 픽셀 이상의 크기를 권장한다. 세로 길이는 책 비율에 맞추면 된다. 그리고 책등과 뒤표지도 없기 때문에 앞표지만 제작하면 된다. 여기서는 [캔바]를 이용하여 A5 사이즈로 맞추어서 표지를 만드는 과정을 살펴보겠다.

캔바로 표지 이미지 만들기

먼저 [캔바]를 실행한 다음 [디자인 만들기]를 클릭하고 맞춤형 크기를 A5 크기인 가로 148mm, 세로 210mm로 설정해서 새문서를 연다. [업로드 항목] 메뉴를 클릭한 다음 표지 배경에 사용할 이미지

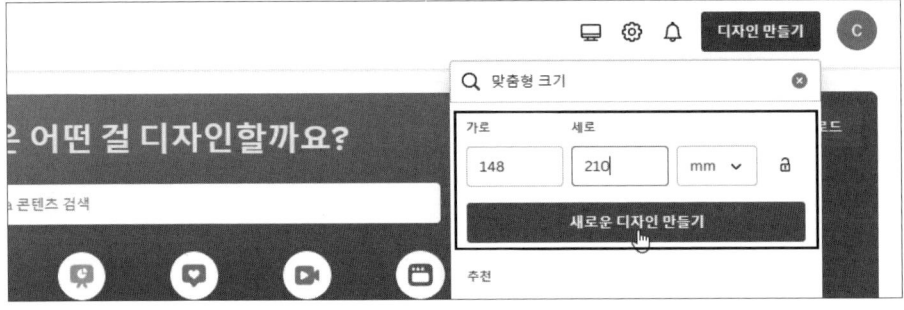

[캔바]에서 이미지 사이즈 지정하는 장면

를 불러온다. 이미지는 무료 이미지를 이용하거나 [미드저니]와 같은 AI 디자인 툴을 이용하자.

표지에 사용할 이미지를 준비했으면 새문서에 넣어서 꾸민다. 그리고 출판사 로고 이미지도 불러와서 꾸민다. 로고 이미지는 출판을 의뢰할 업체의 로고를 넣어야 한다. 그리고 [텍스트] 메뉴를 클릭해서 제목, 저자 이름 등에 넣을 텍스트를 넣어서 표지를 꾸민다.

전자책은 화면으로만 소개되므로 표지를 디자인할 때 제목을 크게 설정해서 눈에 잘 띄게 제작하는 것이 중요하다. 너무 작게 설정하면 전자책 소개 섬네일 이미지에서 보이지 않을 수 있기 때문이다. 그리고 배경도 흰색으로 설정하기보다 색을 넣도록 한다. 흰색 배경은 섬네일로 볼 때 도드라지지 않는 문제가 발생하기 때문이다. 작업이 완료되었으면 [파일] 메뉴에서 [저장]을 클릭해서 작업한 내용을 저장하고 [파일] 메뉴에서 [다운로드]를 클릭한 다음 [파일 형식]을 [JPG]로 선택하고 [다운로드]를 클릭해서 이미지로 저장한다.

워드 문서에 표지 이미지 붙여 넣기

표지 이미지는 본문 워드 문서에서 첫 페이지에 넣도록 한다. 이미 첫 페이지를 비워 두었다면 첫 페이지를 클릭해서 커서를 위치한 다음 [삽입] 메뉴에서 [그림]-[이 디바이스]를 클릭한 다음 앞에서 저장한 표지 이미지를 선택해서 불러온다.

문서에 삽입된 이미지를 클릭한 다음 [그림 서식] 메뉴에서 [텍스

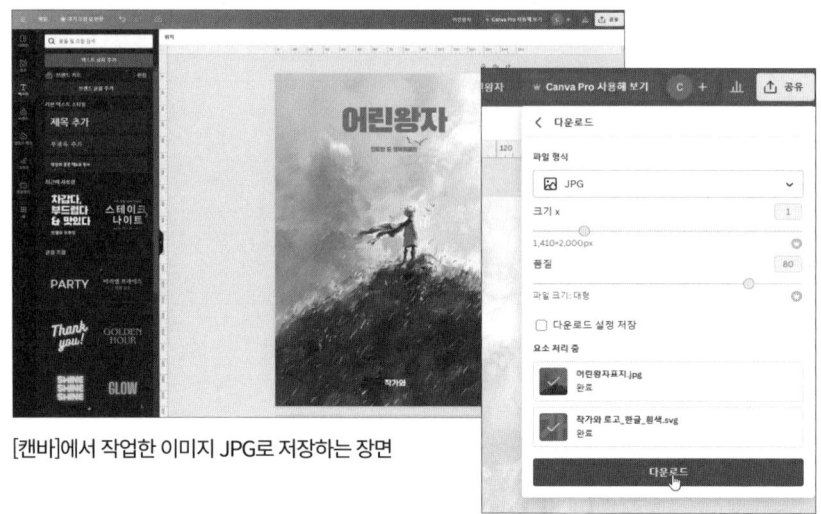

[캔바]에서 작업한 이미지 JPG로 저장하는 장면

트 줄 바꿈]을 클릭하고 ▲[텍스트 앞]을 선택한다. 그런 다음 이미지를 클릭하면 나타나는 조절점을 드래그해서 문서에 꽉 차도록 이미지의 위치와 크기를 조절한다.

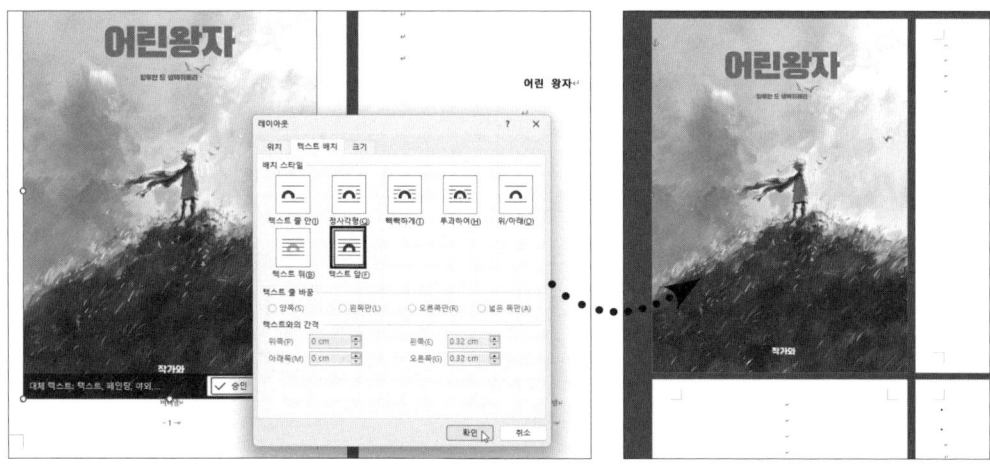

[MS 워드]에서 문서에 표지 이미지를 삽입하는 장면

MS 워드 문서를 ePub 전자책으로 만들기

MS 워드로 문서 작업을 완료한 경우 전자책에 사용할 수 있도록 ePub 파일로 변환해야 한다. 여기서는 전자책 제작툴로 유명한 [칼리버] 프로그램을 이용해서 ePub 파일로 변환하는 방법에 대해서 알아보겠다.

칼리버 프로그램 설치

[칼리버]는 대표적인 ePub 제작 프로그램이다. [칼리버] 홈페이지 (https://calibre-ebook.com)에 접속한 다음 [Download] 메뉴에서 해당 운영체제를 클릭해서 프로그램을 설치할 수 있다. 프로그램을 설

치하면 ePub 변환 및 관리를 해 주는 [Calibre 64bit], ePub 내용을 보여주는 [E-book viewer], ePub 파일을 편집해주는 [Edit E-book]까지 총 3개의 프로그램이 설치된다.

워드를 ePub으로 변환

[칼리버]를 실행한 다음 자료를 열기 위해서 ➕ [책 추가하기] 버튼을 클릭해서 앞에서 작업한 MS 워드 파일을 선택한다. 그러면 화면 가운데에 목록이 등록되는데 이 목록을 선택한 다음 🔄[책 변환하기] 버튼을 클릭한다. 새 창을 확인해보면 [입력 형식]에는 [DOC]가 선택되어 있고 오른쪽 [출력 형식]에는 [ePub]이 선택되어 있다. 오른쪽에 도서 정보를 입력하고 [확인] 버튼을 클릭한다.

[책 추가하기]를 클릭해서 워드 문서를 선택

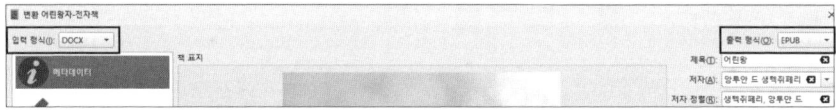

[입력 형식]은 [DOCX], [출력 형식]은 [EPUB]로 선택되어 있다.

❶ 전자책 파일을 불러옴 ❷ 도서 정보를 기록 ❸ 다른 파일 형식으로 변환 ❹ 전자책 미리 보기([E-book viewer] 실행) ❺선택한 책 목록 삭제 ❻ 작업한 내용을 저장 ❼ 선택한 파일을 XHTML 기반으로 편집([Edit E-book] 실행)

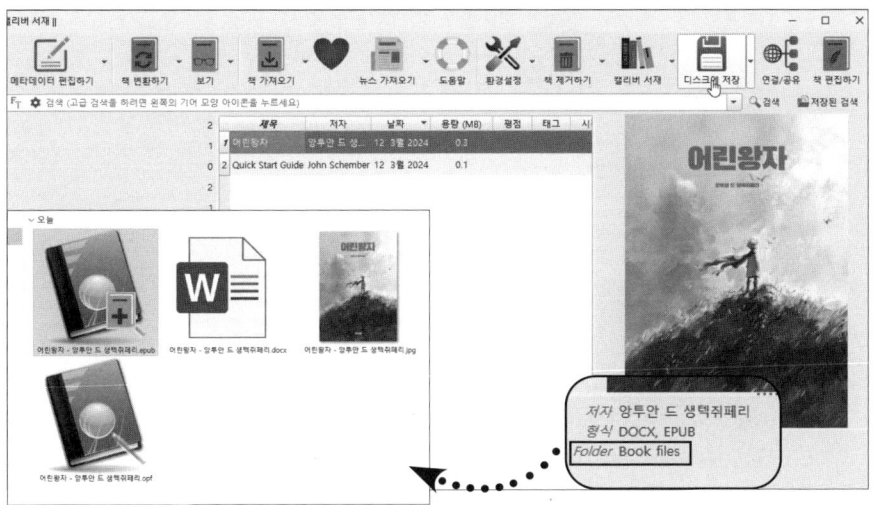

폴드 북 파일을 여는 장면

작업이 완료되면 [디스크에 저장]을 클릭한다. 대화 상자가 열리면 데이터를 저장할 폴더를 선택한다. 화면 오른쪽에 정보가 표시되는 영역에서 [Folder Book files] 글을 클릭한다. ePub 파일이 저장된 폴더가 열린다.

전자책 미리보기

확장자가 ePub인 제작한 ePub 파일을 더블 클릭하거나 [칼리버]에서 [보기] 버튼을 클릭하면 전자책 뷰어가 열리면서 전자책을 열어 볼 수 있다. 뷰어 창 모서리에 마우스 포인터를 위치하면 나타나는 조절점을 드래그해서 창을 작게 조절한다. Space 또는 →를 누르면 다음 페이지로 이동하고 ←를 누르면 이전 페이지로 이동된다. 각 페이지를 열어 보면서 내용을 확인한다.

뷰어로 전자책을 보는 장면

뷰어에서 보이는 내용은 실제 모바일 기기에서 보이는 것과 차이가 있다. 특히 화면 크기는 뷰어의 창을 최대한 모바일 기기와 비슷하게 사이즈를 조절해야 모바일 기기와 비슷하게 보인다. 또한 전자책 서점마다 사용하는 뷰어에 따라 보이는 내용도 차이가 있다. 그러므로 [칼리버] 뷰어로 정확하게 보는 것은 어려우므로 단지 참고용으로 사용하도록 한다.

한컴 한글을 ePub으로 변환하기

한컴 한글은 ePub으로 바로 변환할 수 없다. 그러나 한컴 한글에서 다른 이름으로 저장을 실행해서 MS 워드로 저장할 수 있기 때문에 MS 워드 파일로 변환한 후 앞에서 소개한 방법으로 ePub 파일로 만들자.

무료로 ePub 전자책 출판하기

전자책을 출판하려면 전자책을 출판해주는 서비스를 이용해야 한다. 대표적인 무료로 전자책을 출판해주는 서비스로는 [유페이퍼]와 [작가와]가 있다. 해당 서비스를 이용하면 우리나라 대표 전자책 서점에 도서를 유통해주며 도서가 팔렸을 경우 서점마다 다르지만 대략 30~60% 판매금을 받을 수 있다. 그럼 [유페이퍼]와 [작가와]로 도서를 등록하는 방법에 대해서 알아보자.

[유페이퍼]로 전자책 등록하기

[유페이퍼]는 전자책 전문 출판 서비스를 제공해주는 사이트이다. [유페이퍼] 홈페이지(https://upaper.kr)에 접속해서 회원가입을 한다. 그런 다음 오른쪽 메뉴 버튼(≡)을 클릭한 다음 [내페이퍼]-[판매자등록]을 클릭한다. 판매자 등록 화면이 나타나면 정보를 입력한다.

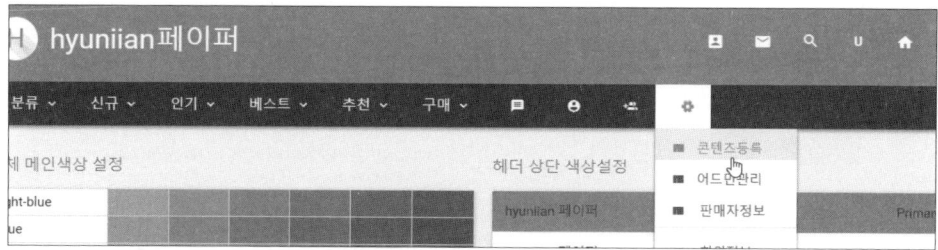

정보 입력이 완료한 후 ⚙ 아이콘을 클릭한 후 전자책을 등록하기 위해서 [콘텐츠등록]을 클릭한다.

[작업 중인 전자책] 탭 화면이 나타나면 [전자책 등록]을 클릭한다. 도서 정보를 입력하고 [다음 단계로]를 클릭한다. [전자책 업로드]를 클릭하고 [파일 선택]을 클릭해서 앞에서 제작한 ePub 파일을 선택한다. ISBN은 비워둔다. 전자책 표지도 같은 방법으로 앞에서 작업한 표지 이미지를 선택하고 [전자책 등록]을 클릭한다.

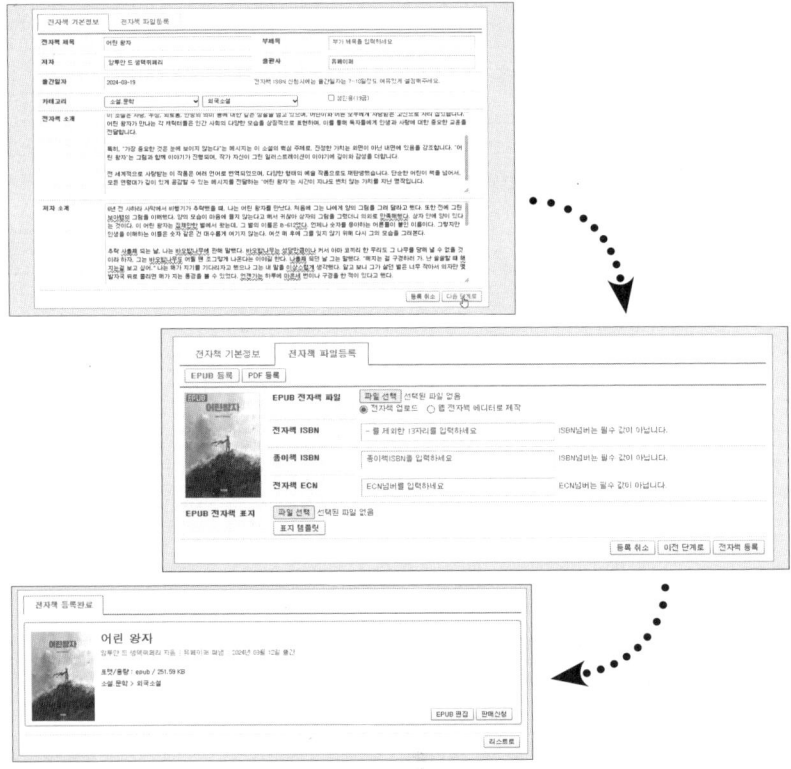

[유페이퍼]로 전자책 등록하는 과정

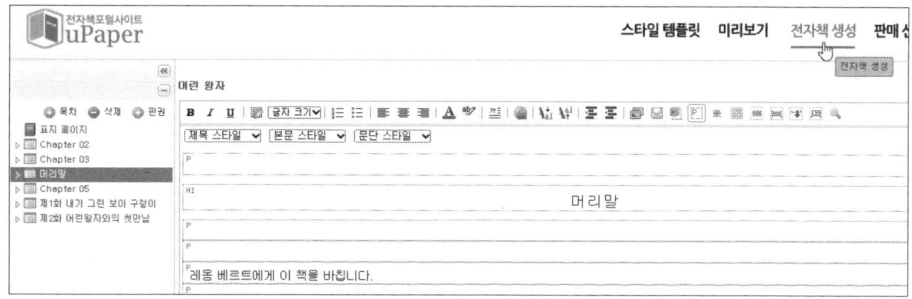

[EPub 편집]을 클릭하면 나타나는 장면

도서가 등록되면 [EPub 편집]을 클릭한다. 편집 화면으로 이동되면 [미리보기] 메뉴를 클릭해서 전자책 내용을 확인하고 [전자책 생성]을 클릭한다. 오류가 발생하면 오류 메시지가 나타나고 문제가 없으면 판매 신청으로 넘어가게 된다.

[작가와]로 전자책 등록하기

[작가와] 홈페이지(https://www.jakkawa.com)에 접속한 후 회원가입을 한다. 도서를 등록하기 위해서 [책 만들기] 메뉴를 클릭한 다음 1단계에 [도서 정보 입력]에서 도서 정보를 입력하고 [도서 정보 저장하기]를 클릭한다.

MS 워드 문서를 ePub 파일로 변환하기 위해서 도서 정보 입력란 바로 밑에 [EPub 파일 만들기]를 클릭한다. 여기서 [EPub 파일 변환] 항목에서 [파일 선택]을 클릭한 다음 앞에서 작성한 MS 워드 파일을 선택한 다음 [변환하기]를 클릭한다. MS 워드 파일을 ePub 파일로 변환되면 변환된 파일을 다운로드 받는다. 작업이 완료되었으면 [파일 업로드하러 가기]를 클릭해서 이전 페이지로 이동한다.

ISBN이 나오면 2단계 [파일 업로드]에서 ISBN 번호를 입력하고 전자책과 표지 이미지를 등록하고 업로드를 실행한다. 유통 신청 대기에 ISBN이 나오면 이 코드를 3 단계의 [ISBN 현황 입력]에 붙여 넣은 다음 [유통신청 버튼]을 클릭해서 신청을 완료한다.

도서 정보 입력

MS 워드 문서를 ePub 파일로 변환

ePub 파일과 이미지 파일, 발행된 ISBN 번호 등록

ISBN 번호 입력해서 유통 신청

⑰ PDF로 전자책 등록하기

PDF는 이미지처럼 화면을 그대로 나타나게 해주기 때문에 PDF 변환이 된다면 어떤 프로그램이든지 전자책으로 사용할 수 있다. 앞에서 배운 MS 워드 이외에 한컴 한글이나 전문 편집툴인 인디자인이나 파워포인트 등 편집할 수 있는 모든 툴을 이용할 수 있다.

단, PDF에 어울리는 도서 콘텐츠에 이용하도록 하자. 텍스트 위주의 도서는 가능한 ePub으로 제작하고 이미지가 많은 도서인 경우에만 PDF로 사용하자. PDF는 제작은 편하지만 전자책 리더에서 제공하는 텍스트 속성 변경 및 메모 기능, 텍스트를 음성으로 변환해주는 TTS 서비스를 이용할 수 없다는 단점을 가지고 있다는 점을 유념하자. 다시 정리하면 이미지가 많은 도서들은 ePub으로 표현하기 어렵기 때문에 PDF를 이용할 뿐 PDF가 전자책 방식으로 우선이 되지는 않는다는 점을 잊지 말도록 하자.

PDF를 만드는 방법은 간단하다. MS 워드, 한컴 한글, 인디자인 등의 프로그램에서 도서 사이즈로 원고를 작성하고 편집한 후 PDF로 저장하면 된다. MS 워드는 [파일]-[Save as Adobe PDF] 메뉴를 클릭하고 한컴 한글은 [파일]-[PDF로 저장하기] 메뉴를 클릭하면 PDF 파일이 만들어진다.

그리고 전자책은 목차를 별도로 등록해주어야 한다. 목차를 등록하지 않으면 전자책으로 이용할 수 없다. 전문 전자책 제작하는 경우 대부분 PDF 편집을 이용하여 목차를 등록한다. 이 작업이 어려운 경우에는 전자책 등록 서비스 업체에서 제공하는 목차 등록 서비스를 이용하도록 한다.

그럼 [유페이퍼]에서는 PDF를 어떻게 등록하는지 알아보자. 등록 과정은 ePub과 동일하다. 먼저 전자책 기본정보를 입력한 후 다음 단계에서 [PDF 등록]을 클릭한다. 그런 다음 [PDF 전자책 파일]

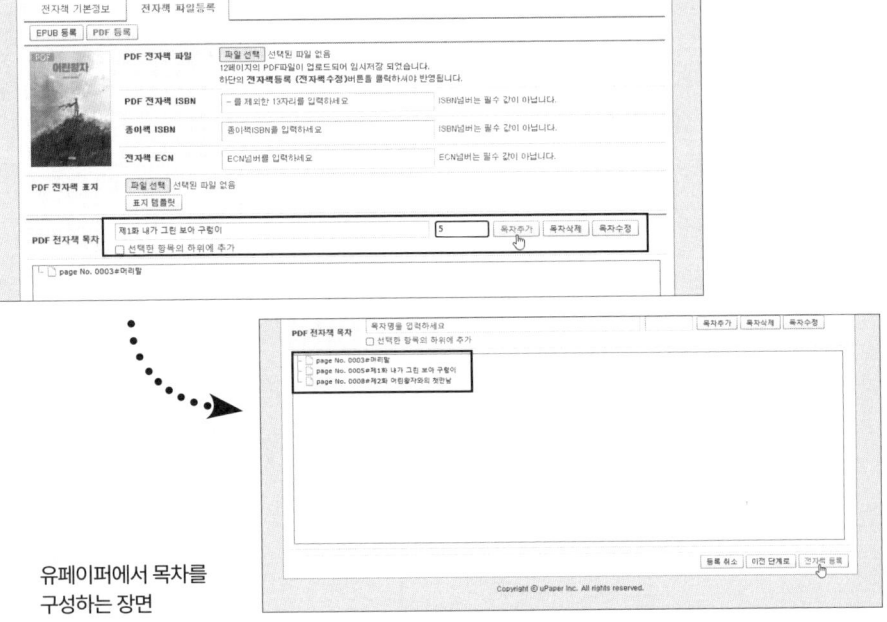

유페이퍼에서 목차를
구성하는 장면

항목의 [파일 선택]을 클릭해서 PDF 전자책 파일을 등록하고 [PDF 전자책 표지] 항목의 [파일 선택]을 클릭해서 표지 이미지를 등록한다. 이때 PDF 파일 크기가 50MB 이하만 등록이 가능하므로 미리 PDF 파일의 크기를 확인하도록 한다. 파일 등록이 완료되었으면 하단에 위치해 있는 [PDF 전자책 목차] 항목을 이용하여 목차를 등록해준다. '목차명을 입력하세요'란에 목차명을 입력하고 오른쪽 란에 페이지 번호를 입력하고 [목차추가]를 클릭한다. 같은 방법으로 모든 목차를 등록해준 다음 [전자책 등록]을 클릭해주면 된다.

어도비 PDF에서 목차 작업하기

- PDF의 목차 작업은 [유페이퍼]에서만 작업하는 것은 아니다. [유페이퍼]는 초보자를 대상으로 목차를 작업할 수 있도록 메뉴를 구성한 것이지 실제 전문가들은 [어도비 PDF] 프로그램에서 목차 작업을 수행한다. [유페이퍼]가 아닌 리디북스, 교보문고, 예스24 등에 도서를 등록할 때는 목차 등록 서비스를 별도로 제공하지 않기 때문이다.

- [어도비 PDF]에서 목차 등록하는 방법은 어렵지 않다. 전자책 PDF 파일을 어도비 PDF에서 연 다음 목차를 등록할 페이지로 이동한다. 그런 다음 마우스 오른쪽 클릭한 후 [Add bookmark]를 선택하면 왼쪽에 북마크 패널이 열린다. 이때 글상자가 활성화되는데 이곳에 북마크에 등록할 제목을 넣어서 기록한다. 같은 방법으로 목차를 등록하면 된다. 이렇게 목차를 작업한 후 PDF를 저장하고 [유페이퍼]에 PDF 파일을 등록하면 [PDF 전자책 목차] 항목에 자동으로 목차 목록이 나타난다.

⑱ PDF로 크몽 전자책 등록하기

크몽은 전문가들의 콘텐츠를 구매하거나 기술을 의뢰할 수 있도록 연결하는 플랫폼이다. 크몽에서 제공하는 콘텐츠 중에 전문가의 노하우를 제공하는 전자책도 있다. 이러한 전자책을 공급하려면 전문가로 등록하고 크몽에서 제시하는 규격에 맞게 문서를 작성해서 등록하면 된다.

크몽의 전자책은 자체적으로 제시하는 규칙이 매우 까다롭다. 크몽에서 제시하는 사이즈와 폰트 사이즈 및 문서 여백 등의 규칙에 맞게 작업해야 한다. 내용도 꼼꼼히 검토하여 저품질이거나 유용하지 않은 콘텐츠는 반려되므로 다음 사항을 참조하여 제작하도록 한다.

콘텐츠

크몽의 전자책은 일반 전자책과 달리 전문가의 노하우 제공하는 콘텐츠로 매우 제한적인 콘텐츠만 등록이 가능하다. 주제도 투잡, 재테크, 창업, 직무 스킬, 취업, 라이프 관련으로 고정되어 있다. 즉, 숙련된 노하우를 담은 콘텐츠가 아닌 영어 단어장, 단순한 프로그램 매뉴얼 등 단순 정보를 제공하는 콘텐츠는 안 된다. 저자의 노하우가 집약된 콘텐츠를

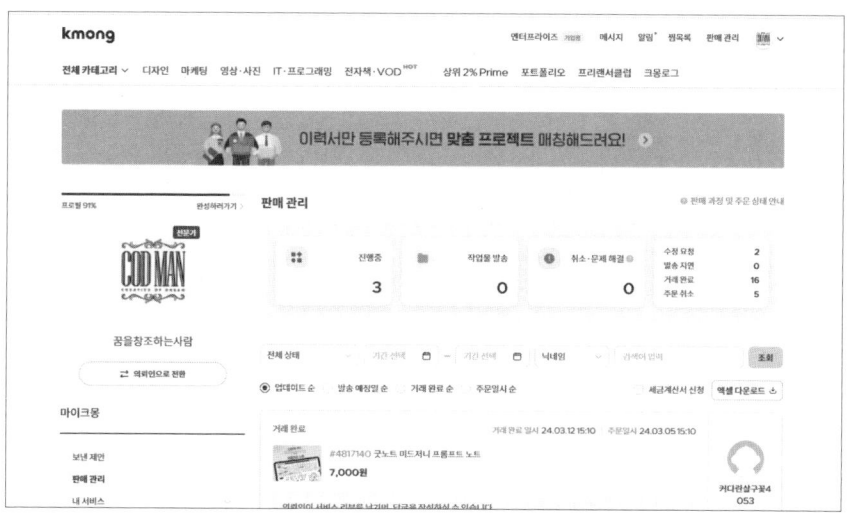

선호하며 내용도 이미지 정보보다는 텍스트의 정보를 선호하는 편이다. 또한 크몽은 전 연령이 이용 가능한 서비스로 심의 기준에 맞지 않은 콘텐츠도 안 된다.

사이즈 규격

크몽의 전자책은 반드시 A4 사이즈로 작성해야 한다. 그리고 세로 쓰기와 가로 쓰기 모두 지원하며 분량은 목차 포함하여 최소 5장 이상 등록해야 한다. 목차는 장수가 많아도 1페이지로 취급하며 여기서 말하는 분량은 이미지를 제외한 텍스트의 분량이다. 보통 세로 쓰기는 20페이지, 세로 쓰기는 30페이지 이상이 되어야 승인이 가능하다. 이때 여백은 기본 여백이어야 한다. 과도하게 여백이 많거나 무의미하게 이미지를 많이 넣거나 페이지의 30%가 넘는 큰 이미지를 넣어 페이지를 늘리는 것도 안 된다. 가독성보다는 충실한 정보 제공이 우선으로 하고 있음을 알 수 있다.

문서 작성

콘텐츠 자료는 PDF를 비롯한 MS 워드, 한컴 한글, 파워포인트, 구글 닥스 파일로 등록할 수 있다. 먼저 아래의 링크를 통해 크몽 전자책 등록 가이드에 접속한다.

https://bit.ly/3PILCBw

이곳에서는 전자책 등록에 대한 자세한 사항을 소개하고 있다. 이 중에서 먼저 [전자책 템플릿]을 클릭한 다음 [1.전자책 파일]의 링크를 클릭하고 [다운로드]를 클릭해서 파일을 다운로드 받는다. 다운로드 받은 자료를 살펴보면 [크몽 전자책 템플릿.docx] 파일이 있는데 이 파일은 MS 워드용 문서 템플릿이다. 이 파일을 열어보면 스타일이 등록되어 있다. 다음 내용에 맞게 수정하면서 작성하도록 한다.

- 글자 속성 : 본문 12포인트, 줄 간격 1.5
- 폰트 : 무료 폰트 이용할 것. [눈누] 홈페이지(https://noonnu.cc)에 접속하면 무료 폰트를 다운로드 받을 수 있다. KoPub, 나눔, 본명조 및 본고딕을 추천한다.
- 문서 여백은 기본을 유지할 것.
- 최종은 PDF로 변환해서 제공할 것.

원고 구성은 앞에서 소개한 도서 작성과 동일하다. 같은 방법으로 원고를 작성하면 된다. 단, 과도하게 줄 바꿈을 하거나 이미지를 너무 크게 넣는 등 페이지를 늘리기 위한 행위나 허위, 과장된 내용은 사용하지 않도록 한다. 꼭 크몽에서 제공하는 템플릿으로만 작업해야 하는 것은 아니다. 위에서 소개한 규칙을 지킨다면 자유롭게 편집해서 꾸며도 된다. 인디자인을 이용할 수 있다면 더 자유롭게 편집할 수 있는 인디자인으로 편집하는 것을 추천한다.

저작권 표시

크몽의 PDF 문서는 앞에서 알아본 ePub, PDF의 전자책처럼 전용 뷰어를 이용해서 내용을 보는 것이 아니라 문서 파일을 제공하는 것이기 때문에 별도로 보안 장치를 가지고 있지 않다. 그러므로 제공한 파일을 공유할 수 있는 문제가 있다. 이러한 문제에 대한 법적인 조치를 취하기 위해서 원고의 마지막에 저작권을 표시하도록 한다. 저작권 표시를 통해 해당 콘텐츠를 구매한 사람이 아닌 다른 3자에게 배포하는 행위를 법적으로 규제한다.

- 이 자료는 대한민국 저작권법의 보호를 받습니다. 작성된 모든 내용의 권리는 작성자에게 있으며, 작성자의 동의 없는 사용이 금지됩니다.

- 본 자료의 일부 혹은 전체 내용을 무단으로 복제/배포하거나 2차적 저작물로 재편집하는 경우, 5년 이하의 징역 또는 5천만 원 이하의 벌금과 민사상 손해배상을 청구합니다.

※ 저작권법 제 30조(사적이용을 위한 복제)
- 공표된 저작물을 영리를 목적으로 하지 아니하고, 개인적으로 이용하거나 가정 및 이에 준하는 한정된 범위 안에서 이용하는 경우에는 그 이용

자는 이를 복제할 수 있다. 다만, 공중의 사용에 제공하기 위하여 설치된 복사기기에 의한 복제는 그러지 아니하다.

※ 저작권법 제 136조(벌칙)의 ① 다음 각 호의 어느 하나에 해당하는 자는 5년 이하의 징역 또는 5천만 원 이하의 벌금에 처하거나 이를 병과할 수 있다.

· 지적재산권 및 이 법에 따라 보호되는 재산적 권리(제93조에 따른 권리는 제외한다)를 복제, 공연, 공중송신, 전시, 배포, 대여, 2차적 저작물 작성의 방법으로 침해한 자.

※ 민법 제750조(불법행위의 내용)
· 고의 또는 과실로 인한 위법행위로 타인에게 손해를 가한 자는 그 손해를 배상할 책임이 있다.

워터마크 표시

워터마크란 내 저작물 무단복제를 막기 위해서 원고에 흐린 색의 문구를 표시하는 것을 말한다. MS 워드의 [디자인] 메뉴에서 [워터마크]를 클릭한 다음 [사용자 지정 워터마크]을 클릭한다. 여기서 [텍스트 워터마크]를 선택하고 [텍스트] 항목에 워터마크로 표시할 글을 입력하고 [적용] 버튼을 클릭한다. 그러면 모든 페이지에 워터마크가 표시될 것이다. 워터마크를 넣을 때 주의할 점은 글을 너무 많이 넣거나 글자가 너무 커서 원고를 볼 때 불편함을 초래하면 안 된다.

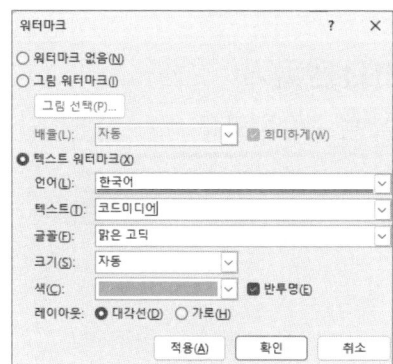

[MS 워드]에서 워터마크를 설정하는 장면

19
크몽 전자책 관련 이미지 만들기

메인 이미지

메인 이미지는 전자책 상품의 메인이 되는 이미지로서 상품을 한 컷의 이미지로 잘 표현할 수 있어야 한다.

메인 이미지를 구성하는 방법은 크게 인물 사진형, 로고형, 상품형으로 나눌 수 있다. 인물형은 전문가의 인물 사진을 메인으로 띄워서 신뢰성을 높이는 방식이다. 로고형은 전자책에서 소개하는 내용을 대표하는 아이콘을 띄우는 방식이고 상품형은 전자책에서 제공하는 대표 이미지를 띄우는 방식이다. 상황에 따라 잘 어울리는 방식을 선택해서 사용하도록 한다. 예를 들어 주식 노하우라면 인물형이 더 신뢰성이 높을 것이고 블로그 홍보 전략이라면 블로그 아이콘을 메인으로 두는 것이 시각적으로 주목할 수 있을 것이다. 아이콘 제작과 같은 상품 관련 정보라면 관련 이미지를 넣는 것이 좋다.

인물 사진형

로고형

상품형

그리고 메인 이미지를 만들 때는 매우 단순하게 구성하는 것이 효과적이다. 이미지는 복잡하지 않고 단순하고 글 또한 짧고 단순한 글이 효과적이다.

메인 이미지는 652×488 픽셀 크기로 만들어야 한다. 그뿐만 아니라 이미지 안쪽 좌우 82픽셀에 글이 없도록 구성해야 한다. 메인 이미지가 SNS에서도 사용되는데 이때 사용되는 사이즈가 488×488 픽셀이기 때문이다. 652×488 픽셀 이미지를 사용하면 좌우 82 픽셀 영역이 잘려서 보이므로 바깥쪽에는 텍스트가 없도록 구성해야 한다.

[캔바]를 이용하여 메인 이미지를 만드는 방법을 살펴보자. [캔바] 홈페이지(https://www.canva.com)에 접속한 후 [디자인 만들기]를 클릭하고 [맞춤형 크기]를 선택하고 658×488 픽셀로 새 이미지를 만든다. 그런 다음 메인 이미지에 사용할 이미지를 삽입한 후 글을 입력해서 꾸민다. 이때 글자가 가로 488 픽셀 안에 들어오도록 배치한다.

상세 이미지

상세 페이지는 상품 내용을 소개하는 이미지 자료로 흔히 쇼핑몰에서 볼 수 있는 상세 페이지를 생각하면 된다. 상세 페이지는 상품을 간단하면서도 자세하게 소개하는 것이 중요하다. 상세 페이지를 만들려면 먼저 상세 페이지에 들어갈 내용을 글로 작성하도록 한다. 그리고 글과 이미지를 어떻게 구성할지 러프 스케치를 하면 좋다. 러프 스케치로 구상이 끝났으면 내용에 맞게 제작한다.

상세 페이지 제작 방법은 상세 페이지 공간에 있는 편집 도구를 이용하여 텍스트와 이미지를 삽입해서 제작하는 방법과 상세 페이

[캔바]로 메인 이미지 제작 장면

지 전체를 이미지로 만드는 방법이 있다. 보다 시각적으로 보이게 만들려면 이미지로 만드는 것이 좋다. 보통 상세 페이지 내용은 세로로 매우 길기 때문에 이미지로 제작할 때는 하나의 파일로 만들지 않고 분할해서 작업하는 것이 좋다. 보통 1,000 픽셀 정도로 분할하는 것이 좋다.

여기서는 [캔바]를 이용해서 상세페이지를 만드는 방법을 알아보겠다. [캔바]에는 긴 이미지를 만들기 편하게 이미지 분할 작업 기능을 제공한다. 이 기능을 이용하여 상세 페이지를 제작하려면 먼저 [캔바]에서 658×1,000 픽셀로 새 이미지를 디자인한다. 디자인을 완료하면 [페이지 추가]를 클릭해서 새 페이지를 연다. 그러면 앞 페이지 다음에 새 페이지가 열리게 된다. 앞에서 작업한 디자인을 이어서 작업하면 된다. 이러한 방식으로 상세 페이지를 만든다. 작업한 다음

[파일]-[다운로드] 메뉴를 클릭해서 JPG로 설정하고 저장하면 각각의 이미지가 모두 저장된다.

미리보기 이미지

미리보기는 본문의 내용 일부를 보여주는 이미지를 말한다. 크몽에서는 미리보기 이미지는 반드시 본문의 일부 페이지를 보여주도록 규정하고 있다. 이때 본문 이미지를 임의로 수정하면 안 된다. 이 작업을 하려면 PDF 문서의 내용을 이미지로 저장한 후 이미지로 변환한 페이지 중 내용을 잘 소개할 수 있는 페이지를 골라서 제공하도록 한다.

PDF 파일의 내용을 이미지로 저장하려면 PDF 편집 프로그램이 필요하다. [어도비 PDF]가 있다면 [어도비 PDF]를 이용하면 되고 별도로 PDF 편집 프로그램이 없다면 알툴즈에서 제공하는 [알PDF]

[캔바]로 658×1000 픽셀로 작업한 후 [페이지 추가]를 클릭해서 이미지를 이어서 작업하는 장면

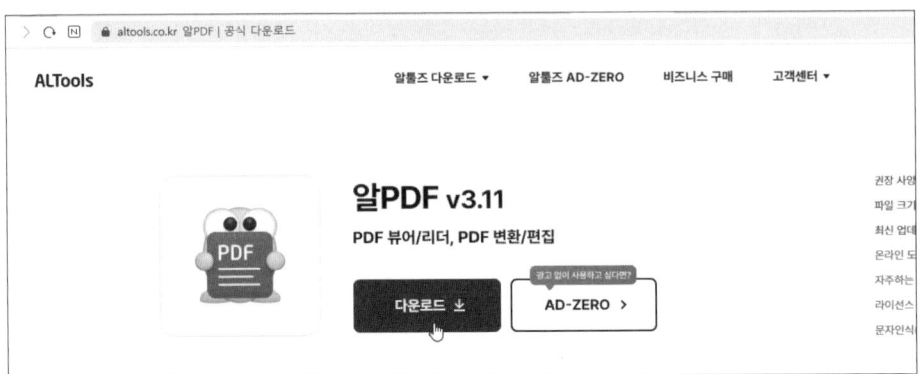

[알툴즈] 홈페이지(https://altools.co.kr)

프로그램을 이용한다. [알툴즈] 홈페이지(https://altools.co.kr)에 접속한 다음 [알PDF] 파일을 다운로드 받아서 설치한다.

먼저 완료된 원고를 PDF 파일로 저장한다. MS 워드는 [파일]-[Save as Adobe PDF] 메뉴를 클릭하고 한컴 한글은 [파일]-[PDF로 저장하기] 메뉴를 클릭하면 된다.

그런 다음 저장된 PDF 파일을 [알PDF] 파일로 연다. [파일]-[내보내기]-[이미지] 메뉴를 클릭하고 [저장]을 클릭하면 문서의 모든 페이지들이 각각 이미지 파일로 저장된다. 이때 파일 확장자는 JPG 또는 PNG를 선택하도록 한다. PNG는 파일 크기를 작게 줄여주므로 다른 이미지 파일 형식에 비해 빠르게 로딩해주는 장점을 가지고 있다. 저장을 실행하면 문서의 각 페이지를 이미지로 저장된다. 저장된 이미지 중 미리보기로 사용하기에 적합한 이미지를 골라서 사용하도록 한다.

미리보기에 적합한 페이지로는 이미지와 텍스트가 잘 어우러져 보기

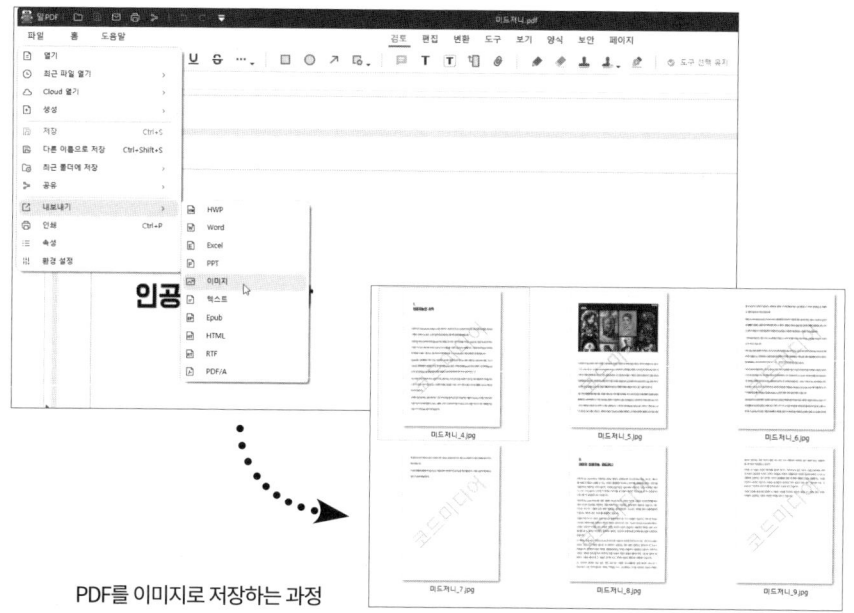

PDF를 이미지로 저장하는 과정

좋은 페이지, 해당 콘텐츠의 특징이 담겨 있는 페이지, 목차 페이지 등이 있다. 텍스트에 담겨 있는 내용이 좋은 것보다는 시각적으로 좋아 보이는 페이지를 사용하는 것이 좋다. 텍스트의 내용보다는 시각적인 것을 우선해서 보기 때문이다. 미리보기는 해당 콘텐츠가 무엇인지 판별하는 기준이 되는 중요한 요소이므로 콘텐츠를 잘 표현할 수 있는 이미지를 골라서 넣도록 한다.

크몽 전자책 등록하기

전자책을 등록하려면 전문가 등록을 해야 한다. 우선 크몽에 로그인한 다음 [전문가 정보]-[인증 정보] 페이지로 이동한 후 정보를 입력하면 전문가로 등록을 할 수 있다.

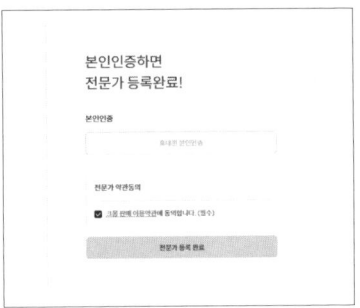

전문가 등록을 했으면 먼저 전자책 등록에 필요한 자료를 준비하자. 전자책 원고를 비롯해서 메인 이미지, 상세 페이지 이미지, 미리보기 이미지를 준비해야 한다. 이외에 전자책 소개글, 목차 정보도 미리 준비하자.

자료가 모두 준비되었으면 전자책을 등록하기 위해서 크몽 페이지 오른쪽의 상단의 원형 아이콘을 클릭하고 [내 서비스] 메뉴를 연 다음 [서비스 등록하기]를 클릭한다. 1단계에서 [기본 정보]의 [카테고리]에서 [1차 카테고리]에 [전자책]을 선택하고 [2차 카테고리]에 내 콘텐츠에 맞는 주제를 선택한다. 그리고 [서비스 타입] 항목에서는 보다 자세한 분야를 선택하도록 한다. 이때 파일 형식은 [PDF]로 선택한다. 하단에 [검색 키워드] 항목이 있는데 이곳에는 해당 콘텐츠를 검색할 때 사용하는 단어를 띄어쓰기 없이 입력해주면 된다. 콘텐츠 제목에 사용된 단어는 굳이 입력하지 않아도 되므로 제목에 표현하지 못한 단어 중 콘텐츠를 잘 알릴 수 있는 단어를 골라서 입력한다. 너무 일반적인 단어는 검색되는 다른 콘텐츠가 많아지므로 디테일한 단어를 고르자. 총 5개만 등록할 수 있으므로 신중하게 골라서 등록하도록 한다.

그 다음에는 전자책 제목과 가격을 지정하는 [가격설정], 전자책 목차, 설명 등 정보를 입력하는 [서비스 설명], 상품 소개 이미지와 전자책 원고를 등록하는 [이미지], 콘텐츠를 받기 전에 구매자에게 알리고 싶은 정보를 표시하는 [요청사항]을 입력하고 [제출하기]를 누르면 등록이 완료된다.

전자책 제출을 한 후 심사 과정을 거치는데 심사 기간이 며칠이 소요된다. 심사가 완료되면 심사 결과를 알려준다. 문제가 없으면 판매가 시작되고 만일 수정 사항이 있다면 수정 사항을 알려준다. 수정 사항에 맞게 수정해서 재등록한다. 심사 과정이 매우 꼼꼼하다. 앞에서 소개한 내용을 참조하여 크몽의 규칙을 잘 지키면 쉽게 심사를 무사히 완료할 수 있을 것이다.

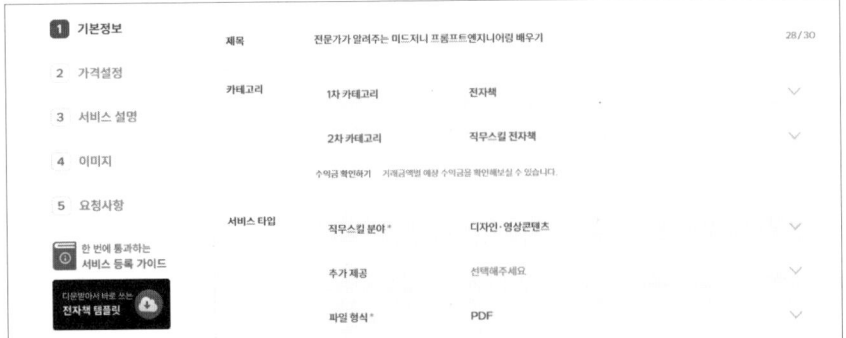

기본 정보 : 기본 정보를 입력한다. 전자책 제목과 카테고리, 서비스 타입, 검색 키워드를 입력한다.

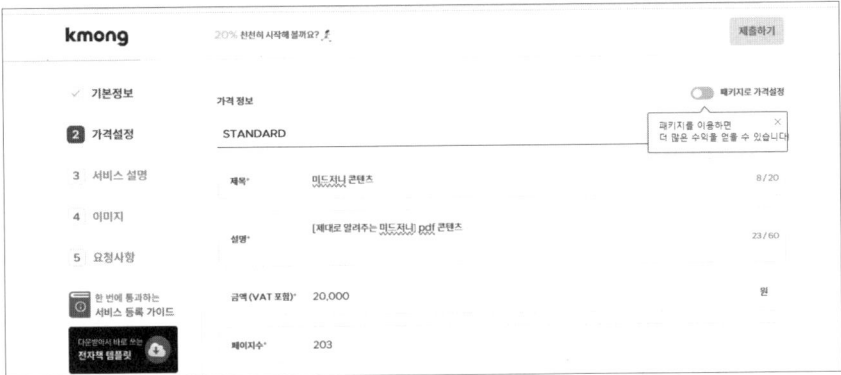

가격설정 : 상품 정보를 입력한다. 기본은 [STANDARD]이다. 콘텐츠 제목과 설명 및 가격을 입력한다. 만일 파생되는 상품이 있다면 [패키지로 가격설정]을 클릭해서 [DELUXE], [PREMIUM] 두 가지 상품을 추가해서 상품을 등록할 수 있다.

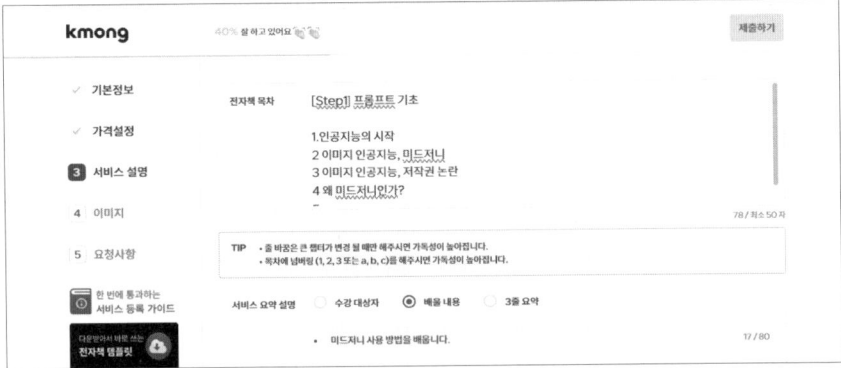

서비스 설명 : 전자책 목차와 설명 및 이 콘텐츠를 통해 배울 내용이나 수강 대상자 등의 정보를 입력한다.

이미지 : 전자책 목록에 표시되는 메인 이미지와 상세 이미지, 미리보기 이미지를 등록한다. 또한 전자책 파일도 여기에서 등록한다.

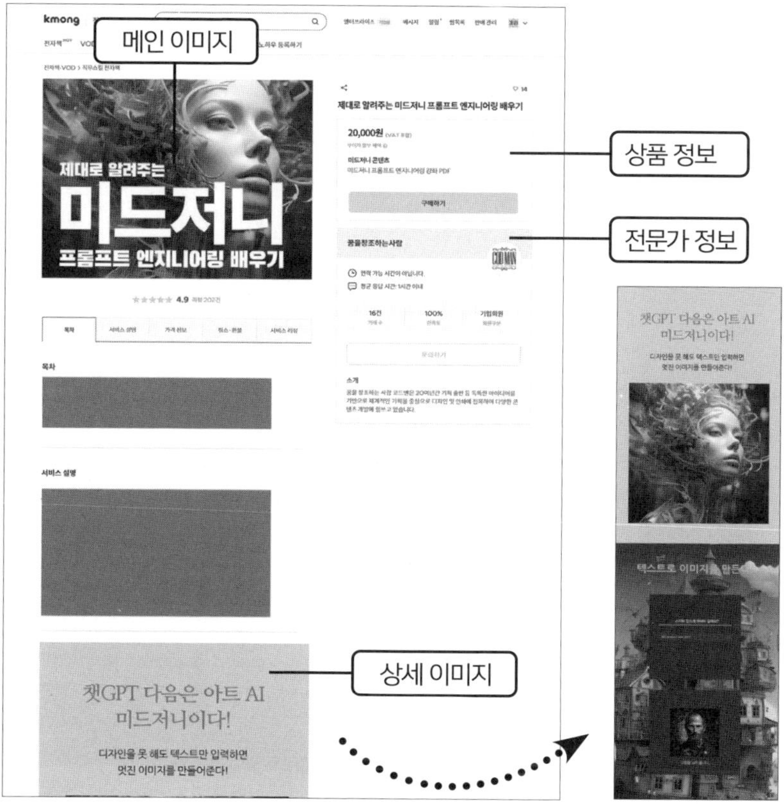

5장 | 무료로 도서를 만들 수 있다! {무료 도서 제작 스킬}

21
와디즈, 텀블벅 전자책 제작 살펴보기

　　와디즈와 텀블벅은 우리나라 대표적인 크라우드 펀딩 업체이다. 크라우드 펀딩이란 창의적인 아이디어 상품들을 서포터즈라는 고객들의 후원을 받아 상품을 개발할 수 있도록 해주는 시스템을 말한다. 크라우드 펀딩 상품 중에 전자책도 포함되어 있다.

　　크라우드 펀딩에서 제공하는 전자책 서비스는 다른 쇼핑몰과는 다르게 지정된 기간 동안 서포터즈의 구매로 유지된다. 그 기간 동안 프로젝트에서 미리 지정된 금액에 도달해야지만 펀딩에 성공하

와디즈(https://www.wadiz.kr)

텀블벅(https://tumblbug.com)

고 서포터즈에게 상품이 전달되지만 성공하지 못하면 상품 판매 없이 이 프로젝트는 사라지는 형태다.

계속해서 판매하는 일반 쇼핑몰과 다르다. 그럼 와디즈나 텀블벅의 매력은 무엇일까. <u>펀딩 기간은 짧지만 서포터즈의 호감을 얻으면 짧은 기간 동안 큰 수익을 얻을 수 있다는 점이다.</u> 잘 만든 콘텐츠로 1억 이상의 매출을 올리는 경우도 있다. 그만큼 짧은 기간 동안 폭발적인 인기를 얻을 수 있다.

그렇게 이야기하면 '와, 나도 해볼까?' 생각할 수 있는데 실상 펀딩에 최소 금액으로 성공하는 것조차 쉽지 않다. 이미 수많은 콘텐츠에 익숙한 서포터즈들에게 어필하기가 그리 쉽지 않다는 것이다. 우선 어디에도 없는 새롭고 창의적인 내용이어야 하기 때문에 소재 선정부터 쉽지 않다.

신선하고 좋은 콘텐츠를 만드는 것은 당연하거니와 서포터즈에게 이 콘텐츠를 잘 어필할 수 있도록 홍보하는 일이 무엇보다 중요하다. 다시 말하자면 누구나 쉽게 도전할 수 있지만 좋은 결과를 얻기는 어려운 시스템이다.

와디즈나 텀블벅의 전자책 제작은 특별할 규칙을 가지고 있지는 않다. 한컴 한글이나 MS 워드로 작성해도 되고 전문 편집툴인 인디자인이나 파워포인트를 이용해도 된다. 결과만 PDF로 만들어서 올리면 된다. PDF 콘텐츠는 PC로 내용을 보기보다는 태블릿이나 스마

> 와디즈 가이드(https://makercenter.wadiz.kr/menu/24)

> 텀블벅 가이드(https://creator.tumblbug.com)

트폰과 같은 스마트 기기로 보는 사용자가 많다보니 가독성을 좋게 만드는 것이 필요하다.

콘텐츠 내용은 와디즈와 텀블벅과 차이가 있다. 와디즈는 재테크, 수익 창출 등 좀 더 현실적이고 대중적인 내용이 인기가 있다. 반대로 문학적이거나 매니아적인 콘텐츠는 텀블벅이 효과적인 편이다. 예를 들어 자기계발 내용은 와디즈, 팬 서비스 콘텐츠는 텀블벅에 어울린다. 플랫폼마다 접속하는 서포터즈의 성향이 다르기 때문에 내가 만들려는 콘텐츠의 성향에 맞는 플랫폼을 선택하는 것이 좋다.

그럼 콘텐츠 제작에 대해서 알아보자. 보통 문서 사이즈는 A4로 맞추는 것이 좋다. 그리고 본문 폰트 크기도 크게 지정하여 잘 읽힐 수 있도록 한다.

편집툴은 가능한 인디자인을 추천한다. 사용자가 원하는 스타일을 보다 자유롭게 편집할 수 있기 때문이다. 처음에는 익히는 과정이 조금 어려울 수 있지만 한번 익숙해지면 한컴 한글이나 MS 워드보다 더 쉬울 것이다.

콘텐츠가 어느 정도 완성되었으면 콘텐츠를 소개하는 상세 페이지를 제작해야 한다. 상세 페이지는 콘텐츠를 잘 어필할 수 있도록 해주는 것이 매우 중요한 요소이기 때문에 정말 잘 만들어야 한다. 예쁘게 만드는 것보다 <u>콘텐츠를 잘 어필할 수 있도록 만드는 것이 중요하다</u>. 와디즈나 텀블벅에 접속해서 잘 만들어진 상세페이지를 보고 어떤 특징을 가지고 있는지 확인하도록 한다. 상세 페이지는 제작 시간이 오래 걸리기 때문에 <u>충분한 시간을 가지고 상세 페이지 제작에 준비</u>를 해야 한다.

먼저 상세 페이지에 들어갈 내용을 구상한다. 아이디어 노트를 이용하여 어떻게 구상할지 러프하게 스케치한다. 예를 들어 상품이 개발된 이유, 상품이 필요한 이유, 상품 소개 등 굵직한 내용별로 분류하고 순서를 정해본다. 내용 분류가 끝났으면 분류된 내용에 넣

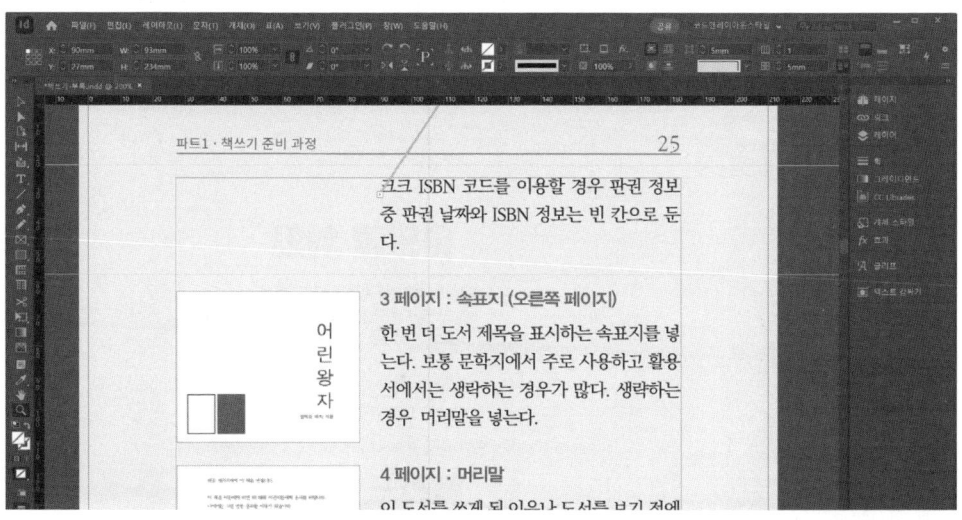

인디자인으로 원고를 편집하는 장면

을 글을 메모장을 이용하여 작성해 본다. 이때 필요한 이미지는 어떤 이미지를 넣으면 좋을지 코멘트를 넣으면 좋다. 와디즈와 텀블벅에서 제공하는 가이드를 참고하면 구성 설정하는 데 도움을 얻을 수 있다.

상세 페이지는 보통 이미지로 제작한다. 포토샵이나 앞에서 배워본 캔바 또는 미리캔버스를 이용해서 만든다. 와디즈는 문서 작성 에디터 기능이 있지만 보통 이미지로 제작하고 이미지를 삽입해서 꾸미는 편이다. 텀블벅은 디자인 템플릿을 제공하여 별도 그래픽 툴 없이 직접 상세 페이지를 꾸밀 수 있어 편리하다.

상세 페이지 이미지를 작성할 때는 글과 관련 이미지를 넣어서 편집한다. 상세 페이지에 넣을 글을 작성할 때 주의할 점에 대해서 알아보자. 먼저 글은 매우 짧막하게 요약하자. 군더더기가 없도록 핵심적인 글만 사용하도록 한다.

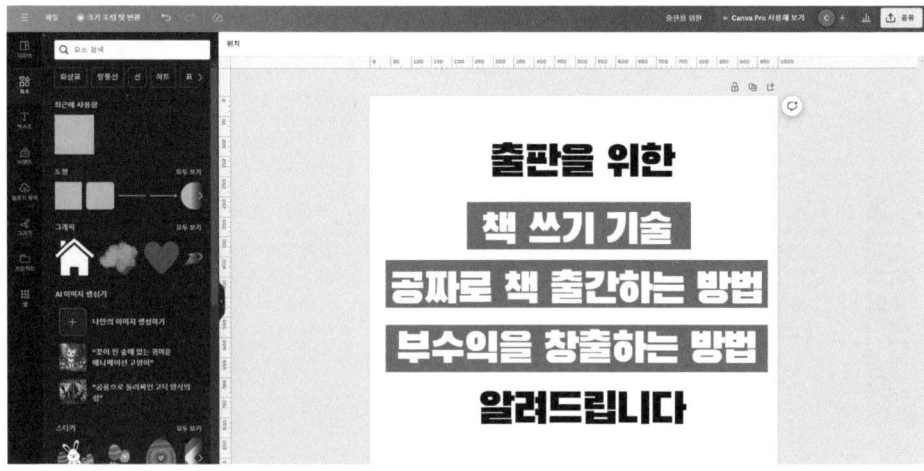

캔바로 상세 페이지를 디자인하는 장면

두 번째는 장문의 글이 나오지 않도록 한다. 두 문장이 나오면 관련 이미지를 넣어서 글이 길게 연결되지 않도록 한다. 장문의 글은 가독성이 떨어지고 주목성도 떨어지기 때문이다. 다시 정리하면 글은 짧고 이미지와 함께 작성하면 된다.

그리고 상세 페이지는 이미지가 길기 때문에 세로 1,000 픽셀 크기만큼 나누어서 작업하고 저장할 때는 PNG로 저장하도록 한다. JPG보다는 파일 크기가 작기 때문이다.

상세 페이지 작업은 쉽지 않은 작업이다. 앞에서 이야기 했듯이 오랜 시간을 가지고 수정을 반복해가면서 상세페이지에 넣을 내용 작성을 완료한 후 디자인 작업을 하도록 한다. 디자인 작업할 때 주의할 점은 무조건 예쁘게 만드는 데 초점을 맞추면 안된다는 점이다. 예쁘게 디자인하는 것보다 얼마나 눈에 잘 띄게 만드는 것이 더 우선이다. 그래서 어떠한 경우에는 적당한 글자 크기와 이미지를 조화롭게 제작한 디자이너가 만든 상세 페이지보다 글자도 크고 이미지도 크게 만들어서 조금은 투박해 보이는 초보자가 디자인한 상세 페이지가 인기가 있는 경우도 있다. 시각적으로 눈에 잘 띄게 만드는 것이 얼마나 중요한지 알 수 있는 대목이다. 상세 페이지를 디자인하는 방법은 큰 차이는 없다. 앞에서 소개한 크몽의 상세 페이지 제작과 같은 방법으로 작업하면 된다.

PDF 자료와 상세 페이지가 준비되었으면 서비스를 시작할 크라우드 펀딩 업체에 접속해 회원가입을 하고 전문가 신청을 한다. 그런 다음 프로젝트 만들기를 실행하고 프로젝트를 등록한다. 지시에 맞취 등록한 후 프로젝트 제출을 하면 프로젝트 등록이 끝난다. 이후에는 심사 과정이 기다리고 있다. 1~3일 정도 걸리는데 대부분 [스토리 작성] 항목에서 수정 사항이 발생한다. [스토리 작성]은 상세 페이지를 등록하는 항목인데 피드백이 오면 피드백에 맞추어 수정하면 된다. 심사는 매우 까다롭다. 과장적이고 자극적인 문구를 가려내고 내용과 메이커의 신상이 사실인지 검증을 한다. 피드백을 거쳐 승인이 되면 완성이다. 프로젝트 오픈 기간을 설정하면 오픈된다. 여기서는 와디즈를 중심으로 프로젝트 등록하는 과정을 살펴보자.

와디즈의 프로젝트 등록 과정이다. 프로젝트 등록을 시작하면 먼저 카테고리를 지정하는 과정이 나타난다. [도서·전자책] 항목에서 알맞은 항목을 선택한다.

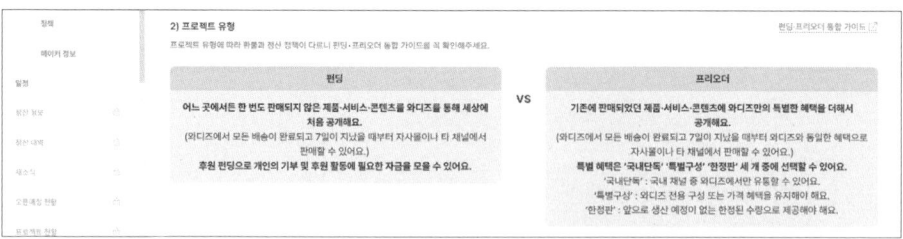

펀딩과 프리오더를 선택하는 과정이 나타난다. 펀딩은 새로운 상품을 공개할 때 사용하고 프리오더는 이미 공개된 상품에 새로운 혜택을 넣어서 판매하는 것을 말한다. 해당하는 프로젝트 유형을 선택해서 진행한다.

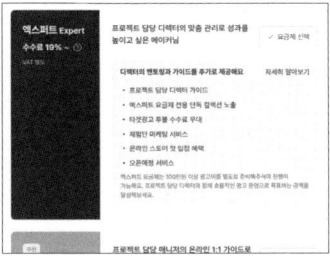 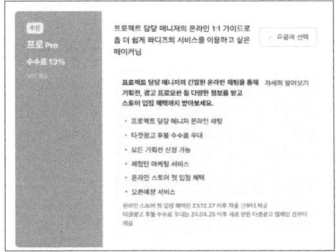 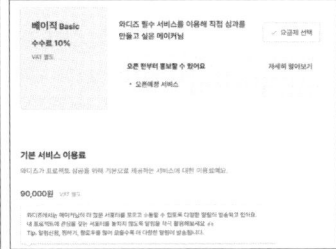

[서비스 요금] 제공 서비스에 따라 엑스퍼트, 프로, 베이직으로 나뉘며 나에게 맞는 요금제를 선택한다. 요금제 별로 지정된 수수료가 프로젝트 결제시 차감된다. 사용자가 직접 운영하려면 수수료가 저렴한 [베이직]을 사용하지만 전문가의 컨설팅을 받고 싶다면 [엑스퍼트]를 이용한다. [엑스퍼트]는 프로젝트 진행시 담당자가 할당되어 모든 진행을 컨설팅해준다. 수수료는 비싸지만 상황에 맞게 컨설팅해주므로 그만큼 수익률도 높여주는 장점이 있다.

[프로젝트 정보] 콘텐츠 카테고리와 출판 유형, 프로젝트 유형, 프로젝트 소개글, 메이커 정보, 목표 금액을 작성한다. [카테고리]는 [도서 전자책] 항목에서 나의 콘텐츠에 맞는 항목을 선택하고, [출판 유형]은 종이책과 전자책 중 하나를 선택한다. [프로젝트 유형]은 [펀딩]을 선택한다. [목표 금액]은 펀딩 완수 금액으로 콘텐츠를 제작하는 데 필요한 금액을 적는다. 가장 적게 입력할 수 있는 금액은 50만 원이다. 이 금액을 후원받지 못하면 프로젝트가 취소되므로 콘텐츠 제작에 필요한 적절한 최소의 금액을 입력하도록 한다.

[기본 정보] 프로젝트 제목, 대표 이미지, 검색 태그를 지정한다. [프로젝트 제목]은 콘텐츠의 제목을 말하는 것으로 후원자들에게 보이는 타이틀이다. 그만큼 매우 중요한 요소이므로 가장 콘텐츠를 잘 어필할 수 있는 제목을 잘 선정해서 지정해야 한다. 후원자들이 관심을 가질만한 포인트를 제목에 넣는 것이 무엇보다 중요하다. 프로젝트 제목은 프로젝트 제출 전까지 언제든지 수정이 가능하므로 심사숙고하여 적절한 제목을 찾도록 한다.

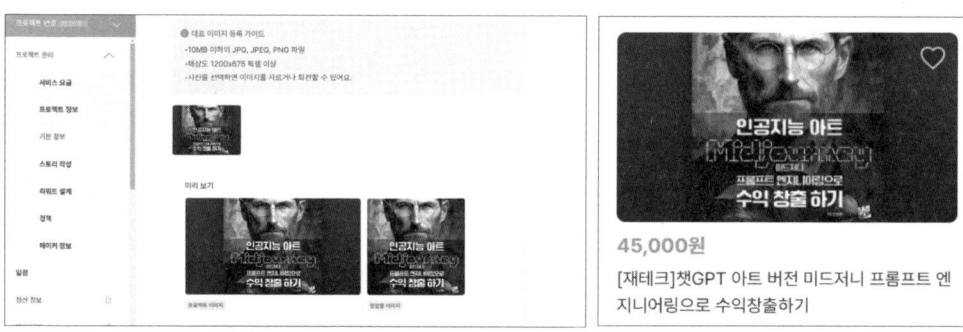

[기본 정보] 대표 이미지는 상품 목록에서 표시되는 섬네일 이미지를 말한다. 프로젝트 제목과 함께 후원자들에게 보여주는 이미지이다. 대표 이미지에는 테두리를 넣으면 안 되고, 여러 개의 이미지를 합성해도 안된다. 원래 텍스트 입력도 안되지만 전자책에 한해서 텍스트를 넣을 수 있다. 이미지 사이즈는 1,200×675 픽셀 크기이지만 노출되는 플랫폼에 따라 이미지가 정방형으로 바뀌어 좌우 부분이 잘릴 수 있다는 점을 감안하여 상품을 가운데에 배치하도록 한다.

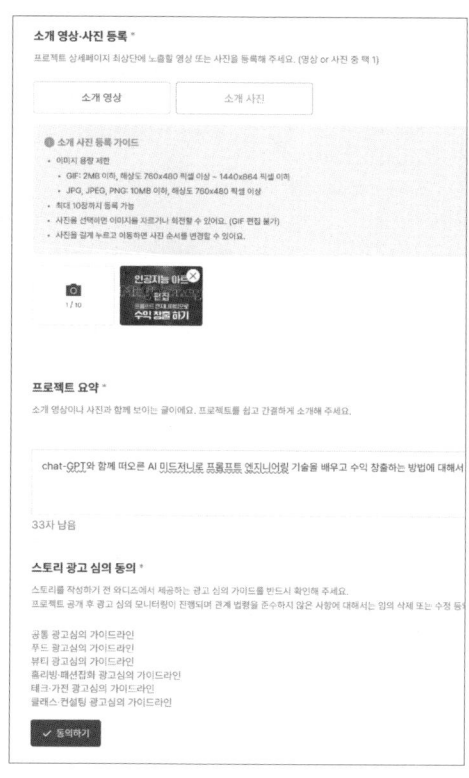
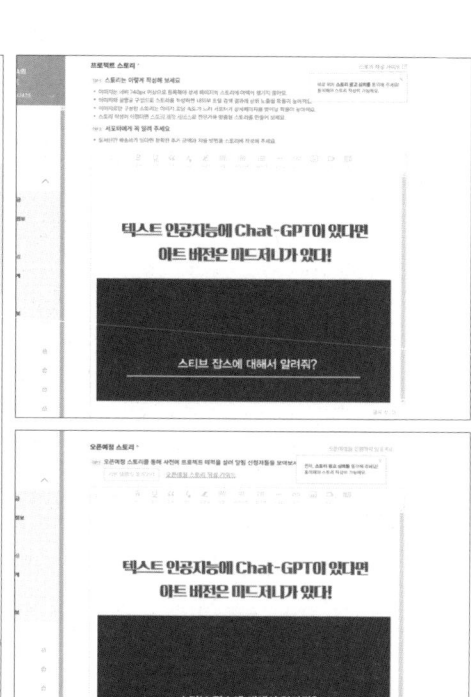

[스토리 작성] 소개 영상 또는 사진 등록, 프로젝트 요약, 프로젝트 스토리를 등록한다. [프로젝트 스토리]는 상세 페이지를 등록하는 영역이다. 준비된 상세 페이지 이미지를 삽입해서 등록하면 된다. [소개 영상 사진 등록]에는 콘텐츠를 목록을 클릭하면 나타나는 페이지의 첫 단에 보이는 큰 이미지를 말한다. 이곳에 보이게 할 이미지 또는 동영상을 등록한다.

[프로젝트 요약]은 콘텐츠가 무엇인지 간략하게 소개하는 글을 말한다. [프로젝트 스토리]는 상세 페이지를 말한다. 이곳에는 텍스트와 이미지를 등록할 수 있는 편집 도구가 있어서 글과 그림을 넣어서 꾸밀 수 있지만 시각적인 효과 때문에 대부분 전체 이미지로 제작해서 삽입해서 사용한다. [프로젝트 스토리] 밑에는 [오픈예정 스토리]가 있는데 이는 콘텐츠를 오픈하기 전에 미리 홍보하기 위해 콘텐츠를 지정된 기간 동안 노출해주는 오픈예정 서비스가 있는데 이때 보이게 할 상세 페이지를 말한다. [프로젝트 스토리]와 차이를 두고 싶을 때 이용한다. 상세 페이지는 후원자가 상품을 선택하게 하는 중요한 포인트이기 때문에 매우 신중한 작업이 필요하다. 후원자가 원하는 포인트를 잘 찾아서 상세 페이지에 잘 표현하도록 한다. 먼저 해당 콘텐츠를 통해 후원자들에게 어떤 이득을 제공하는지 생각해본다. 이 콘텐츠를 통해 작업 시간을 줄여 주거나 수익을 창출하거나 새로운 즐거움을 제공하는지를 찾는다. 그리고 이러한 포인트를 상세 페이지에 여러 번 등장시켜 각인시키는 후킹 작업을 하는 등 상세 페이지에 잘 녹이도록 한다. 상품 개발만큼 중요하고 어려운 작업이므로 오랜 시간을 투자해서 신중을 기하여 작업하도록 한다.

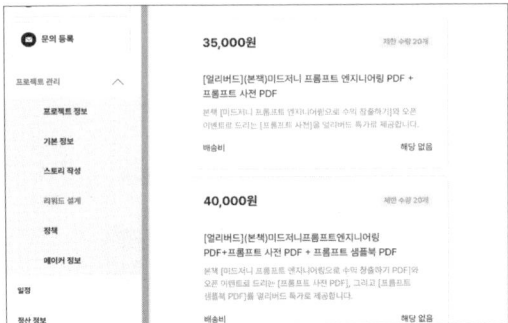
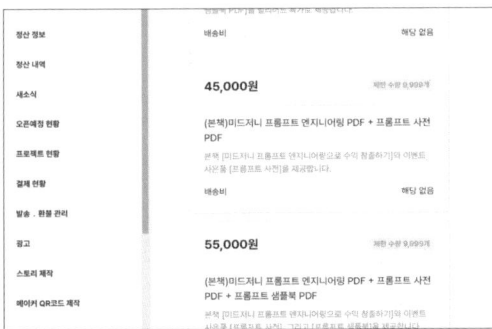

[리워드 설계] 콘텐츠의 판매 금액을 등록하는 페이지다. [리워드 추가]를 클릭해서 판매 상품 목록과 금액을 지정한다. 상품은 여러 개의 상품을 등록할 수 있다. 보통 여러 콘텐츠를 조합하여 상품을 만든다. 또한 제한된 수량을 저렴하게 판매하는 얼리버드라는 상품도 별도로 등록한다. 예를 들어 A와 B 콘텐츠가 있다면 A 상품, B 상품, A+B 상품, 얼리버드 A 상품, 얼리버드 B 상품, 얼리버드 A+B 상품 총 6개의 상품을 만들 수 있다. 그리고 콘텐츠 금액은 최소 펀딩 금액에 맞추어 적절한 금액을 설정하도록 하자.

[피드백] 작성 완료 후 제출하기를 실행하면 등록된 내용을 와디즈에서 검토한다. 검토 기간은 1~3일 정도 걸리며 수정할 사항이 있으면 [프로젝트 관리]에 수정 내용을 표시해 준다. 수정 내용을 잘 파악한 후 잘 수정하여 다시 제출한다. 수정 내용을 잘 이행하지 않아 여러 번 재수정이 되면 프로젝트가 파기될 수 있으므로 주의하도록 한다.

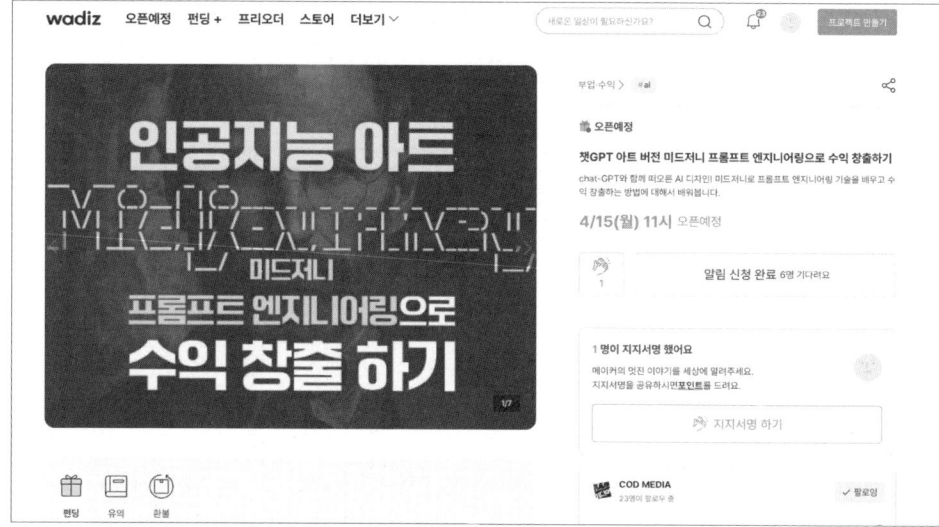

[오픈] 심사가 통과되면 프로젝트를 오픈할 수 있다. 처음에 오픈 일정을 지정하는데 오픈예정 서비스를 이용하려면 오픈 예정 기간을 설정한다. 오픈예정은 와디즈의 [오픈예정] 메뉴에 등록된다. 오픈예정 때는 후원자들이 상품을 확인하고 '좋아요'만 누를 수 있다. 지정된 오픈예정 기간이 끝나야만 비로소 [펀딩+] 메뉴에 콘텐츠가 오픈되고 후원자들이 콘텐츠를 후원할 수 있게 된다. 오픈예정이 중요한 이유는 후원자들이 좋아요를 많이 누를수록 판매가 높아지기 때문이다. 그래서 대부분 오픈예정 서비스를 이용하며 기간도 2~3주 정도 설정한다.

펀딩 기간은 보통 4~5주 정도를 가장 많이 선택한다. 이 펀딩 기간 동안 후원 금액이 목표 금액을 초과할 경우 프로젝트 펀딩이 성공하게 된다. 후원자들의 후원금이 비로소 결제가 이루어지고 메이커는 콘텐츠를 준비해서 후원자에게 제공한다. 전자책인 경우 배송이 없고 후원자 이메일을 통해 전자책을 제공한다. 만일 펀딩 금액에 미치지 못하면 프로젝트는 실패하게 되고 후원자들의 지원했던 후원금도 취소된다.

광고 마케팅에 대해서
콘텐츠를 잘 만드는 것도 중요하지만 홍보하는 것도 매우 중요하다. 흔히 SNS를 이용하여 홍보를 하지만 실제로 진행해보면 유명 인플루언서가 아닌 이상 효과가 미비하다는 것을 알 수 있다. 와디즈 같은 경우 와디즈만의 광고 전략을 짜는 것이 중요하다.
엑스퍼트 요금제를 진행하는 경우 담당자가 홍보에 대해서 가이드를 해주지만 베이직 요금제를 진행하는 경우 직접 홍보에도 신경써야 한다. 보다 많은 사람이 내 콘텐츠를 보게 하려면 와디즈 광고를 이용하는 것이 좋다. 유료 서비스이기 때문에 비용 부담도 생각해야 한다. 보통 내가 목표로 하는 펀딩 금액의 10%를 광고로 사용해야 한다는 것이 마케팅의 기본이다. 그러므로 체계적으로 계획을 세워 진행하는 것이 와디즈 플랫폼에서는 필수이다. 와디즈 광고는 [와디즈 광고 센터](https://business.wadiz.kr)에 접속하면 다양한 광고 서비스를 확인할 수 있다. 홍보에 자신이 없다면 마케팅까지 관리해주는 엑스퍼트 요금제로 시작하는 것도 방법이다.

도서 수익률에 대해서

인세란 도서 판매에 대해 저자의 저작권 수익을 말한다. 보통 출판사와 계약을 맺게 될 경우에도 보통 인세 계약을 통해 인세가 지급되는데 인세 비율은 보통 10% 내외이다. 도서 정가가 15,000원이라면 1,500원이 인세로 지급되는 것을 말한다.

부크크의 POD 방식으로 도서를 출간한 경우 도서 제작비를 판매가에서 부담하는 방식이기 때문에 인세라고 말하기보다 수익금이 알맞은 표현인 것 같다. 부크크는 기본적으로 도서 정가의 10%와 15%의 수익률로 구분되어 있다. 부크크 자체 서점에서 판매시 15% 수익금이 지급되고 기타 교보문고, 예스24, 알라딘, 북센의 외부 유통 판매시 10%의 수익금이 지급된다. 교보 POD는 이보다 높은 20%를 지급한다.

부크크와 교보의 수익금을 단순 비교하면 2배 차이가 나지만 교보 POD가 교보문고에만 입점된다는 것에 비해 부크크는 주요 서점 모두 입점되는 이점을 가지고 있다. POD 도서는 도서 제작비가 들지 않는다는 점을 생각하면 괜찮은 수익금이라고 볼 수 있다.

전자책은 POD보다는 수익률이 높다. 서점과 유통사마다 공급률이 다르기 때문에 변동은 있지만 보통 60~70% 정도된다고 보면 된다. POD의 10~20%보다는 상당히 높은 수익률이다. 이는 종이 도서와 다르게 제작비가 들어가지 않고 오로지 유통비만 빠지기 때문이다. 이렇게 수치로만 보면 전자책이 좋은 사업 구조로 보이지만 실제로는 그렇지 않다. 보편적으로 전자책보다는 종이책이 판매가 높기 때문이다.

다음은 PDF 콘텐츠에 대해서 알아보자. PDF 콘텐츠 서비스를 제공하는 플랫폼은 크몽이 대표적이다. 크몽은 약 20%의 서비스 이용료, 결제 수수료 명목으로 제하고 수익금이 제공된다. 펀딩 업체인 와디즈 같은 경우는 기본 요금에 중개 수수료와 결제 수수료를 제한 금액이 지급된다. 기본 요금은 9만 원이고 중개 수수료는 사용자가 선택한 요금제에 따라 10%, 13%, 19%…로 나뉜다. 대략 크몽과 비슷한 수익금이 제공된다.

수익률을 다시 정리해보면 PDF 전자책이 가장 수익률이 높고 그 다음은 전자책, POD 도서 순이다. 하지만 실제 수익이 높은 경우는 POD 도서라고 볼 수 있다. 종이책이 여럿 플랫폼 중 하나를 선택하는 것도 방법이지만 모든 플랫폼을 모두 이용하는 것도 좋다. 실제로 요즘 도서는 도서 출간 후 전자책으로 변환해서 올리는 경우가 대세이다.

전반적인 도서 수익률에 대해서 알아보았다. 수익률이 높고 낮은 것보다 더 중요한 것은 도서가 잘 팔리게 만드는 것이다. 많이 팔리면 어떤 플랫폼을 이용하든지 좋은 결과를 얻을 수 있을 것이다. 그러므로 어떤 플랫폼이 좋은지 고민하는 것보다 어떻게 만들어야 좋은 책을 만들지 고민하기를 바란다.

많은 사람이 책을 출간하면 무조건 팔릴 거라는 생각을 하는 경우를 많이 본다. 특히 일부 유튜버들의 호소로 인해 더욱 안일하게 준비하는 사람들을 많이 보는데 실상은 그렇지 않다는 것을 알아두기 바란다. 그들이 말하는 것처럼 <u>대충 만든 콘텐츠는 결코 인기를 얻을 수 없으며 그만큼 판매도 되지 않기 때문이다.</u> 실상은 더욱 혹독하다. 그만큼 많은 노력이 필요한 부분이 도서 제작 시장이다.

콘텐츠 상담 중 내실 없는 4페이지짜리 글을 써 놓고 PDF 콘텐츠 판매를 해보겠다는 상담을 받은 적이 있다. 너무 놀라서 어떻게 이러한 생각을 할 수 있는지 처음에는 의아해 했지만 알고보니 유튜버의 '4페이지로도 돈 벌 수 있다'라는 이야기를 듣고 시작했다고 하더라. 그만큼 SNS의 이야기를 있는 그대로 받아들이는 사람들이 많아 보여 안타까웠다.

'마이너스 판매'를 들어본 적 있는가. 실제 판매보다 증정 도서가 더 많아 마이너스 나는 도서를 말한다. 마이너스 도서라고 하면 웃을 수 있을지 몰라도 실제로 많은 도서가 이런 상황에 처해 있다. 책을 팔아서 수익을 내고 싶다면 콘텐츠에 심혈을 기울여야 한다. 그리고 나도 사고 싶을 정도의 매력이 있어야만 판매도 따라오게 된다는 사실을 잊지 않도록 하자.

정산완료	종이도서	알라딘 상품 판매(종이도서) 수익금이 발생하였습니다. 축하합니다.		각 **1,790** 원	
11월 08일 정산완료	177634 종이도서	종이도서 제대로 알려주는 미드저니 프롬프트 엔지니어링 배우기 알라딘 상품 판매(종이도서) 수익금이 발생하였습니다. 축하합니다.	**2** 건 각 **1,790** 원	**3,580** 원	
11월 08일 정산완료	177634 종이도서	종이도서 제대로 알려주는 미드저니 프롬프트 엔지니어링 배우기 예스24 상품 판매(종이도서) 수익금이 발생하였습니다. 축하합니다.	**1** 건 각 **1,790** 원	**1,790** 원	
11월 07일 정산완료	177634 종이도서	종이도서 제대로 알려주는 미드저니 프롬프트 엔지니어링 배우기 알라딘 상품 판매(종이도서) 수익금이 발생하였습니다. 축하합니다.	**1** 건 각 **1,790** 원	**1,790** 원	
11월 07일 정산완료	177634 종이도서	종이도서 제대로 알려주는 미드저니 프롬프트 엔지니어링 배우기 예스24 상품 판매(종이도서) 수익금이 발생하였습니다. 축하합니다.	**2** 건 각 **1,790** 원	**3,580** 원	
11월 06일 정산완료	177634 종이도서	종이도서 제대로 알려주는 미드저니 프롬프트 엔지니어링 배우기 알라딘 상품 판매(종이도서) 수익금이 발생하였습니다. 축하합니다.	**1** 건 각 **1,790** 원	**1,790** 원	
11월 03일 정산완료	177634 종이도서	종이도서 제대로 알려주는 미드저니 프롬프트 엔지니어링 배우기 알라딘 상품 판매(종이도서) 수익금이 발생하였습니다. 축하합니다.	**1** 건 각 **1,790** 원	**1,790** 원	
11월 03일 정산완료	180897 종이도서	종이도서 찌뿌둥할 땐 마사지로 풀어 버려 예스24 상품 판매(종이도서) 수익금이 발생하였습니다. 축하합니다.	**1** 건 각 **1,500** 원	**1,500** 원	

부크크 POD 도서 판매 현황

여러분의 꿈을 실현하세요.